ΝΟΥΣ

JOURNAL OF GRECO-ROMAN PHILOSOPHY

努斯：希腊罗马哲学研究

主编：崔延强　梁中和

—— 第 4 辑 ——

理性与概念

古希腊的认知理论

上海人民出版社

主编 ｜ 崔延强 ｜ 西南大学

　　　｜ 梁中和 ｜ 四川大学

策划 ｜ 西南大学希腊研究中心、四川大学西方古典哲学研究所

出版 ｜ 上海人民出版社

专辑预告

总　序

　　自陈康先生那代人算起，希腊罗马哲学研究在中国已近百年，五代有余。百年间，学人们守望着这个古老而幽深的本原，孜孜矻矻，弦歌不辍，尽管在特殊的岁月，辨识"是其所是"（to ti en einai）几近于一场艰难的日出。21世纪以来，我们欣喜地看到，一些年轻学者极为热诚地投身于这项事业，使原本属于"冷门绝学"的园地陡增前所未有的热度。较之以往，一代新人有着良好的语言基础和哲学素养，能熟练运用古典语言研读古典文本。基于希腊和拉丁文本的希腊罗马哲学研究渐成学界共识和学术规训。

　　但毋庸置疑，希腊罗马哲学研究发展到今天，相对于外国哲学的其他领域，还是略显单薄和孤寂。主要因为古典哲学文献的发现、辑录、考释和翻译是一件异常艰苦、令人望而却步的事，绝难适应现今短平快的评价体系，故愿为者寡。另外，用得放心、经得起检验、文字清通可读的研究性译本不易遇见，现代西语转译的文本顺手拈来，倒也方便。比如，今天伊壁鸠鲁的欲望治疗似乎成为热门话题，但通常接触到的伊壁鸠鲁"原文"多半转自二手英译本，加上汉译者也许从未研读过希腊文本，要害处准确与否就只能猜测了。因此，有关伊壁鸠鲁唯一流传下来的三封书信和《主要原理》（*Kuriai doxai*）40条，古代学者辑录的《梵蒂冈伊壁鸠鲁语录》（*Gnomologium Vatican Epicureum*）81条，罗马诗人卢克莱修的《物性论》，西塞罗、塞克斯都·恩披里柯、普鲁塔克、爱修斯等记载的伊壁鸠鲁文献，公元前1世纪伊壁鸠鲁主义者菲罗德穆的纸草残篇，公元2世纪奥伊诺安达（Oinoanda）的伊壁鸠鲁主义者第欧根尼的铭文等等的系统辑录和译注，对于伊壁鸠鲁哲学的研究无疑构成前提条件。离开这些古典文献的放心译本，我们何谈伊壁鸠鲁治疗术？所以，致力于一手文献本身的研究和翻译，为读者提供准确可靠、流畅通达的译本，不至于如读"火星文字"而让人望文兴叹，就显得格外迫切了。再者，希腊罗马哲学的研究领域也有失均衡：希腊有余，罗马不足；古典时期名哲多，晚期希腊流派少；灵魂治疗、城邦正义过热，自然元素、理性真理过冷。一些重要领域，如希腊罗马的宇宙论、物理学、逻辑学、语言哲学、知识论等似乎少有问津，犬儒派、伊壁鸠鲁派、斯多亚派、怀疑派、漫步学派、新柏拉图主义等晚期希腊的主要哲学流派门可罗雀，甚至有的话题尚未进入视野。同时我们看到，对1980年代以来国外同行最新研究成果的系统介绍也相对滞后。"跟着说"的时钟似乎总是徘徊于19与20世纪之交，尽管那个时代有着说不尽的值得关注的一代学人。

为此，我们热切期待希腊罗马哲学研究能有一个专门学术园地，集同行之智，博众家之长，首发经典文本译注、新近成果译介和原创性论文。我们深知，要暂时放下是不是C刊之虑，算不算成果之忧，实现"首发"这一目标，其困难非常之大，还要靠同行们齐心协力、共筑家园。尽管我们无法预知这个辑刊的"诗和远方"，但我们相信只要持之以恒地走下去，一期一主题，每期有新意，前景是不会暗淡的。我们愿意用心烛照这个依稀可辨的思想场域！

编者　崔延强　梁中和

2020 年中秋于巴山蜀水

目 录

杰出学者纪念

书目文献

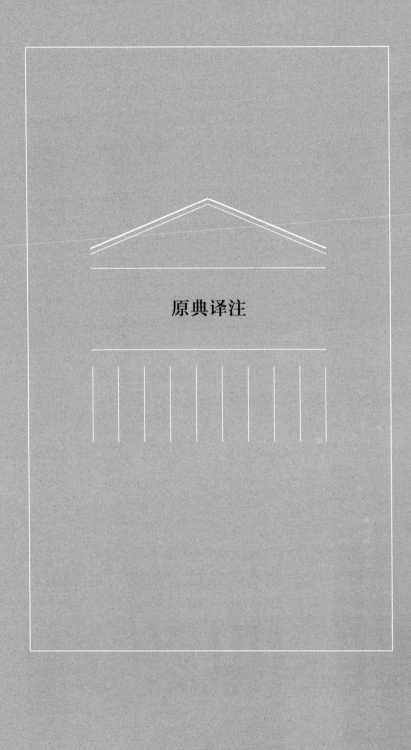

原典译注

真理的认识史

崔延强[1] 编译

【编译者按】

译文选自塞克斯都·恩披里柯的《反学问家》第七卷（*M* 7），由希腊文文本译出。塞克斯都·恩披里柯系统辑录了自早期自然哲学家到柏拉图及其学园派、亚里士多德及其漫步派、伊壁鸠鲁派、斯多亚派等几乎整个希腊哲学关于真理标准问题的基本观点，勾勒出希腊哲学认识论的基本框架，可以被理解成希腊哲学家自己写的第一部认识论简史，更可贵的是文本提供了至今已遗失的部分史料。这里部分译文即将由商务印书馆出版。读者引用须经译者同意并标注出处。译文注释缩写说明：

M = Sextus Epiricus, *Adversus Mathematicos*

PH = Sextus Epiricus, *Pyrrhoniae Hypotyposes*

---

[1] 崔延强，西南大学哲学系教授。长期致力于希腊哲学，尤其希腊化哲学研究。翻译出版《亚里士多德全集》第五卷（中国人民大学出版社，1997 年版）和第九卷的《论诗》《亚历山大修辞术》《家政学》(中国人民大学出版社，1994 年版）以及塞克斯都·恩披里柯《皮浪学说概要》(商务印书馆，2019 年版）、《反逻辑学家》(商务印书馆，2022 即出）、西塞罗《论学园派》(中国人民大学出版社，2022 即出），承担国家社科基金重点项目"希腊化哲学研究及经典编译"。

DL = Diogenes Laertius, *Vitae Philosophorum*

Acad = Cicero, *Academica*

DK = *Die Fragmente der Vorsokratiker*

一、论哲学的划分

［1］关于怀疑论的能力或意义的（dunameōs）[1]一般特征，已用恰当的讨论方式予以表明，一方面通过直接陈述，一方面通过区分与之相近的哲学做出概括（ektupōtheis）。[2]依照顺序，剩下的任务是解释如何将之用于哲学的特殊部分，以免当我们自己探究事物或对独断论者进行反驳时陷入鲁莽。［2］因为哲学是某种纷繁复杂的东西，为了有序而系统地对其进行研究，我们必须对它的部分做出简要的划分。

直接说来，某些人似乎认为哲学只有一个部分，某些认为有两个，某些认为有三个。在主张哲学只有一个部分的人当中，某些主张是物理学，某些主张是伦理学，某些主张是逻辑学。［3］同样，在那些把哲学分成两个部分的人当中，某些分成物理学和逻辑学，某些分成物理学和伦理学，某些分成逻辑学和伦理学。［4］那些把哲学分成三个部分的人，他们一致同意分成物理学、逻辑学和伦理学。[3]

---

［1］ dunamis（动词为 dunamai），一般指"能力""功能""力量"等，该词还引申为语词的"意义"或"含义"（meaning of a word）（参见 LS，452）。据塞克斯都，怀疑论被理解为一种把现象和思想以各种方式对立起来，从而达致"存疑"（epochē）、获得宁静的"能力"（dunamis）（参见 *PH* 1.8-10）。

［2］ 指《皮浪学说概要》（Hypotyposes）第 1 卷所做的工作。

［3］ 这种划分参见 *PH* 2.12 及其以下。

［5］主张哲学只有物理学一个部分的是泰勒斯、阿那克西美尼、阿那克西曼德、恩培多克勒、巴门尼德和赫拉克利特，其中对泰勒斯、阿那克西美尼和阿那克西曼德，人人同意，没有分歧；但对恩培多克勒、巴门尼德和赫拉克利特，意见并非完全一致。［6］因此亚里士多德说，[1]恩培多克勒把修辞术，这种辩证法与之"对应"（antistrophon）的东西，也即与之"相等"（isostrophon）的东西作为出发点，因为它关涉（strephesthai）同样的质料，正如诗人称奥德修斯（Odysseus）"神一样的"（antitheon），即"等于神的"（isotheon）。［7］巴门尼德似乎不是没有辩证法经验（apeirōs），然而亚里士多德一再把他的朋友芝诺视为辩证法的开创者。就赫拉克利特而言，他是否不仅是一位物理学家，而且还是一位伦理哲学家，这点也是有疑问的。［8］但无论如何，这些人是物理学部分的前贤（prosantes）。但苏格拉底，至少按他的另外一些朋友的说法，[2]他只关心伦理学部分，因为色诺芬在《回忆录》[3]中公开说，苏格拉底把物理学作为超越我们能力的东西完全否定（aparneisthai），只在伦理学上花费时间（scholazein），因为它关乎我们自身。提蒙（Timon）也看到这点，在某处他说：[4]

---

〔1〕 亚里士多德在《修辞术》开篇第一句（Aristotle, *Rhetorica* 1354a1）称修辞术是辩证法的"对应部分"，但涉及恩培多克勒和芝诺的表述似乎出自他的遗失著作《智者篇》（*Sophist*）。参见 DL 8.57。
〔2〕 除柏拉图以外的学生。
〔3〕 参见 Xenophon, *Memorabilia* 1.1.11 以下。
〔4〕 出自提蒙的讽刺诗 Silloi（*Lampoons*），为第欧根尼所引证（参见 DL 2.19）。据说苏格拉底子承父业，早年曾做过石匠。提蒙这句诗使用双关手法："石匠"暗指与物打交道，"法律的鼓噪者"象征与人打交道，以调侃口吻说苏格拉底背弃物理学，转向伦理学。

从这些东西转身离去，这位石匠，法律的鼓噪者。

也即由自然之物转向伦理学的思辨（theōrian）。提蒙之所以给他冠以"法律的鼓噪者"（ennomoleschēs）之称，是因为讨论法律属于伦理学的一部分。[9] 然而柏拉图却把哲学的所有部分归功于他。逻辑学，就他被作为定义、划分和词源学（属于逻辑学）的探究者引入而言；伦理学，则是因为他讨论德性、政制和法律；[10] 物理学，是因为他对宇宙、动物生成和灵魂做出某些哲学思考。因此，提蒙指责柏拉图以博学多识来如此美化（kallōpizein）苏格拉底：他说，因为"此人不愿意他一直是一个伦理说教者（hēthologon）"。

[11] 按某些人的说法，昔勒尼派（Cyrenaics）似乎只乐意接受伦理学部分，而把物理学和逻辑学作为一种对幸福生活无所贡献的东西弃之一侧。但有人认为这种说法可以被下述事实推翻：因为他们把伦理学分成有关选择与规避的论题，然后分成有关感受、活动、原因以及最后分成有关证据（pisteōn）的论题。他们说，在这些东西中有关原因的论题来自物理学部分，有关证据的论题来自逻辑学部分。[12] 希俄斯（Chios）的阿里斯同（Ariston）[1]，如某些人所说，不仅抛弃了物理学和逻辑学的思辨，因为它们毫无用处并有害于从事哲学的人，而且还规定了伦理学的论题，比如劝勉的（parainetikon）和训诫的（hupothetikon）论题。他认为这些事情

---

[1] 指斯多亚派创始人芝诺的弟子。阿里斯同引入了"无差别"（adiaphoria）这一概念（DL 7.37），认为除了德性和邪恶，介于两者之间的"中间之物"（tōn metaxu toutōn）没有任何倾向于选择和规避的必然性，"中间之物"本性上价值无别。（M 11.64-67）。

属于乳母和儿童教导者，然而为了有福地活着，这个理据（logon）已经足够：使人亲近德性、疏离邪恶、放下多数人因受其鼓噪而过得不幸的那些"中间之物"。[13] 潘多伊德斯（panthoides）、阿勒西诺斯（Alexinus）、优布利德斯（Eubulides）、布吕松（Bryson）、第奥尼索多勒斯（Dionysodorus）和优提德谟斯（Euthydemus）则倾向于逻辑学部分。

[14] 在主张哲学有两个部分的人当中，科罗封（Colophon）的克塞诺芬尼（Xenophanes），如某些人所说，探求物理学和逻辑学两者，雅典的阿尔克劳斯（Archelaos）则探求物理学和伦理学。而某些人把伊壁鸠鲁和阿尔克劳斯归在一起，因为他也抛弃了逻辑学的思辨。[15] 但还有另外一些人，他们说伊壁鸠鲁并没有在普遍意义上抛弃逻辑学，只是抛弃了斯多亚派的逻辑学，因此实际上他依然保留了哲学的三个部分。[1] 还有一种观点，即声称哲学的部分有伦理学和逻辑学，如苏提翁（Sotion）所证实的，被某些人归于昔勒尼派。

---

[1] 这段文字涉及一个有争议的，也是理解伊壁鸠鲁哲学非常关键的问题：伊壁鸠鲁派究竟有没有自己的"逻辑学"（辩证法）？从塞克斯都、第欧根尼、西塞罗等几个有关文本来看，伊壁鸠鲁派对一切流行的逻辑学，尤其是斯多亚派逻辑学持批判态度，认为逻辑学的技艺是多余而无用的，无助于把握真知识。为此他引入了自己的"准则学"（Canon），这种辨别真假的标准。其"准则学"的核心思想是坚持"一切感觉为真"，把知识的标准还原为感觉经验，即"常识"或"前见"（prolēpsis）。感觉永远不会出错，出错的是对感觉的理性判断（DL 10.31-33）。因此伊壁鸠鲁自己的"逻辑学"是基于自然本身的逻辑，这种自然逻辑也就是他的原子论物理学。他认为"辩证法无益于增进人们的生活和思想，但认为物理学是最为重要的。正是通过这种知识，语词的意义、表达的本质、同一（consequentium）与对立（repugnantiumve）的规律得以理解"（Cicero, De Finibus 1.63）。可见，伊壁鸠鲁试图以"自然辩证法"矫正"理性辩证法"。在这种意义上，伊壁鸠鲁有自己的"逻辑学"。

［16］然而，这些人似乎以一种有缺陷的方式（ellipōs）处理问题，与之相比，那些声称哲学一部分是物理学，一部分是伦理学，一部分是逻辑学的人，其处理方式则是比较完善的。他们当中，柏拉图实际上是创始人（archēgos），因为他讨论了大量的物理学问题、大量的伦理学问题以及为数不少的逻辑学问题。但最为公开坦承地接受这种划分的是色诺克拉底（Xenocrates）、漫步派和斯多亚派。［17］因此，他们貌似可信地（pithanōs）[1]把哲学与缀满各种果实的果园相比，以至于把物理学比作果树的高度，把伦理学比作果实的营养，把逻辑学比作围墙的坚硬。［18］另外一些人称哲学与鸡蛋相似。因为伦理学像蛋黄，有人说是雏鸡，物理学像蛋清，是蛋黄的营养，逻辑学像外部的蛋壳。［19］鉴于哲学的部分相互之间是不可分离的，而果树看上去与果实有别，围墙则与果树分离，因此波西多尼俄斯（Poseidonius）宁愿坚持把哲学同动物相比，把物理学比作血和肉，逻辑学比作骨和腱，伦理学比作灵魂。[2]

［20］既然哲学有三个部分，那么一些人把物理学列为第一个部分，因为有关物理学的课业（pragmateia）[3]既在时间上（chronōi）在先（presbutatē），以至于直到今天那些最早从事哲学的人被称作物理学家，也在编排顺序上（taxei）在先，因为首

---

〔1〕 这里文本有分歧。Bekker 校勘为 pithanōs（似乎可信地），Mss 校勘为 apithanōs（不可信地）。

〔2〕 有关哲学三个部分的划分及其比喻，第欧根尼与塞克斯都的记述基本相同，但略有出入（DL 7.39-41）。

〔3〕 该词原指处理事情的程序和模式，这里指课业或课程，也多次出现在第欧根尼的文本（DL 10.30, 35, 83）。

先讨论普遍的东西，然后探究特殊的东西和人本身是恰当的。[1]

[21] 还有一些人从伦理学开始，因为这些是更为必需的并激励（epispōntōn）我们达致幸福的东西。正如苏格拉底宣称，不要研究其他任何东西，除了

　　家里曾发生过什么坏事和好事。[2]

[22] 伊壁鸠鲁派由逻辑学出发，因为他们首先考察（epitheōrousin）"准则问题"（ta kanonika），[3] 检视显明的、非显明的和与之相关的东西。斯多亚派自己声称，逻辑学居于首位，伦理学次之，物理学最后。[23] 因为首先心灵必须筑牢（katēsphalisthai），以确保传授之物不会动摇，而辩证法的论题是能强化（ochurōtikon）思想的；其次，为了习性的改善（pros beltiōsin tōn hethōn）我们必须增加伦理学的思辨，因为在逻辑能力既已存在的基础上，心灵接受这种东西是不会有危险的；最后，我们必须引入物理学的思辨，因为这是一个更为神圣、需要更加深入关注的论题。

[24] 以上就是他们所谈论的东西，当下我们不去探究这些东西的细节。但这点我们要说，如果在哲学的所有部分当中真理是必须要去追问的东西，那就不得不首先具备可信的出发点（tas archas）和辨识这个真理的方式（tropous）；而逻辑学的论题关涉

---

[1] 这里我们看到晚期希腊哲学家已经提出哲学史叙述方法问题，触及了历史与逻辑的统一性原则。

[2] 本句出自荷马（Homer, *Odyssey* 4.392）。在谈论苏格拉底伦理学的语境下，塞克斯都还在其他地方引过该句（*M* 11.2），第欧根尼也引过（DL 2.21）。

[3] 即关于正确推理的原则，伊壁鸠鲁在这个论题上的著作被称作《准则学》（Kanōn）。

标准和证明的思辨；所以，这正是我们应当由此出发的地方。

[25] 既然清楚明白的东西被认为是通过某种标准被直接认识的，而非显明的东西则是通过记号和证明，根据来自清楚明白的东西的推演（metabasin）来追寻的，那么为有利于对独断论者的研究，让我们在顺序上首先探究是否存在着一种通过感觉或心灵直接作用于我们的那些东西的标准，然后探究是否存在着某种能表明（sēmeiōtikos）或证明非显明之物的方式。[26] 我认为，一旦这些东西被消除，有关存疑的必然性就不会有任何疑问。因为真理既不会在昭然若揭的东西中，也不会在昏暗不明的东西中发现。那就让我们从标准的论证开始，既然它被认为关涉所有理解的方式。

二、真理的标准是否存在

[27] 关于标准的研究普遍存在着争议，这不仅因为人在本性上是热爱真理的动物，而且还在于最高层次（genikōtatas）的哲学学派对最重要的东西做出判断。因为要么，如果事物真实性的准则（kanonos）是根本发现不了的，独断论者的那些宏大而庄重的自我吹嘘将必然被完全否弃，要么相反，如果某种能引导我们通向真理的理解的东西是显而易见的，怀疑论者将被指责为鲁莽行事（propeteis），粗暴攻击人们的共同信念（tēs koinēs pisteōs）。另外，如果我们竭力去研究外在的标准，比如尺、规、量、衡，而忽视了属于我们自己的，被认为能够验证这些外在之物的东西，那的确是匪夷所思的。[28] 由于我们的研究涉及整个主题，我们将依次进行讨论。既然命题包括两个部分，即标准和真理，那就让我们对每

一部分分别做出论述，有时以解释的方式（exēgētikōs）指出标准和真理有多少种用法，按独断论者的方式说明它们的本性是什么，有时则以更加质疑的态度（aporētikōteron）[1]探究此类东西是否能真实存在。

三、关于标准

[29] 首先，标准（我们必须由之出发）一词是在两种意义上被称谓的。第一种是我们做这些而不做那些所诉诸的东西，第二种是我们说这些存在而那些不存在，这些为真而那些为假所诉诸的东西。有关前者我们在论怀疑派的方法一节中做过讨论。[2] [30] 因为以怀疑方式做哲学的人（aoporētikōs philosophounta），如果不至于完全丧失活动能力（anenergēton）、在生活中无所作为（aprakton）的话，必然会具有选择和规避的标准，即现象或显现之物（phainomenon），[3]正如提蒙所证实的，他说：

所到之处，现象无不强劲有力（pantēi sthenei）。[4]

---

〔1〕 该词是形容词 aporētikos 的比较级，指"怀疑的""犹疑的"。皮浪派也把自己称作 aporētikē，即"犹疑派"或"辩难派"（*PH* 1.7）。动词形式为 aporeō，指"充满困惑""犹疑不决"，也可引申为"诘难""辩难"等意。相关形容为 aporos，其构词意义为"无路可走的""不可行的"，引申为"迷惑不解的""困难的"。我们根据不同语境翻译这些词汇及其衍生词，并根据需要标示出原文。

〔2〕 这里指 *PH* 1.21-24 有关"行动的标准"的讨论。

〔3〕 怀疑派强调"现象"是生活的向导："通过诉诸现象，我们可以按照生活准则不持有任何信念地（adoxastōs）活着，因为我们不可能完全失去活动。"（*PH* 1.23）。有关怀疑论者是否能够生活的论述，参见 *M* 11.162-166；DL 9.104-105；*PE* 14.18.25-26。

〔4〕 第欧根尼也引过本句（参见 DL 9.105），据称原文出提蒙的 *Indalmoi（Images）*。

[31] 另外一种标准，我指的是有关真实存在的和当下我们所要研究的标准，似乎有三种用法，一般的、特殊的和最特殊的。一般意义上是指一切关乎理解的尺度，按照这种意义，甚至自然的标准，如视觉、听觉和味觉也被认为与这一名称相适。[32] 特殊意义上是指一切关乎理解的技艺的尺度，据之人们把度、量、尺、规称为标准，仅就它们是技艺性的，而不是视觉、听觉以及一般意义上其他普通感官，这些自然构成的东西。[33] 更为特殊意义上是指一切理解非显明之物的尺度，据之生活器物（ta biōtika）不再被说成是标准，只有逻辑学的，也即独断论哲学家为发现真理所引入的那些东西被称作标准。

[34] 既然标准一词被在多种意义上称谓，那么我们当下的任务在于首先探究逻辑学的标准，这种为哲学家们所喋喋不休的东西，随后涉及每种生活上的标准。[35] 对逻辑学的标准进行再划分也是可能的，把一种形式的标准称作"被什么"（huph'hou），一种称作"由什么"（di'hou），一种称作"作用"（prosbolē）和"状况"（schesis）。"被什么"，也就是人；"由什么"，即感官；第三种形式，即表象的作用。[36] 正像在验证物体的轻重方面有三种形式的标准：称量者、称和称的设置，其中称量者是标准"被什么"，称是"由什么"，称的设置是"状况"。又如为了鉴别物体的曲直需要有工匠、尺以及尺的作用。同样，在哲学上为了辨识事物的真假，我们需要前面提到的三种标准。[37] 人，判断"被他"做出，类似于称量者或工匠。感觉和思想，判断"由之"发生，类似于称和尺。表象的作用，人们"据之"进行判断，类似于前面提到的工具的状况。那么就当下而言，对这种逻辑学的标准首先予以讨论是必需的。

四、关于真理

[38] 有些人，尤其是斯多亚派，认为真理在三种方式上有别于"真"：本质上、构成上和潜能上。本质上，就真理是有形的，"真"是无形的而言。[1] 他们称这点是有理据的（eikotōs）。因为后者是命题（axiōma）[2]，命题是意谓（lekton）[3]，意谓是无形的。相反，真理是有形的，仅当它被认为是那种能揭示一切真东西的知识，[39] 而所有知识是灵魂中枢（hēgemonikon）[4] 的一种状态（pōs echon），就像拳头被想象成手的一种状态。按照他们的说法，灵魂中枢是有形的，因此真理在种类上（kata genos）也属于有形的东西。[40] 构成上，就"真"被思想为一种本性上单一的和简单的东西而言，比如，当下"这是白天"，"我正在谈话"。而真理，既然由知识构成，则恰恰相反，被理解为复合性的和由多种要素组成的东西。[41] 正像民众（dēmos）是一回事，公民（politēs）是另一回事，民众是来自许多公民的集合体，而公民是一个个体。同理，真理有别于"真"，真理类似于民众，"真"类似于公民，因为

---

〔1〕 "真理"（he alētheia）是一个名词，"真"（to alēthes）是形容词加冠词构成的抽象名词。斯多亚派认为，真理是真实的有形的东西（sōma），而"真"则是逻辑命题（axiōma）和语词所表达的意义（lekton），是无形的（asōmaton）。这里第38—42段，可对照 PH 2.80-83。

〔2〕 斯多亚派逻辑术语，指"判断""命题""陈述""语句"。axiōma 有简单的和复杂的之分。

〔3〕 斯多亚派逻辑术语，原指"所说的东西"，我们译作"意谓"。斯多亚派把词项分成三个部分，一是名称（nomos），一是名称所指示的外部对象（ektos），一是名称所表达的意义，即"意谓"（lekton）。

〔4〕 原指"灵魂占主导地位的部分"，我们这里译作"中枢"。

前者是复合的，后者是简单的。[42] 在潜能上它们相互有别，因为"真"并非完全依赖于知识（实际上，愚人、未成年人和疯子有时也会说出某些真话，但他们没有真知识），而真理被认为是基于知识的。因此，凡具备这种东西的人就是智者（因为他拥有真东西的知识），他永远不会欺骗（pseudetai），尽管有时会说某些假话（pseudos），因为他说这些假话并非出于恶的意念，而是出于良苦之用心（asteios）[1]。[43] 正如一位医生就病人的救治说了一些假话，答应给他什么但没有给他，他说了某些假话但并非欺骗，因为他采取这种"缓兵之计"[2] 正是为救治他所负责的病人。又如，一个最优秀的指挥官为鼓舞麾下的士气常常编造来自盟邦的信息，他说了一些假话但并无欺骗，因为他这样做并非出于恶意。[44] 再如，一位语法家在给出病句的例子时引用病句（soloikismon），但他并非犯有语病（soloikizei），因为这不是出于对正确词句的无知犯下的。因此智者，即具有真东西的知识的人，有时也会说假话但永远不会欺骗，因为他没有赞同假东西的意念。[45] 他们称，从以下所示事例可以明白，欺骗者必须由其意向（diatheseōs）而不是由其纯粹的言辞来判断。"掘墓人"（tumbōruchos）一词，既可以指为掠夺尸体做此事的人，也可以指为尸体挖掘墓穴的人。但第一种人要受惩罚，因为他出于恶意而为之；第二种人则出于相反的原因，会得到服务的酬报。因此十分明显，说假话大大有别于欺骗，因为前者出于良苦之用心，欺骗则出于邪恶之念头。

[46] 首先就某些人所主张的真理观做出陈述之后，接下来

---

〔1〕 该词原指"谦和""雅致""机智""精心"等。

〔2〕 原文为 lambanei ten anaphoran。anaphora 一词指"缓解""延缓"等意。

让我们研究一下发生在独断哲学家当中有关标准的分歧。当我们研究标准的真实性时，必然会同时思考它究竟是什么。[47] 有关这一论题呈现出诸多不同的划分。但目前对我们来说，称一些人否弃（aneilon）标准，另一些人坚持（apelipon）标准已足够。在坚持者当中主要有三种观点：有些在理性中坚持它，有些在非理性的清楚经验中坚持，有些在两者中坚持。[48] 而科罗封（Colophon）的克塞诺芬尼（Xenophanes）、科林斯（Corinth）的克塞尼亚德（Xeniades）、徐西亚（Scythia）的阿那卡尔西斯（Anacharsis）、普罗塔戈拉和第奥尼索多鲁斯则否弃标准。此外，莱昂提尼（Leontini）的高尔基亚、希俄斯（Chios）的美特罗多鲁斯（Metrodorus）、"幸福主义者"（ho eudaimonikos）阿那克萨尔科（Anaxarchus）和犬儒主义者莫尼穆斯（Monimus）也是如此。[49] 在这些人当中，按某些人的说法，克塞诺芬尼以其声称"一切是不可理解的"而占一席之地，他在这段文字中写道：

> 关于神和我所说的一切，
>
> 无人见过，也将不会有人知道清楚明白的事实。
>
> 即使他的确碰巧说出绝对完善的东西（tetelesmenon），
>
> 无论如何他自己也不知道，因为意见造就（tetuktai）一切。[1]

---

[1] 这段文字还出现在本书的其他两处（*M* 7.110, 8.326）。另前两行也被第欧根尼和普鲁塔克引用过（DL 9.72；Plut. *Aud. Poet.* 2.17D）。对本段的理解可以参考 J. H. Lescher, *Xenophanes of Colophon*（university of Toronto, 1992），155-169；Daniel W. Graham, *The Texts of Early Greek Philosophy*（Part 1）（Cambridge university press, 2010），127；Richard D. McKirahan, *Philosophy Before Socrates*（Hackett, 2010），67；Andre Laks and Glenn W. Most, *Early Greek Philosophy*（Ⅲ, part 2）（Harvard university press, 2016），54。

这里"清楚明白的事实"（to saphes），他似乎指"真的东西"（ta'lēthes）和"熟悉之物"（to gnōrimon）。正如诗云：

简单（haplous），本性上是真理的语词。[1]

[50]而"人"[2]似乎指"人类"，以特殊词项代替普遍词项，因为"人"是"人类"的特殊形式。语词的这种使用方式也常见于希波克拉底。当他说"女人不会生在右面"，也就是说"雌性不会在子宫的右边部分聚成"。[3]"关于神"，是以举例的方式指某种非显明之物，而"意见"（dokos）是指 dokēsis 和 doxa。[4][51]因此，他的这句话展开来说（kata explōsin）是这样的："至少在非显明的事物上，人类根本不知道真的和熟悉的东西。即使偶然碰到这种东西，无论如何他也不知道自己已碰到它，而是想象（oietai）和认为（dokei）这样。"[52]因为，正像如果我们假设某些人在一间装满财宝的黑暗的屋子里寻找金子，那么将发生的是，一旦他们当中每个人抓到放在这间屋子里的某件财宝，都会想象自己触到了金子，但他们当中将无人能确信自己已碰到金子，尽管十分幸运他确实碰到了金子。[5]同样，一大群哲学家为探寻真理涌入这个宇宙，就像走进一个巨大的房屋，而那个已把握真理的人可能并不相

---

〔1〕 Euripides, *Phoenician Women* 469.

〔2〕 原文"人"用的是阳性名词"男人"（ho anēr），所以是"人类"的一种特殊形式。

〔3〕 这句话是指以特殊词项"女人"（gunē）替代了普遍词项"雌性"（thēleia）。

〔4〕 这三个词都是"观念"或"意见"的意思。但 dokos 一词在塞克斯都文本中少见。

〔5〕 这里把寻找非显明之物的真理比喻为"黑屋子里摸金"，后面又比作"黑暗中射箭"（参见 *M* 8.325）。

信自己已命中目标（eustochēsen）。

因此，克塞诺芬尼说真理的标准不存在，因为在所研究的事物的本性上没有任何可理解性。[53]科林斯的克塞尼亚德，这个德谟克里特曾提到的人，声称万物为假，所有表象和意见都是骗人的，一切生成之物生于"无"（mē ontos），一切消亡之物亡于"无"[1]。因此实际上他与克塞诺芬尼持相同的立场。[54]因为如果没有任何为真之物与假的东西区分开来，而是万物为假并因此是不可理解的，那么就不会有任何能够辨别这些东西的标准。而万物为假并因此是不可理解的，这点由感觉所受到的指责可以表明。因为如果一切事物的最高标准为假，则万物必然为假；而感觉是一切事物的最高标准，它被表明为假；所以万物为假。

[55]正如他们所说，西徐亚的阿那卡尔西斯也否弃了那种能判断一切技艺的东西的可理解性，并强烈抨击希腊人对这种东西所赋予的特权（epitimai）。他说，谁是通过技艺判断某个事物的人？是门外汉（idiōtēs）还是有技艺者（technitēs）？[2]当然我们不能说是门外汉，因为他缺乏有关特殊技艺的知识。正像盲人无法获得视觉功能，聋子无法获得听觉功能，同样无技艺者也不会敏于（oxuōpei）理解那些通过技艺所完成的事情。如果我们确信他对任何有技艺的事情的判断，那么无技艺与有技艺将没有区别，这是荒谬的。因此，门外汉不是技艺专有特性的判断者。[56]剩下要说的是，有技艺者是技艺的判断者，这也是不可信的。因为或同行

---

〔1〕 多数希腊自然哲学家认为"无"不能生"有"，"有"不能变"无"，万物的元素或本原是永恒的，生成与毁灭是元素的聚合与解体。克塞尼亚德的观点属于极少数。

〔2〕 参见 *PH* 3.259。

（homozēlos）判断同行，或非同行（anomozēlos）判断非同行。但一个行当的人不可能判断另一个行当的人，因为他熟悉的是自己的技艺，[57]对其他行当的技艺他处于门外汉的境况。同行也不能验证（dokimazein）同行。因为这正是我们所要研究的问题：谁是那些仅当从事相同技艺，拥有同一能力的人的判断者？此外，如果一个同行判断另一个同行，同一个东西将既是判断者（krinon）又是被判断者（krinomenon），既是可信的又是不可信的。[58]因为，就他是被判断者的同行而言，他自己也将是被判断的和不可信的。就他做出判断而言，他将是可信的。但同一个东西既是判断者又是被判断者，既是可信的又是不可信的，则是不可能的。所以不存在任何一个通过技艺做出判断的人，由于这个原因也就不存在标准。[59]因为标准中一些是技艺的，一些是非技艺的，由于前面提到的原因，非技艺的标准不能判断（就像门外汉不能判断），技艺的标准也不能判断（犹如有技艺者不能判断）。所以无物是标准。

[60]有些人还将阿布德拉的普罗塔戈拉列入否弃标准的哲学家阵营，既然他称一切表象和意见为真，而真理是某种相对之物，因为所有显现给某人或被某人所认为的东西相对于他直接是真实存在的。在《反驳篇》（kataballontōn）的开端[1]他说："人是万物的尺度，既是存在者之为存在的尺度，也是非存在者之为非存在的尺度。"[2][61]而反对论证似乎也能证实它（marturein）。因为如果某人说人不是万物的尺度，他将确证人是万物的尺度。因

---

[1] 柏拉图认为是在《真理篇》的开端（Plato, *Theaetetus* 161C）。

[2] 另见 *PH* 1.216-219。普罗塔戈拉的这段文字也为柏拉图所引用和解释，参见 Plato, *Theaetetus* 152a-183c。

为说话者本身是一个人，当他肯定相对他所显现的东西时，他承认他说的这句话本身也是一种相对他所显现的东西。因此，疯子是在疯狂状态下所显现的那些东西的可信的标准，睡着的人是在睡梦中、幼儿是在年幼时、老人是在年老时所打动他的那些东西（prospiptontōn）的可信的标准。[62] 以一种不同的境况去排斥（athetein）另一种境况，也就是说，以心智健全状态下所发生的东西（hupopiptontōn）去排斥疯狂状态下所显现的东西，以清醒时所发生东西去排斥睡梦中所显现的东西，以年老时所发生的东西去排斥年幼时所显现的东西，是不恰当的。因为正像打动后者的东西不会显现给前者，同样反过来，显现给前者的东西也不会打动后者。[63] 如果疯子或睡着的人不是显现给他的那些东西的可靠的判断者，因为他被发现处于某种状态，那么心智健全的和醒着的人也处于某种状态，因此，对辨识那些发生在他们身上的东西而言，他们也将是不可信的。既然离开了某种境况没有任何东西是可理解的，那么每个人基于自己的境况所理解的东西一定是可信的。[64] 有人认为普罗塔戈拉推翻了标准，因为标准意在验证"自身存在的东西"[1]，能够区分真和假，而前面提到的这个人既没有给自身为真的东西，也没有给自身为假的东西留有余地。据称优提德谟斯和第奥尼索多鲁斯也是如此，因为他们把"存在者"（to on）和"真"（to alēthes）归为相对之物（tōn pros ti）。

　　[65] 莱昂提尼的高尔基亚与否弃标准的人属于同一阵营，尽管他没有采取和普罗塔戈拉相同的进攻策略。在其著作《论"非

---

〔1〕 字面意思为"根据自身存在的东西"（tōn kath hauta hupokeimenōn），即独立或绝对存在的东西，与"相对之物"或"相对于某物的东西"（tōn pros ti）构成对立范畴。

存在者"或论自然》中，他建立了三个环环相扣的主要观点。第一，无物存在。第二，即使有物存在，也是不能被人理解的。第三，即使是可理解的，也是不可表达的（anexoiston）、无法向周边人言传的（anermēneuton）。[66] 他以下述方式推证无物存在。如果有物存在，或"存在者"存在，或"非存在者"存在，或"存在者"和"非存在者"两者存在。但并非"存在者"存在，如他将建立的；也并非"非存在者"存在，如他将阐明的；也并非"存在者"和"非存在者"两者存在，如他将解释的。所以无物存在。[67] "非存在者"不存在。因为如果"非存在者"存在，它将同时既存在又不存在。因为就其被思想为（noeitai）非存在的（ouk on）而言，它不会存在；就"非存在者"（to mē on）存在来说，它又将存在。[1] 然而一种东西同时既存在又不存在是完全荒谬的。所以，"非存在者"不存在。再者，如果"非存在者"存在，那么"存在者"将不存在。因为它们是相互对立的（enantia），如果存在是"非存在者"的属性，那么不存在也将是"存在者"的属性；但并非"存在者"不存在；因此，也并非"非存在者"将存在。[2]

　　[68] 再者，"存在者"也不存在。因为如果"存在者"存在，它或是永恒的（aidion），或是生成的（genēton），或既是永恒的又是生成的。但正如我们将要表明的那样，它既不是永恒的，也

---

[1] 这句话的意思是说，如果"非存在者"存在，那么就"非存在者"这个概念而言，它是指不存在的东西，因此是不存在的；但就"非存在者存在"这一前提假设来说，它又是存在的。这里后半句的短语"非存在者"（to mē on），近人校勘本均无定冠词 to，Bett 依据最早抄本加定冠词。这里译者从 Bett 意见。另外，如不加定冠词，意也不通顺。

[2] 这一论证把"并非存在者不存在"，即"不矛盾律"，设定为当然的前提。这大概也是高尔基亚为何把反驳"存在者存在"放在反驳"非存在者存在"之后的原因。

不是生成的，也不是两者。所以，"存在者"不存在。如果"存在者"是永恒的（必须由此出发），它就不会有任何开端。[69]因为所有生成之物具有某个开端，作为非生成的永恒之物则没有开端。因为没有开端，它就是无限的。如果是无限的，它就不在任何一个地方。因为如果它在某处，其所在之处就有别于它本身，因此"存在者"，由于被某种东西包围，将不再是无限的。因为包围者大于被包围者，而没有任何东西大于无限者，因此无限者不在任何一个地方。[70]再者，它也不会被自己包围。因为如果这样，"物之所在"（to in hōi）与"所在之物"（to in autōi）将会等同，"存在者"也将变成两个：场所和物体，因为"物之所在"即场所，"所在之物"即物体。但这是荒谬的。因此，"存在者"并非在自身中存在。那么，如果"存在者"是永恒的，它就是无限的。如果是无限的，它就不在任何一个地方。如果不在任何一个地方，它就不存在。因此如果"存在者"是无限的，它根本就不是一种存在（on）。

[71]再者"存在者"也不可能是生成的。因为如果是生成的，它或由"存在者"生成，或由"非存在者"生成。但它并非由"存在者"生成。因为如果它是一种存在，它就不是生成的而是已经存在的。[1]它也不会由"非存在者"生成。因为"非存在者"不能生成任何东西，由于能生成某物者必然应当分有实在性（huparxeōs）。所以"存在者"不是生成的。

[72]同样，"存在者"也不是两者——既是永恒的又是生成的。因为它们是相互排斥的。如果"存在者"是永恒的就不会是生

---

[1] 按希腊哲学主流观点，"生成者"并非"存在者"，后者是永恒存在的本原、元素和原因，前者是由后者聚合而成的。

成的，如果是生成的就不会是永恒的。因此，如果"存在者"既不是永恒的，也不是生成的，也不是两者，那么"存在者"将不存在。

[73]另外，如果"存在者"存在，则它或是"一"，或是"多"。但正如我们将表明的那样，它既不是"一"，也不是"多"。所以"存在者"不存在。如果"存在者"是"一"，则它或是某种量，或是某种绵延（suneches），或是某个大小，或是某个物体。但无论论它是其中什么东西，都不是"一"。如果它是某种量，则是可划分的。如果它是某种绵延，则是可分割的。同样，如果它被思想成某个大小，也不会是不可划分的。如果它是某个物体，则是三维的，将有长、宽、高。但声称"存在者"不是其中任何东西则是荒谬的，所以"存在者"不是"一"。[74]"存在者"也不是"多"。因为如果"存在者"不是"一"，它也就不是"多"，因为"多"是多个"一"的相加。因此，一旦"一"被否定，则"多"也将被否定。

由以上所述十分清楚，既非"存在者"存在，也非"非存在者"存在。[75]再者，并非"存在者"与"非存在者"两者存在，也是很容易推证的。因为如果"存在者"存在并且"非存在者"存在，那么仅就"存在"（epi tōi einai）而言，"非存在者"将与"存在者"等同，由于这个原因它们当中任何一个都不存在。因为"非存在者"不存在，这是人人同意的；而"存在者"又被证明等同于"非存在者"；所以，"存在者"将不存在。[76]再者，如果"存在者"等同于"非存在者"，就不能"两者"都存在。因为如果"两者"都存在，就不是同一个东西。如果是同一个东西，就不会"两者"都存在。由此推出无物存在。如果既非"存在者"存在，也非"非存在者"存在，也非两者都存在，此外没有任何东西可以想象，那么无物存在。

[77] 接下来必须表明，即使有物存在，也是不能被人认识和思想的。因为高尔基亚说，如果可思之物（ta phronoumena）是不存在的，则"存在者"是不可思的（ou phroneitai）。这是合理的。因为正像如果"白的"是可思之物的属性，则"可思的"也会是白的东西的属性，因此如果"不存在的"是可思之物的属性，则"不可思的"将必然是"存在者"的属性。[78] 所以，"如果可思之物是不存在的，则'存在者'是不可思的"，是一个有效（hugies）而可靠的（sōzon）推论。而可思之物（必须首先要理解的）是不存在的，正如我们将建立的；所以，"存在者"是不可思的。可思之物是不存在的，这点是显而易见的。[79] 因为，如果可思之物是存在的，则一切可思之物，无论人们如何想象，都是存在的，这是有悖常理的。因为，即使有人可以思想一个会飞的人或一辆疾驰在海上的马车，也不会立刻就有一个人在飞或有一辆马车在海上疾驰。因此，可思之物是不存在的。[80] 此外，如果可思之物是存在的，则"非存在者"将是不可思的。因为"对立是对立者的属性"（tois enantiois ta enantia sumbebēken），而"非存在者"是与"存在者"对立的；因此，如果"可思的"是"存在者"的属性，则"不可思的"当然是"非存在者"的属性。但这是荒谬的。因为斯库拉（Scylla）[1]和喀迈拉（Chimaera）[2]以及诸多不存在的东西是可思的。所以"存在者"是不可思的。[81] 再者，正像可见之

---

〔1〕 希腊神话中的一个怪物。据荷马，它长有六个脖子和六个头，每个嘴里有三排利牙，下半身多只脚的怪物。

〔2〕 希腊神话中长有狮头、羊身、龙尾的怪异的精灵。

物被称为"可见的"是因为它们被看见，可听之物被说成是"可听的"是因为它们被听到，我们不能因为可见之物是听不到的而排斥它，也不能因为可听之物是看不见的而摈弃它（因为每种对象应当被自己特有的感官而不是被其他感官判断），同样可思之物也是如此，尽管它们不为视觉所见，也不为听觉所闻，因为它们为适合于自己的（oikeiou）标准所把握。[82]因此，如果有人思想一辆马车疾驰在海面上，即便他没有看到它，也应当相信有马车在海面上疾驰，但这是荒谬的；所以"存在者"是不可思的和不可理解的。

[83]即便它是可理解的，也是无法对他人表达的（anexoiston）。因为如果"存在者"是可视之物、可听之物以及外在的一般可感之物，而可视之物是由视觉把握的，可听之物是由听觉把握的，但不是交互把握的，那么这些东西如何能被传达（mēnuesthai）给别人？[84]因为，我们借以传达的东西是语词，而语词不是实体（hupokeimena）和存在（onta）。所以，我们向周边的人传达的不是"存在者"而是语词，这种有别于实体的东西。正像可视之物不会变成可听之物，反之亦然，因此"存在者"既然以外部方式存在，它就不会变成我们自己的语词。[85]既然不是语词，也就无法向他人表明。再者他说，语词是由打动我们的外部对象，即可感之物形成的。因为通过味道的接触形成了我们表达这种性质的（tēs poiētotos）语词，由颜色的作用形成了表达颜色的语词。如果这样，则并非语词揭示（parastatikos）外部对象，而是外部对象解释（mēnutikon）语词。[86]再者也不可能说，语词同可视之物和可听之物一样，以相同的方式存在，以至于实体和"存在者"由实体和"存在者"自身来传达（mēnuesthai）。因为他说，即使语

词是实在的（hupokeitai），也有别于其他实体，所看到的物体与语词大相径庭（pleistōi dienēnoche）。因为可视之物由一种器官把握，而语词由另一种器官把握。所以，语词无法揭示多数实体，正像实体无法表明它们相互间的本性。

［87］这就是由高尔基亚提出的诘难（ēporēmenōn），仅就这些东西而言，真理的标准荡然无存（oichetai）。因为不会有既不存在、也无法被认识、本性上也不能向别人表明的东西的标准。

有不少人，如前面提到的，声称美特罗多鲁斯、阿那克萨尔科和莫尼穆斯否弃了标准。［88］美特罗多鲁斯，是因为他说："我们一无所知，甚至对我们一无所知本身也一无所知。"而阿那克萨尔科和莫尼穆斯，则是因为他们把"存在者"与舞台布景（skēnographiai）相比，认为它们类似于在梦中或疯狂状态下所打动我们的表象。

［89］以上就是这些人所持有的观点。而正是那些自泰勒斯以降的物理学家被认为最早引入了有关标准的研究。他们指责感觉在许多方面是不可信的，从而在存在物中（en tois ousin）把理性确立为真理的判断者，由之出发构建了本原（archōn）、元素（stoicheiōn）和其他原则，一种由理性能力所产生的理解。［90］最主要的物理学家阿那科萨戈拉，在贬斥感觉之无能时说："因其虚弱无力我们无法判断什么是真的东西"。他把颜色的微量渐变作为感觉之不可信的可信性例证。因为如果我们拿两种颜色，黑的和白的，一滴一滴地将一种注入另外一种，视觉将无法辨别这些微量渐变，尽管本性上它们确实存在。［91］人们发现，阿斯克勒皮亚德（Aschpiades）实际上在其《论酒的配方》第一卷使用了相同的

论证，他在那里探讨了白色和红色，他说："一旦它们混合，感觉则不能分辨基质（to hupokeimenon）[1]是不是一种单一的颜色。"

因此阿那科萨戈拉说，通常意义上理性是标准。[92]但毕达哥拉斯学派说，它不是通常意义上的理性，而是由学识（apo tōn mathēmatōn）所生成的理性。如费洛劳斯（Philolaus）所说，"它能思辨（theōrētikon）万物的本性，因而对之具有某种亲和力（suggeneian），因为本性上相似为相似所理解。"

> 我们以土看土，以水看水，
>
> 以气看神圣的气，以火看毁灭性的火，
>
> 以爱看爱，以悲怨的恨看恨。[2]

[93]如波西多尼乌斯（Poseidonius）在其对柏拉图《提迈欧篇》的解读中所说，"正像光为具有光的形式的视觉所把握，声为具有气的形式的听觉所把握，因此万物的本性应为与之相亲和的（suggenous）理性所把握。"而万物构成的本原是数，因此作为万物判断者的理性也应被称为数，因为这种能力是不可或缺的。[94]在表达这点时，毕达哥拉斯学派的人有时习惯说"万物如数"，有时则习惯以下述方式发出最具物理学家特征的（phusikōtaton）誓言：

---

〔1〕 该词字面意义指"在下面存在的东西"，可译为"基质""本体""实体"等。

〔2〕 本段这里被作为毕达哥拉斯学派的观点引用，但在本卷第212段同样的内容被归为恩培多科勒的观点。本段同样被亚里士多德引用，参见 Aristotle, *De Anima* 404b13-15; *Metaphisica* 1000b6a-8。

奥，以把 Tetraktus，

蕴含永恒的自然之根的源泉，

传给我们的那个人的名义。[1]

"传给我们的那个人"，他们指的是毕达哥拉斯（因为他们将之奉若神明[2]）；Tetraktus[3]，则是指某种数，它由前四个数组成，因此造就最完美的数，也就是 10。因为，1、2、3、4 相加等于 10。这个数是"第一"Tetraktus，[95]就整个宇宙受和谐性原则（kata harmonian）支配而言，按他们的说法，它被称作"永恒的自然之泉"。和谐是由三个音程（sumphōniōn）构成的系统，即四音程、五音程和全音程。[4]三个音程的比例关系（analogiai）可以在前面刚提到的四个数，即 1、2、3、4 中发现。[96]因为四音程的比例为 4∶3，[5]五音程为 3∶2，[6]全音程为 2∶1。[7]因此 4 这个数，作为 1+1/3 的三倍（因为 4 由 3 和 3 的 1/3 相加而成），组成四音程；[97]3 这个数，作为 1+1/2 的两倍（因为 3 由 2 和 2 的一半相加而成），表现为五音程；作为 2 的两倍的 4，以及作为 1 的两倍的 2，能够组成全音程。[98]既然 Tetraktus 提供上述音程的比例关系，而音程造就完美的和谐，万物受完美的和谐支配，因此他

———————

[1] 本段同样被爱修斯引述，参见 Aetius 1.3，8ff.（DK 58B15）。

[2] 原词 etheopoioun，指"神化""造神"之意。

[3] 该词为毕达哥拉斯派所造。词根为"4"（tessara），但意思无法翻译，只能解释。

[4] 参见 PH 3.155。

[5] epitritos，即 1+1/3 或 4∶3。

[6] hēmiolios，即 1+1/2 或 3∶2。

[7] diplasiuos，即两倍或 2∶1。

们把它称为"蕴含永恒的自然之根的源泉"。

[99] 此外，正是根据这四个数的比例，物体和非物体，万物所由之生成的东西才可以被思想。因为通过点的流动（hrueisēs）我们得到线的表象，这种"无宽之长"。通过线的流动我们创造了面，这种"无高之宽"。通过面的流动则生成了坚实的有形体。[100] 与点相应的是 1，它和点一样是不可分的；与线相应的是 2 这个数，〈与面相应的是 3 这个数，〉[1] 因为线总是从某处而来，即从点到点，再由这个点到另一个点。与物体相应的是 4 这个数，因为如果我们在三个点之上悬置第四个点，就会生成椎体（puramis），实际上这是坚实的有形体的第一图式。因此，Tetraktus 乃整个自然的源泉是合理的。

[101] 再者，他们称一切被人理解的东西或是物体的或是非物体的。但并无论是物体的还是非物体的，离开了数的概念则是不可理解的。物体，就它是三个向度的而言，指示 3 这个数。[102] 就物体来说，一些来自组合体（ek sunaptomenōn），如船只、锁链和橱柜。一些来自同一体（ex henōmenōn），由单一性状（hupo mias hexeōs）[2] 构成，如植物与动物。一些来自分离存在的个体（ek diestōtōn），如歌队、军队和兽群。无论它们是来自组合体，还是同一体，还是分离存在的个体，就它们由多个东西构成而言，它们都包含了数。[103] 此外，某些物体系于单一性质，某些则系于多

---

[1] Bekker 补。

[2] hexis，源于动词 echō（获得、得到、占有），指"处于某种状态""永久性状况""习性"。在斯多亚派哲学中用于解释事物同一性的某种东西。这里，根据语境提到的动植物的例子，我们译为"性状"。

种性质的聚合，如苹果。对于视觉它有某种颜色，对于味觉它有某种滋味，对于嗅觉它有某种气味，对于触觉它有某种光滑性。[104]同样的论证也适用于非物体性的东西，因为作为非物体性的时间是通过数来理解的，这点从年、月、日、时来看是显而易见的。同样，点、线、面以及我们所刚刚讨论过的其他东西，其概念皆可归结为数。

[105]他们说生活事务也与上述原则契合，技艺活动同样如此。因为生活通过标准，即数量化的尺度去判断每个东西。如果我们否弃了数，那么由两个半尺，或六掌，或二十四指构成的尺（pēchus）[1]就会被否弃，升（medimnos）[2]、斤（talanton）[3]以及其他标准也会被否弃。因为所有这些东西都是由复合物构成的，它们直接是一种数的形式。[106]因此其他东西，借贷、证据、票决、契约、时间、时期，也诉诸于数。一般说来，生活中不可能找到任何不分有（amoiroun）数的东西。的确，离开比例一切技艺无以建立，而比例依赖于数，所以一切技艺通过数来建立。[107]如他们所说，罗德斯岛人（Rhodians）询问建筑师卡勒斯（Chares），建造阿波罗大雕像（Kolossos）需要花多少钱。当他确定了金额，他们又问，如果他们想按这个尺寸的两倍建造雕像需要花多少。他开出两倍的价钱，他们付给了他。但当他在工程的基础部分和设计上花完了支付给他的这笔资金时，便了结了自己的生命。[108]当他

---

[1] pēchus，希腊人的长度单位，相当于罗马人的"丘比特"（cubitus）。一个 pēchus 的长度约等于从肘关节到小拇指的距离，包含 24 指，约等于 18 英寸。

[2] medimnos，希腊人的谷物量度，相当于罗马人的 modii，约等于 12 加伦。

[3] talanton，希腊人的重量单位，相当于 57 磅。也是货币单位。一个 talanton 等于 60 个 minae，一个 mina 等于 100 个 drachmae。

死后，工匠们认识到他不该要两倍的价钱而是八倍。因为他不仅需要放大作品的长度，而且需要放大所有的向度。因此，在雕塑中同样也在绘画中存在着某个比例，由之确立不变的相似性。[109]一般说来，一切技艺都是由理解构成的体系（sustēma），而体系就是数，所以这个说法是合理的："万物相似于数"，即相似于那种做出判断并与构成万物的数种类相同（homoiogenei）的理性。

[110]这就是毕达哥拉斯派谈论的东西。但克塞若芬尼，按以另外一种方式解释他的那些人的说法，[1]当他声称：

> 关于神和我所说的一切，
>
> 无人见过，也将不会有人知道清楚明白的事实。
>
> 即使他的确碰巧说出绝对完善的东西（tetelesmenon），
>
> 无论如何他自己也不知道，因为意见造就（tetuktai）一切，

似乎并未否弃所有理解，而是否弃了知识性的（epistemonikēn）和无错的（adiaptōton）的理解，保留了意见性的（doxastēn）理解，因为"意见造就一切"表明这点。因此根据他的观点，标准成为"意见理性"（ton doxaston logon），也即诉诸或然性的（tou eikotos）而非确定性的（tou pagiou）东西。

[111]然而，他的朋友巴门尼德却贬低"意见理性"，我说的是具有虚弱的假设那种[2]，而把知识性的，也即无错的理性设定为标准，摈弃感觉的可信性。他在《论自然》的开篇这样写道：

---

[1] 即不同于本卷第149—52段的那些人，他们把克塞若芬尼解释为否定一切的不可知论。

[2] 原文 tou astheneis echontos hupolēpseis。

载着我的骏马啊，当它们走来把我带上这条闻名遐迩的路，

一条承载着有知的凡人穿过千城万邦的神圣之路，

送我一路向前，

就精神（thumos）所欲达致的遥远。

　　我被带上的正是这条路，多智的骏马拉着我奔跑在这条

路上，

马车疾速奋进，仙女引路在前。

　　轮毂里的车轴，被两个滚圆的轮子于两侧驱赶，

　　奏出美妙的笛声，

火星飞溅。此时太阳神的女儿们，

　　离开夜神（Nux）的宫殿，急忙把我送入光明，

　　用纤手退去面纱，从她们的额前。

　　在昼与夜的路口高门耸立，

四周支撑着石头的过梁和门槛。

　　巍峨的大门直插云霄，

　　开启它们的相应的钥匙，由疾恶如仇的正义女神（Dikē）

掌管。

　　仙女们轻言细语，

　　机智地说服她赶紧为她们从大门上撤去那

铆有铁钉的门栓。当大门徐徐开启

门口裂开巨大的沟壑，那密布着齿与钉的青铜门轴

在两边的门槽中交替旋转。

仙女们引导着马车与骏马径直越过鸿沟，沿大道勇往直前。

女神（thea）和蔼地接待我，将我的右手

放在她的手上，倾吐真言。她对我说：

年轻人啊，欢迎你！在永生的驭手的陪伴下，

通过载你的骏马到达我们的神殿。

不是厄运（moira kakē），而是公平女神（Themis）和正义女神

把你送上这条路，因为它是一条远离人类走过的路。

这就需要你对一切有所洞见：

令人信服的真理的不动摇的心（atremes ētor）

和凡人那没有丝毫真实可信性的意见。[1]

但你要让自己的思想远离后边这条研究之路，

不要让经验化的习惯（ethos polupeiron），驱迫你

沿着这条路

去指导盲目的眼睛、轰鸣的耳朵

和舌尖，而是要用理性去判断经验化的论辩，

这就是我所说的东西。只剩下

一条道路的精神（thumos hodoio）可言。

[112] 在这段诗句中，巴门尼德声称载着他的"骏马"是灵魂的非理性的冲动（hormē）和欲望（orexis），"沿着闻名遐迩的神圣之路一路向前"则是据于哲学理性的思辨（theōria），而这种理

---

[1] 本句以上文本，塞克斯都几乎保留了巴门尼德《论自然》的序诗的全部。本句以下的文本，塞克斯都与辛普里丘（Simplicius）的记载有分歧，后者提供了另外两段，而前者提供的似乎是长诗后边的观点（即在分析完两条研究道路之后，提出否弃感觉经验之路，回到理性真理之路的结论），具有明显穿插痕迹。而"道路的精神（thumos hodoio）"一句，辛普里丘使用的是"道路的故事"（muthos hodoio）。参见 Bett 译本第 49 条注释。

性，正像神圣的护送者（propompos），通向（hodēgei）一切事物的认知。为他在前引路的仙女们则是指感觉。当说"被两个滚圆的车轮驱赶"一句时，他暗指听觉，即小耳部分，由之获得声音。[113] 他把视觉称为"离开夜神的宫殿""送入光明"的"太阳神的女儿们"，因为没有光明就无法使用视觉。诉诸"掌管相应钥匙"的"疾恶如仇的正义女神"，乃是诉诸心智，因为它把控事物理解的安全性。[114] 当女神接待他之后，答应教导他以下两件事："令人信服的真理的不可动摇的心"，它是知识的不变的立足之处（bēma），其次是"凡人那没有丝毫真实可信性的意见"，也即一切系于意见的东西，因为它们是不可靠的（abebaion）。最后他阐明不应诉诸感觉，而应诉诸理性。因为他说，"不要让经验化的习惯，驱迫你沿着这条路去指导盲目的眼睛、轰鸣的耳朵和的舌尖，而是用理性去判断经验化的论辩，这就是我所说的东西。"

由上述内容，显然这个人自己宣称在存在物中（en toi ousin）[1]知识理性是真理的标准，远离（apeste）对感觉的关心。[115] 阿克拉加斯（Acragas）的恩培多克勒，按似乎对他做出比较简单的解释的那些人的观点，[2]他给出六个真理的标准。因为他建立了宇宙的两个能动的本原（drastērious archas）：爱与恨，同时提到了四个作为质料的（hōs hulikōn）本原：土、水、气、火，他称所有这些东西都是标准。[116] 如我以前所讲，一个有关同类事物能认识同类事物的古老观念，远在自然哲学家那里就广为流传。对这种说教（paramuthias），德谟克里特似乎提供了论证，柏

―――――――――
〔1〕再次出现该短语，参见 M 7.89。
〔2〕指与 M 7.122 及其以下的解释相比而言。

拉图在其《提迈欧篇》也似乎有所触及。[117]德谟克里特把这一论证建立在有生命的和无生命的东西之上。他说，动物同类相聚，如鸽子与鸽子，鹤与鹤，以及其他非理性的动物。无生命的东西同样如此，正像人们看到被筛出来的种子和海边上的鹅卵石。一方面通过簸箕的翻动，宾豆与宾豆、大麦与大麦、小麦与小麦被分离开来，[118]另一方面通过海浪的运动，长形与长形的，圆形与圆形的鹅卵石被冲刷到一起，好像事物中的相似性具有某种聚集（sunagogōn）它们的力量。[1]

德谟克里特如是说。[119]柏拉图在《提迈欧篇》[2]使用了同一种证明形式，以确立灵魂是非物体性的东西。他说，如果视觉因感知光而直接是光形式的，听觉因辨别被敲击的气，也就是声音，直接被视为声音形式的，嗅觉因认识气味而完全是气味形式的，味觉因认识滋味而完全是滋味形式的，那么灵魂必然是某种非物体性的东西，因为它把握非物体性的理念，如那些在数和物体的"限"（peiras）[3]方面上的东西。

[120]这就是来自早期人物的观点，恩培多克勒似乎也裹入其中。他说，既然构成万物的本原有六个，那么标准在数目上也与之相同，因此他写道，

　　　　[121]我们以土看土，以水看水，

　　　　　　以气看神圣的气，以火看毁灭性的火，

----

〔1〕 参见 *DK* 68B164。

〔2〕 参见 Plato, *Timaeus* 45b-c。

〔3〕 即由之确定物体的边界的"线"或"面"。参见 *PH* 3.40 以下。

> 以爱看爱，以悲怨的恨看恨。

这里表明，我们通过分有（metousiai）土理解土，通过分有水理解水，通过分有气理解气，对于火来说情况相同。[122] 还有另外一些人，他们声称，按恩培多克勒的说法，真理的标准不是感觉而是"正确的理性"（ton orthon logon），至于"正确的理性"，一种是神性的（theion），一种是人类的，其中神性的是不可言说的（anexoiston），人类的是可言说的（exoiston）。[123] 关于真理的判断并非在于感觉，他是这样说的：

> 散落于肢体中的技能是有限的，
> 消磨思想英气的突如其来的悲惨是不可胜数的。
> 人们看到的只是自己生活中一个小小的片段，[1]
> 命运苦短，飞逝如烟。
> 每个人只相信自己所碰巧遇到的东西，
> 莫衷一是，[2] 但却吹嘘自己
> 已经发现宇宙大全（to holon）。
> 因此，这些东西既不会被人看见，也不会被人听到，
> 也不会为心灵（nooi）所洞见。

[124] 有关真理不是完全不可理解的，而是仅当人类的理性能够达

---

〔1〕 本句文本有分歧。Loeb 本为 zōēs abiou meros，译为"不值一过的生活片段"；Teubne 本为 zōēs idiou meros，译为"自己的生活片段"。这里我们从后者译出。

〔2〕 原文为 pantos'elaunomenoi，"四处漂泊""游弋不定"之意，比喻众说纷纭、无确定性。

致才是可理解的，他通过对前面的诗句补缀这样一段予以表明：

> 但你，既已在此退却，
>
> 　你将知道，有死者的心智不会进而激扬风帆。[1]

在接下来一段，当他对那些自认为知道的更多的人进行驳斥之后，明确由每种感觉所获得的东西是可信的，仅当理性掌控（epistatountos）它们，尽管此前他还抨击来自这些东西的可信性。[125] 因为他说：

> 然而，诸神使我的舌头避免了那些人的疯狂，
>
> 让清澈的泉水自圣洁的唇间流出。
>
> 你，白臂的，处女身的，拥有众多求爱者的缪斯，
>
> 我恳求你，把朝不虑夕的生灵[2]适合于听的东西，
>
> 从虔诚宫（par' Eusebiēs）驾着你那驯良的马车传达给我。[3]
>
> 你［指诗人 Pausanias］不要迫使自己从有死者那里
>
> 采撷绚烂的荣誉之花，以至胆大妄为地说
>
> 更多即为神圣，然后匆忙爬上智慧之巅。

----

〔1〕 本句的意思不像塞克斯都所解释的，而是似乎表明既然感觉是失败的，心智也就无能为力。此处动词有分歧，Teubner 本用的是 orōren（鼓起、激起、召唤），Loeb 本则是 opōpen（看见、发现），我们根据前者意译。实际根据后者理解，意思也通："有死者的心智不会进而有所发现"。

〔2〕 原文 ephēmerios，指"一天的生命""短命的"。

〔3〕 据评注家的观点，以上前五行似乎与下面段落的意思是分离的。前五行的"你"是指缪斯，而后边的"你"是说给一位叫 Pausanias 的诗人听的。或许这里塞克斯都合并了其他作品的诗句，或许文本丢失了几行。

来吧，以所有显明的（tēi dēlon）手段观察每种东西，

不要认为任何视觉会比听觉更加可信，

也不要认为轰鸣的耳朵会超过味觉的清晰，

其他感官也是如此，无论它作为何种思想的通道，

保留（eruke[1]）你的信任，以显明的方式思想（noei）每

种东西。

[126] 这些就是恩培多克勒的观点。[2] 而赫拉克利特，既然也认为对于真理的认知人类具备两种官能（ōrganōsthai），即感觉和理性，因此他像前面谈到的物理学家一样，主张它们当中的感觉是不可信的，而把理性设定为标准。他用这种话语风格（legōn kata lexin）来贬斥感觉："对于人类来说坏的证据是那些具有蛮族灵魂的人的眼睛和耳朵"[3]，这就等于说，"相信非理性的感觉是蛮族灵魂"。[127] 他表明，理性是真理的判断者，但不是任何一种，而是共同的（koinon）和神圣的（theion）理性。这种东西究竟是什么，必须简明扼要地做出解释。"包围着我们的东西（to periechon）是理性的和为心灵所支配的（phrenēres）"，这点为物理学家所津

----

〔1〕 这里注意 erukō 一词与怀疑派使用的 epechō 意思非常接近，都有"遏制""控制""保留"等含义。

〔2〕 关于本卷第 123—125 段所引述的恩培多克勒的两段诗句的文本分析及其理解，可参阅 Daniel W. Graham, *The Texts of Early Greek Philosophy*（Part 1）（Cambridge university press, 2010），340-343；Andre Laks and Glenn W. Most, *Early Greek Philosophy*（V, part 2）（Harvard university press, 2016），386-389, 390-393。

〔3〕 参见 Andre Laks and Glenn W. Most, *Early Greek Philosophy*（III, part 2）（Harvard university press, 2016），155；Daniel W. Graham, *The Texts of Early Greek Philosophy*（Part 1）（Cambridge university press, 2010），149。

津乐道（areskei）。[128] 很久以前荷马就谈到这点，他说：

> 这就大地上人类的心灵（noos），
> 就像众人和诸神之父给他们带来的时日。[1]

阿基洛科斯（Archilochus）也说，人类思考这些东西

> 就像宙斯带来的时日。

欧里庇德斯也谈到了同样的东西：

> 宙斯，你究竟是什么，我难以猜测，
> 但不管你是自然的必然性，还是有死者的心灵，
> 我都向你祈祷。[2]

[129] 按赫拉克利特的说法，通过呼吸我们摄入这种神圣的理性，成为有理智的，睡眠时处于遗忘状态，醒来后又重新恢复知觉。因睡眠时感官的通道是关闭的，我们内在的心灵与外部包围物的自然联结被分离开来，就像某种树根仅仅依靠呼吸维系关联，因被分离，它失去以前所具有的记忆能力。[130] 清醒时它通过感觉通道正像通过窗户再次展露出来（prokupsas），一旦与包围物相

---

〔1〕 参见 Homer，*Odyssey* 18.136-137。塞克斯都在《皮浪学说概要》中也引述了这段，参见 *PH* 3.244。

〔2〕 参见 Euripides，*Trojan Women* 885-887。

遇它便启动（enduetai）理性能力。就像煤炭靠近火时就会经过变化而燃烧，离开火时就会熄灭，同样客居（epixenōtheisa）在我们肉体之中，来自外部包围物的某一部分，在被分离的情况下几乎是非理性的，但基于通过多种通道的联结（sumphusin），使自己与整个宇宙（tōi holōi）处于同一种类。[131]赫拉克利特说，正是这种共同的和神圣的理性，通过分有它我们成为有理性的，是真理的标准。因此，凡是向所有人共同显现的东西是可信的（因为它被共同的和神圣的理性所把握），而仅仅打动某个人的东西，由于相反的原因，是不可信的。[132]上面提到的那个人，在其《论自然》的开篇，以某种方式指出了外在包围物，他说："对于这种〈永恒〉[1]存在的理性[2]，人们在听到它之前和初次听到它之后茫然无知（axunetoi）。因为尽管〈一切〉[3]事物根据理性发生，但当他们尝试（peirōmenoi）如我讲述的那种话语和行动，即根据自然本性划分每种东西，表明其究竟如何时，他们就像对此没有任何经验的那些人（apeiroi）一样。另外一些人意识不到他们清醒时做了什么，一如忘记他们睡梦中做了什么。"[133]由这些话清楚地表明正是通过分有神圣的理性我们做出和思想一切事情，在前面短暂的讨论之后，他加上一句："因此必须遵从〈公共的东西，即〉[4]共同的东西"，因为"公共的"（xunos）即"共同的"（koinos）。"尽管理性是公共的，但多数人活着好像具有个人的心智（phronesin）一

---

〔1〕 部分引文这里有副词 aei 或 aiei。参见 Aristotle, *Rhetorica* 1407 b17; Hippolytus, *refutation* 9.9.3。

〔2〕 即所谓"逻各斯"（logos）。这里为保持上下文术语一致，译为"理性"。

〔3〕 塞克斯都的引文没有"一切"（pantōn），这里根据 Hippolytus 所加。

〔4〕 Bekker 和 Diels 补。

样。"[1]这无异于是对宇宙安排方式的一种解释。所以,仅当我们共同分享这种东西的记忆,我们说的就是真的(alētheuomen);只要我们固守一己之见,我们说的就是假的(pseudometha)。[134]在这些话里,他非常清楚地表明共同理性是标准,声称那些普遍显现的东西是可信的,因为它为共同理性所判断,而对每个人以特殊方式显现的东西为假。

[135]这就是赫拉克利特的观点。而德谟克里特则有时否弃那些对感官显现的东西,声称它们并非真地(kat'alētheian)显现,而是仅仅以意见的方式(kata doxan)显现,存在物中[2]为真的东西是原子与虚空。因为他说,"习惯上(nomōi)是甜的,习惯上是苦的,习惯上是热的,习惯上是冷的,习惯上是颜色,实际上(eteēi)是原子和虚空。"也即,可感之物被承认(nomizetai)和被认为(doxazetai)"是",但它们并非真(kat'alētheian)"是",而仅仅是原子和虚空。[136]在《确证性》[3]中,尽管他承诺赋予感觉以确凿的信服力,但无论如何人们发现他还是贬斥感觉。他说,"本质上(onti)我们无法感知(suniemen)[4]任何真实确切的东西(atrekes),而是那些根据物体以及进入者和拒斥者的状态所产生的变化(metapipton)。"他又说,"实际上我们无法感知

---

〔1〕 132—133 两段有关赫拉克利特的文本的校勘和翻译,可参阅 Andre Laks and Glenn W. Most, *Early Greek Philosophy*(III, part 2)(Harvard university press, 2016),136-139;Daniel W. Graham, *The Texts of Early Greek Philosophy*(Part 1)(Cambridge university press, 2010),142-143。

〔2〕 短语 en tois ousin,参见 M 7.89, 114。

〔3〕 to kratunterios.

〔4〕 该词有"感知""知道""理解"之意。因本段语境是在讨论感觉问题,因此译为"感知"。

（suniemen）每种东西的本性是什么或不是什么，这点以种种方式业已表明。"［137］在《论理念》中他说，"由这一准则人们必须知道他已被逐出真实性（eteēs apēllaktai）"。又说，"这一论证还表明，实际上我们对任何事物一无所知，每个人的意见是反复无常的（epirusmiē）[1]。"他还说，"这点将显而易见，认识每个事物实际如何是无路可走的（en aporiō）[2]。"在这些段落中，他几乎推翻一切理解，尽管他只挑出感觉进行批判。

［138］但在《准则》中他说有两种认识，一是通过感官获得的，一是通过心灵获得的。其中，他把通过心灵获得的叫作"合法的"或"真正的"（gnēsiē），证实了它对真理判断的可信性，而把通过感官获得的称为"私生的"或"假冒的"（skotiē），剥夺了它对为真之物辨识的无错性。[3]［139］他以这种话语风格（kata lexin）声称，"有两种认知形式，'合法的'与'私生的'。所有这些东西是'私生的'：视觉、听觉、嗅觉、味觉和触觉，另一种形式是'合法的'，与它们有别。"在表明宁愿选择'合法的'而不是'私生的'之后，他继续说道，"一旦'私生的'不再能够看到，或听到、嗅到、尝到和通过触觉感受到更小的东西时，人们必须〈诉诸另外某种〉更为精细的〈认知形式〉[4]。"因此按照这个人的说法，理性是标准，他称之为"合法的知识"或"真知识"（gnēsiēn

---

〔1〕该词指"流动的""有节律运动的"等意。《希英大辞典》引德谟克里特这句话时把该词拼写为 epirrusmiē，即双写 r。解释为"偶然的"（adventitous），参见 LS，655。

〔2〕这里取 aporos 一词构词意义翻译。或译为"行不通的""不可行的"。

〔3〕这里德谟克里特借用了一对法律词汇。后者 skotiē 原意指"黑暗的""阴郁的"，借喻为"私生的""非法的""假冒的"，相当于英语 bastard。这里看语境。

〔4〕此处文字明显缺失，根据 Loeb 本补。

gnōmēn）。[140]狄奥提摩斯（Diotimus）曾说，根据德谟克里特的观点存在着三种标准：理解非显明之物的标准，即现象或显现之物（painomena），如阿那克萨戈拉所说，显现之物是非显明之物的视觉，德谟克里特赞扬了他的这个说法；研究上的标准，即概念（"无论如何，我的孩子，唯一的出发点在于知道研究是关于什么东西的"）[1]；选择和规避的标准，即感受之物（ta pathē）。因为，凡对我们亲近适宜的东西（prosoikeioumetha）是值得选择的，凡与我们疏离相悖的东西（prosallotrioumetha）是必须规避的。

前人有关真理标准的解释就是这样，[141]接下来让我们关注自然哲学家之后的学派。当柏拉图在《提迈欧篇》把事物划分成可思之物和可感之物，并称可思之物是为理性所把握的，可感之物是意见的对象（doxasta）之后，清楚地把理性界定为认识事物的标准，同时也把由感觉获得的清楚经验（enargeian）包含其中。[142]他如是说："什么东西永远'是'（to on）而并非'成为'（genesin），什么东西总是'成为'但永远不'是'？一种借助理性为思想所把握，一种借助感觉为意见所理解。"[2][143]柏拉图学派的人说共同兼具清楚经验和真理的理性被他称为"能普遍理解的（perilēptikon）理性"。因为在判断真理的过程中理性必须从清楚经验出发，如果这样对为真之物的判断就会通过显而易见的东西产生。但清楚经验对为真之物的认识不是自足的（autarkēs）。因为即使有物清楚明白地（kata'enargeian）显现出来，它也并非真

---

[1] 本句大概出自柏拉图，参见 Plato, *Phaedrus* 237 b7-c1。

[2] 本句出自 Plato, *Timaeus*, 27d6-28a2。这里为了更清楚地理解文本，对于 to on 和 genesis 我们不翻译为存在和生成，而是直接取系动词原意"是"和"成为"。

（kat'alētheian）"是"。一定有某种东西来判断什么是仅仅显现的东西和什么是不仅显现而且真实（kat'alētheian）存在的东西，这就是理性。[144]因此在真理的判断上，作为理性的起点的清楚经验和对清楚经验校验的理性本身，两者必须走到一起。因为理性为了作用于清楚经验并判定其中的为真之物，又需要感觉的协助（sunergou）。因为正是通过感觉接受表象，为真的思想和知识得以创生。因此，理性是"能普遍理解"（perilēptikon）清楚经验和真理的，它等于"能理解的"或"有理解力的"（katalēptikon）[1]。

[145]这就是柏拉图的观点。但斯彪西波（Speusippus）声称，既然某些东西是可感的，某些东西是可思的，那么可思之物的标准就是"能认知的理性"（ton epistēmonikon logon），而可感之物的标准是"能认知的感觉"。他把"能认知的感觉"理解为一种分有理性真理的东西。[146]正像笛子和竖琴演奏者的手指具有技艺活动能力，但这种能力并非由手指本身事先完成的，而是通过与理性活动的共同实践造就的，这点又如音乐家的感官，具有把握音调和谐与否的功能，但这种功能不是自我生长的（autophuē）而是由理性习得的，因此"能认知的感觉"本性上从理性那里分享认知活动经验（tribēs），以便对存在物的辨识准确无误。

[147]而色诺克拉底（Xenocrates）说，有三种形式的存在（ousias），可感的、可知的以及混合的（suntheton）和意见的。其

---

[1] 关于katalēpsis，塞克斯都在后面讨论斯多亚派以及学园派的阿尔克西劳和卡尔内亚德时，均作为一个关键词予以解释。需要注意的是塞克斯都认为柏拉图的perilēptikon和katalēptikon是同义词。似乎意味着斯多亚派与学园派争论的这一核心概念本身源于柏拉图。

中可感的位于天内，可知的是所有天外之物，意见的和混合的乃是天本身，因为借助感官它是可见的，而通过天象学它是可知的。[148]既然事物以这些形式存在，他宣称天外的和可思的存在的标准是知识，天内的和可感的存在的标准是感觉，混合形式的存在的标准是意见。因此一般说来，由"能认知的理性"提供的标准是确切的和真的，由感觉提供的标准也是真的，但不像由"能认知的理性"提供的标准那样真，而混合的东西同时既是真的又是假的，[149]因为意见中有些是真的有些是假的。因此，有三个命运女神流传下来（paradedosthai），阿特洛波斯（Atropos），可知之物的命运女神，因为她是不可更变的。克罗托（Clotho），可感之物的命运女神。拉刻西斯（Lachesis），意见之物的命运女神。

[150]阿尔克西劳（Arcesilaus）派的人并未率先界定任何标准，那些被认为做出界定者是基于对斯多亚派的反击给出的。[1][151]因为斯多亚派称[2]，有三种环环相扣的东西（ta suzugounta）：知识、意见和介于两者之间的东西，即理解。其中知识是可靠的、确切的和不为论证所动摇的理解，意见是弱的和假的赞同，理解则介于两者之间，是对"可理解的表象"的赞同（sugkatathesis）。[152]按他们的说法，"可理解的表象"（katalēptikē phantasia）是真的表象，它如此这般以至于不可能为假。他们说，其中知识只存在于智者中，意见只存在于愚人中，而

---

〔1〕 这里塞克斯都对阿尔克西劳的评论与《皮浪学说概要》相关内容有较大区别，参见 *PH* 1.232—234。

〔2〕 第151—152段介绍的斯多亚派有关知识、意见和理解的观点，西塞罗在《学园派》第一卷中也有类似的描述。参见 Cicero, *Academica* 1.40—42。

理解则同属于两者，是真理的标准。［153］这些就是斯多亚派所说的东西，阿尔克西劳则通过表明理解不是介于知识和意见之间的标准对之做出反驳。因为他们所说的"理解"和"对可理解的表象的赞同"，或在智者中发生，或在愚人中发生。如果它在智者中发生就是知识，如果在愚人中发生就是意见，此外不是任何其他东西，除非只是一个名称（onoma）。［154］如果理解是对"可理解的表象"的赞同，它就不是真实存在的。首先因为赞同不是对表象而是对理性而言的，因为赞同属于"命题"（axiōmatōn）；其次因为没有任何一种真的表象被发现如此这般以至不可能为假，就像多种多样的事例所表明的那样。［155］然而，如果"可理解的表象"不存在，理解也就不会发生，因为它是对"可理解的表象"的赞同。如果理解不存在，一切将是不可理解的。如果一切是不可理解的，那么即便按斯多亚派的观点，也会推出智者保持存疑（epechein）这一结论。［156］让我们这样来思考这一论证。既然由于斯多亚派的标准的非真实性一切是不可理解的，那么如果智者赞同，智者就会持有意见（doxasei），因为既然没有任何东西是可理解的，如果他赞同任何东西，就将赞同不可理解的东西，而对不可理解的东西的赞同即为意见。［157］因此如果智者是赞同者，智者将是意见持有者，但智者不是意见持有者（因为按他们，意见即无知，是谬误的原因）。所以智者不是赞同者。如果这样，他将不得不拒绝赞同所有东西。而拒绝赞同（to asugkatathetein）无异于保持存疑（to epechein）。因此智者将对一切保持存疑。［158］那么，既然在这之后必须研究生活方式（peri tēs tou biou diexagōgēs），离开标准它在本性上是无法解释的，而幸福，即生活之目的，则依赖于这种标准的可信性，因此阿尔克西劳说，对一切保持存疑的人将通过"正当理由"（tōi eulogōi）[1]绳墨或规矩（kanoniei）选择、规避及一般活动。据之前往，他将正身直行（katorthōsei）[2]。因为幸福由慎思（dia tēs phronēseōs）而生，慎思则系于端正的行为。端正的行为在于一旦践行就获得正当理由的辩护。因此，凡诉诸"正当理由"者将正身直行、过得幸福。

[159] 这就是阿尔克西劳的观点。而卡尔内亚德在标准问题上不仅反对斯多亚派，而且反对所有前人。实际上他的第一个论证是共同针对所有东西的，据之建立不存在任何纯粹的真理的标准，理性不是，感觉、表象和其他任何存在物也不是，因为所有这些东西统统欺骗我们。[160] 第二个论证，据之表明即使有这样的标准，离开来自清楚经验的感受也是无法真实存在的。既然动物通过感觉能力与非生命物区别开来，它无疑将会通过这种能力把握自己和外部对象。当感觉是不动的（akinētos）、无感受的（apathēs）和麻木不仁的（atreptos），它就不是感觉，也不能把握任何东西。[161] 当它基于清楚明白之物的作用而有所触动，获得某种程度的感受时，就会指示出对象。所以，标准要在由清楚经验形成的灵魂的感受中寻找。这种感受应当能指示出自己和产生它的

---

[1] eulogos 一词由 eu（好的）+logos（理由）构成，指"合理的""公平的"。短语 to eulogon 可理解为"正当合理的理由"。阿尔克西劳把 to eulogon 作为日常行动的准则，表明行动的合理性源于"慎思"或"实践智慧"（phronēsis），不在于逻辑论证，它一旦完成就获得自身的正当合理性，对"理解"和"可理解的表象"的存疑并不影响正确行动和幸福生活。

[2] 动词 katorthoō，指"直立""立起来"之意。这里我们取自《淮南子·谬称训》"正身直行，众邪息息"一句，译为"正身直行"。其衍生词 to katorthōma，相应译为"端正的行为"。

显明之物，这种感受无异于表象。[162] 因此我们不得不说，表象是一种动物中既能呈现自己又能呈现他物的感受。例如，安提奥库斯（Antiochus）[1] 声称，当我们观察某物，我们的视觉器官处于一种状态，但这种状态并非等于观看之前我们所具有的那种状态。因此根据这种变化，我们把握两种东西，一是变化本身，即表象，二是引起变化的东西，即观察对象。对于其他感官同样如此。[163] 正像光既展示自己又展示光中万物，因此表象作为动物认知的出发点，也应当像光那样，既能显示（emphanizein）自己，也能指示产生它的清楚明白的对象。但既然表象并非总是指示真理，而是经常欺骗我们，就像一个糟糕的信使误报派遣他的差事，这就必然推出，我们不能承认所有表象都是真理的标准，如果有，也只是为真的表象。[164] 再者，既然没有这样一种为真的表象以至于它不可能为假，而是对于所有似乎为真的表象都能找到某个与之无法分辨的（aparallaktos）为假的表象，那么标准将由同为真假的表象构成。但同为真假两者的表象是不可理解的，既然是不可理解的，它将不是标准。[165] 既然没有任何一种能做判断的（kritikēs）表象，理性也就不是标准，因为它源于表象。这是有道理的。因为被判断者（krinomenon）必须首先向理性显现，而离开非理性的感觉无物能够显现。所以，非理性的感觉和理性两者都不是标准。

[166] 这些就是卡尔内亚德针对其他哲学家所提出的详细论证，意在表明标准的非真实性。[2] 但当他本人为了生活的指引

〔1〕 这里塞克斯都引述安提奥库斯的观点佐证卡尔内亚德的第二个论证。有关安提奥库斯的观点似乎出自其《论准则》（Kanonika）一书，参见 M 7.201-202。
〔2〕 以上第 159—165 段卡尔内亚德反驳标准的论证，西塞罗在《学园派》第二卷中有极为细致生动的相关描述。参见 Cicero, *Academica* 2.40-42, 83, 85, 95-105。

和幸福的获得而需要某种标准时，实际上又被迫在这个话题上为自己编织了一套说法，引入"可信的"（pithanēn）表象，以及同时是"可信的""不可动摇的"（aperispaston）和"仔细验证的"（diexōdeumenēn）表象。[1][167] 应简要地指出这些东西的区别是什。表象是某种东西的表象，比如，它所由之生成的东西和它所从中发生的东西。"它所由之生成的东西"，例如，作为外部实在的感觉对象；"它所从中发生的东西"，比如人。[168] 既然如此则有两种状况。一关乎表象对象，二关乎表象获得者。就关乎表象对象的状况而言，表象或真或假。当它与表象对象一致时为真，不一致时为假。[169] 就关乎表象获得者的状况来说，一种表象显得为真，一种则并非显得为真。其中显得为真的，被卡尔内亚德派称为"反映"（emphasis）、"可信"（pithanotēs）和"可信的表象"（pithanē phantasia）。而并非显得为真的，被叫作"未反映"（apemphasis）、[2]"不可信"和"不可信的表象"。因为既非那些直接显得为假的表象，也非那些尽管本身为真但没有这样显现给我们的表象，本性上能让我们信服。[170] 那些明显为假，或并非显得为真的表象，是要被排除的，它们不是标准，不管[3]它们是来

---

〔1〕 这里第 166—189 段参见 *PH* 1.226-231。

〔2〕 emphasis 和 apemphasis 很难找到恰当的词汇对译。Bett 译为 reflection/non-reflection（第 36 页），Inwood 和 Gerson 则译为 image/non-image（第 167 页）。emphasis 一方面源自动词 emphainomai，有"呈现""反映""印象""映象"等意，另外还源自动词 emphaimō，指"表明""叙述""意义"等。本文这里显然是指主体所获得的表象似乎反映对象，与对象一致，显得为真。apemphasis 则相反，指似乎与对象不一致、相矛盾、未反映对象，显得为假。我们结合语境，译为"反映"和"未反映"。

〔3〕 有学者认为自此往下至欧里彼得斯的引文，同本卷第 249 段高度相似，明显属于斯多亚派的观点，因此予以删除（见 Bett 译本第 36 页，注释 74）。

自非真实存在的对象，还是来自真实存在的对象但和这个对象不一致、不符合对象本身，这点正如那个来自俄瑞斯忒斯（Orestes）的打动厄勒克特拉（Electra）的表象，当他认为她是其中的一个复仇女神时喊道：

> 走开！你是我的一个复仇女神。[1]

[171] 在显得为真的表象中，一种是昏暗不明的（amudra），正像在那些或因观察对象较小，或因距离过远，或因视力偏弱从而含混不清地感知某物的人身上所发生的那样。而另一种表象，不仅显得为真，而且显得为真的程度极高（sphodron）。[172] 其中那些昏暗不明和散乱乏力的（eklutos）表象将不是标准，因为它既不能清晰地指示自己，也不能清晰地指示产生它的东西，它不具有让我们信服或迫使我们给予赞同的本性。[173] 而那种显得为真，并使自己充分得以显现的（hikanōs emphainomenē）表象，按卡尔内亚德派的说法，是真理的标准。作为标准它有足够宽泛的程度，当程度增加一种表象将比另一种更为可信和生动。[174] 就当下而言，"可信的"（to pithanon）一词有三种意思。第一，既是真的又显得为真；第二，实际是假的但显得为真；第三，〈显得〉为真，但实际两者都有[2]。因此，标准将是显得为真的表象，它被卡尔内亚德派称为"可信的"。[175] 但有时碰巧会发生它是假的这种情况，因此有时我们不得不使用真假都有的表象。但由于这种情况少

---

[1] Euripides, *Orestes* 264，又见 *M* 7.249。

[2] 根据 Bett 译本补（第 36 页）。另见 Inwood 和 Gerson 的译文补释（第 168 页）。

有发生，我说的是"模仿"（mimoumenēs）为真之物这种情况[1]，因此人们不应不相信多数情况下为真的表象，因为人们的判断和行动往往是由多数情况下所发生的东西来校准的。

那么，这就是基于斯多亚派，第一位的和一般意义上的标准。[176]既然没有任何一种表象是单一形式的（monoeidēs），而是像锁链一样环环相扣，那就需要加上第二个标准："既是可信的又是不可动摇的表象"。例如，获得某人之表象者，必然会得到这个人本身以及外部环境的表象。[177]至于这个人本身的表象，如肤色、身高、体型、运动、言谈、衣着和脚上所穿之物；至于外部环境的表象，如空气、阳光、日子、天空、大地、朋友以及所有其他东西。当这些表象没有一种由于显得为假而使我们摇摆不定（perielkēi），而是所有表象一致显得为真，我们则愈加相信（mallon pisteuomen）。[178]因为由所有属于他的惯常特征（ta eiōthota）来看，如肤色、身高、体型、言谈、衣着以及他所在的那个无人堪比的场所，我们相信此人正是苏格拉底。[179]就像某些医生不只是通过一个症状，如心动过速或体温极高，而是通过各种症状的汇集（ek sundromēs），如心动过速，同时体温极高、触觉酸痛、肤色潮红、口干舌燥以及其他类似的症状来诊断真的发烧，同样学园派也是通过表象的汇集做出真的判断，如果所汇聚的表象无一为假而使他动摇分心（perispōsēs），那么他说打动他的表象为真。[180]"不可动摇性"（aperispastos）在于能产生可信性的表象的汇集，这点由墨涅拉俄斯（Menelaus）的事例来看是显而易

---

[1]　即"显得为真，但实际为假"。

见的。当他把海伦的幻影留在船上（这个幻影被他当作海伦从特洛伊带走），踏上法洛斯岛（Pharos）之后，他看见真海伦，尽管他得到真海伦的表象，但他并不相信这个表象，因为他被另一个表象动摇分心（perispasthai），根据这个表象他知道他已把海伦留在船上。[181] 这就是"不可动摇的表象"。它似乎也有宽泛的程度，因为可以发现一种比另一种更具不可动摇性。

比"不可动摇的表象"更加可信的和最为完善的是那种形成判断的表象。它除了是"不可动摇的"还是"仔细验证的"（diexōdeumenē）。[182] 这种表象的特征是什么，接下来必须做出解释。就"不可动摇的表象"而言，所寻求的仅仅是在所汇集的表象当中没有任何一个为假而让我们分心动摇（perispan），而是所有表象显得为真、不是不可信的。就那种基于"仔细验证的"表象的汇集，我们则小心谨慎地检验汇集其中的每个表象，就像在公民大会上所发生的那样，人们仔细检视那些想做执政官或法官的人，看看他对治国或断案是否值得信任。[183] 比如，在判断这一领域，存在着判断者、被判断者和判断由之发生的东西，如距离、间隔、场所、时间、样式、状态、活动，因此我们要仔细甄别这些东西的每种特征。对于判断者，视觉是否并非迟钝无力（因为如果这样对判断是无用的）；对于被判断者，是否并非太小；对于判断由之发生的东西，空气是否并非昏暗不明；对于距离，是否并非太长；对于间隔，是否并非杂乱无章；对于场所，是否不宽；对于时间，是否不快；对于状态，是否没有发现失常；对于活动，是否并非无法接受。

[184] 所有这些东西构成一个系列的标准：即可信的表象，

同时是可信的和不可动摇的表象，此外，同时是可信的、不可动摇的和仔细验证的表象。因此，正像在生活中，当研究小事，我们考察单一证据；当研究大事，我们考察多个证据；当研究更重要的事，我们对每个证据，根据它与其他证据的相互契合性（anthomologēseōs）进行仔细检视。因此卡尔内亚德派声称，在那些偶然发生的小事上，我们仅仅使用"可信的表象"这个标准。在那些较重要的事情上，我们使用"不可动摇的表象"。在那些有助于幸福的事情上，则使用"仔细验证的表象"。[185]此外他们说，正像在不同的事情上他们采用不同的表象，同样在不同环境下他们并非跟从（katakolouthein）同一种表象。他们说，对那些环境没有给我们提供足够时间来确切思考的事情，他们仅仅诉诸"可信的表象"。[186]比如，某人被敌兵追赶，当他来到一条壕沟前得到一种表象，敌人正在那里严阵以待。受这种作为可信的表象的驱使，他躲避开了壕沟，因为在他确切地知道那里究竟有没有敌人埋伏之前，他跟随（hepomenos）表象的可信性。[187]而在那些时间允许对所遇到的东西做出细致而周全的判断方面，他们跟随（hepontai）"可信的"和"仔细验证的"表象。比如，当某人看到黑暗的屋子里有一团绳索，便立即跳过去，认为是一条蛇，之后当他回头仔细查验真相，发现它是不动的，心里便倾向于认为这不是一条蛇。[188]但他仍然推测，冬天被冻僵的蛇有时也是不动的，于是他用木棍戳动这团东西，那么，在对所获得的表象进行如此仔细的验证之后，他认同（sugkatatithetai）"显现给他的这个东西是一条蛇"为假。再者，如前所述，我们一旦清楚地看到某物就会赞同这个东西为真，仅当之前已仔细查验，我们具备完善的感官，我们是在清醒而非睡眠状态下观察的，同时空气是透明的，距离是适中的，作用于我们的对象是不动的，[189]因此鉴于这些条件这个表象是可信的，既然我们拥有充足的时间来仔细检验那些位于其所在之处的观察对象。同样的解释也适用于"不可动摇的表象"，因为我们接受它仅当没有任何东西能够动摇它（antiperielkein），正如前面谈到的有关墨涅拉俄斯的事例。

[190]自柏拉图以降，学园派的智识历程（historias）业已给出，那么我们进而讨论昔勒尼派或许并非不当。因为这些人的观点似乎发轫于（aneschēkenai）苏格拉底学说，而柏拉图一脉（diadokē）[1]也由之兴起。[191]昔勒尼派的人说，感受（ta pathē）是标准，并且只有感受是可理解的和没有错误的，而产生感受的东西无一是可理解的和没有错误的。他们声称，我们能够无错地、确切地和不可辩驳地说我们感到白（leukainometha）和感到甜（glukathometha），但不能表明产生感受的东西"是"（estin）白的或"是"甜的。[192]一个人甚至可能把某种不是白的东西感受成白的，把不是甜的东西感受成甜的。正像头疼病或黄疸病患者把所有东西感受成黄的，[2]眼炎患者则感受成红的，用力挤压眼睛的人好像受两个影像作用，疯子看见两个忒拜城，产生两个太阳的幻象，[3][193]在所有这些事例中，他们所获得的某种感受是真的，如感到黄，或感到红，或感到两个，而作用于他们的东西

---

〔1〕 diadochē，相当于英文的 a succession，或可译为"学统"。
〔2〕 此类事例似乎在希腊世界广为流传。参见 PH 1.101，126。
〔3〕 指欧里庇得斯戏剧《酒神伴侣》中的彭透斯（Pentheus），参见 Euripides, Bacchae 918-919。

"是"黄的，或红的，或两个，则被认为是假的，同样我们有充分理由认为，除了自己的亲身感受（oikeiōn pathōn）我们不可能理解任何东西。因此要么把感受，要么把产生感受的东西设定为显明的。[194] 如果我们说感受是显明的，则必须说所有显明之物是真的和可理解的。如果我们把产生感受的东西称作显明的，则所有显明之物是假的和不可理解的。因为发生在我们身上的感受，除了它自己并不向我们显示任何东西。因此如果我们必须讲真话，则只有感受对我们是显明的，而产生感受的外部对象或许是存在的（taksa istin on），但对我们不是显明的。[195] 这样一来，凡涉及自己的亲身（oikeia）感受我们绝不会犯错，而涉及外部实在（to ektos hupokeimennon）我们则必定误入歧途。[1] 前者是可理解的，后者是不可理解的，由于位置、间距、运动、变化及其他诸多因素，灵魂对它的辨识是全然无力的。因此他们说没有人类所共有的标准，共同的名称（onomata koina）是被赋予对象的（tois chrēmasin）。[196] 所有人共同把某物称为"白的"或"甜的"，但他们并不拥有任何共同的"白的东西"或"甜的东西"。因为每个人把握自己的特殊感受，至于这种感受在他自己和周边人那里是不是由白的东西产生，他自己无法说，因为他没有获得周边人的感受；周边人也不可能说，因为周边人也没有获得他的感受。[197] 既然在我们身上不会产生任何共同的感受，那么声称对我这样显现的东西对周边人也这样显现乃是鲁莽的。因为或许我是如此构成的，以至于由作用于我的外部对象获得"白的"感受，而他人的感官是那样构造

----

〔1〕 本句使用了动词 planaō，指"导致错误""犯错""陷入迷惑"。

的，以至于获得另外的感受。因此对我们显现的东西一定不是共同的。［198］由于感官构造的差异，我们不会以同样的方式获得感受，实际上在黄疸病人、眼炎病人和处于自然状态的人身上这点是显而易见的。正像由同一个东西一些人以黄的方式感受，一些人以红的方式感受，一些人以白的方式感受，因此处于自然状态的人，由于感官构造的差异，也不可能由同一个东西获得同样的感受，而是灰眼睛的是一种，蓝眼睛的是一种，黑眼睛的是一种。因此，我们把共同的名称赋予事物，而获得的感受是个人自己的。

［199］这些人有关目的的说法与标准的说法似乎是相似的。因为感受贯穿[1]目的。感受当中一些是快乐的，一些是痛苦的，一些是两者之间的。他们称痛苦的感受是恶的，其目的是痛苦；快乐的感受是善的，其目的（无错的）是快乐；而两者之间的感受既不是善的也不是恶的，其目的非善非恶，因为它是一种介于快乐与痛苦之间的感受。［200］因此感受是所有存在物的标准与目的，他们说我们通过跟随这些东西，通过诉诸清楚经验（energeiai）和满意感（eudokēsei）而生活——就其他感受而言，诉诸清楚经验；就快乐而言，则诉诸满意感。

这些就是昔勒尼派的观点，同柏拉图派相比，他们把标准的范围限定得更窄（sustellontes），因为前者使之成为一种由清楚经验和理性相结合的东西，而后者仅仅将之界定为清楚经验和感受。

［201］与该派观点相去不远的，似乎是那些宣称真理的标准是感觉的人。学园派的安提奥科斯（Antiochus）清楚表明，有些

---

[1] 该词原文是 diēkō，指"延展""伸展""充斥""贯穿"等。这里的意思是说，伦理的目的（善和恶）系于感受，感受贯穿充斥其中。

人坚持这一观点，在《论准则》第二卷他坦承地这样写道："另外一些人，医学领域中的那些一流人物（oudenos deuteros）和致力于哲学的人，他们相信感觉是一种本质上的（ontōs）和真正意义上（alēthōs）的理解，通过理性我们根本无法把握任何东西。"[202]在这段话中，安提奥科斯似乎肯定所提及的观点，他暗指（ainittesthai）医生阿斯科勒皮亚德斯（Asclepiades），一位否定灵魂"中枢"（to hēgemonikon）[1]，和他生活在同一年代的人。有关这个人的生平业绩，我们在《医学笔记》（iatrikos hupomnēma）[2]中做了详实而特别的描述，因此这里毋需赘述。

[203]伊壁鸠鲁说存在着两种互为关联的东西，表象和意见。至于表象，他也称之为清楚经验（enargeia），这种东西无论如何总是真的。正像"第一感受"（ta prōta pathē），即快乐与痛苦，来自能产生它们的东西，并与能产生它们的东西本身一致，比如，快乐来自快乐的东西，痛苦来自痛苦的东西，能产生快乐的东西永远不可能是不快乐的，能引起痛苦的东西也永远不可能是不痛苦的，而是快乐的东西本性上必然是快乐的，痛苦的东西本性上必然是痛苦的。因此，就表象，即发生在我们身上的感受而言，凡能产生所有这些东西者是能完全绝对呈现自己的（phantaston），既能呈现，如果它实际不是像它所显现（phainetai）的那样，则产生表象是不可能的。[3]

---

〔1〕 即灵魂的主导部分。斯多亚派术语。参见 *M* 7.39, 232 以下。

〔2〕 塞克斯都的这部著作没有流传下来。关于怀疑派与医学的关系参见 *PH* 1.236-241。

〔3〕 此处原文似有缺失。参见 Bett 译本第 43 页（脚注 88）。又见 Inwood 和 Gerson 译文第53 页。本句话的意思是说，产生表象的东西，即表象的对象（ton phantaston）总能真实地（kat'alētheian）呈现自身，表象总是与表象的对象相一致，表象永远为真。

［204］对于各类特殊感觉必须以相似的方法推证。因为视觉对象不仅"显得是"（phainetai）可视的，而且本身就"是"（esti）像它显现的那样。听觉对象不仅"显得是"可听的，而且真的就"是"这样。其他感觉对象同样如此。因此所有表象为真。这是合理的。［205］因为伊壁鸠鲁说，如果表象被说成是真的，仅当它来自真实之物，并与这个真实之物一致，而所有表象都来自真实的表象对象并与这个表象对象一致，因此所有表象必然为真。［206］而有些人被那些似乎由同一感觉对象（比如视觉对象）所形成的表象之间的差异欺骗了，按这种差异，存在物或显得颜色不同，或形状有别，或以其他什么方式变化。因为他们认为，在有如此差异和冲突的表象当中，必定一种为真，而那种与之对立的为假。但这是愚蠢的，是对存在物的本性毫无理解之辈的想法。［207］因为，假如让我们把论证建立在视觉对象上，所看到的则不是整个坚实物（steremnion），而是坚实物的颜色。至于颜色，一部分附着在坚实物上，正像在那些就近或从合适的距离所看到的情况，一部分则游离于坚实物之外，存在于附近的场域，如从远距离所观察到的那样。由于这种东西在中间场所发生变化，并获得自己的特殊形状，因此引起一种与其自身一样真实存在的表象。［208］正像人们听到的不是在铜器中被敲击的声音，也不是人们嘴里喊出的声音，而是打动我们感官的声音，也正像没人会说那个从远处听到微弱声音的人"听错了"，因为当走近时感到声音很大，因此同样我也不会因为视觉自远处看塔是小的和圆的，从近距离看是大的和方的，就说视觉是骗人的，而宁肯说它报告的是真相（alētheuein）。［209］因为当感觉对象对视觉"显得是"小的和这个形状时，实际上

（ontōs）它就"是"小的和这个形状，因为影像的边界（peratōn）在穿过空气的运动中被剥蚀掉了（apothrauomenōn）；反过来当感觉对象"显得是"大的和另一形状时，它相应就"是"大的和另一形状，因为两者已不再是同一个对象。这就留给失真的意见（tēs diastrophou doxēs）去想象：自近处看到的表象对象和从远处看到的是同一个东西。[1][210]感觉的特性在于仅仅把握当下存在的和对它发生作用的东西，比如颜色，并非在于判断存在物在这里是一回事，在那里是另一回事。因此出于这个原因，所有表象为真但并非所有意见为真，而是有一定的差别。因为它们有些为真有些为假，既然它们是我们对表象的一种判断，我们有时判断正确有时判断错误，这或是由于给表象增添和附加某种东西，或是由于从中减掉某种东西，一般说来是对非理性的感觉的一种误判。[211]意见当中，按伊壁鸠鲁的观点，一些为真一些为假。为真的是那些被清楚经验所确证的和并非否证的，为假的则是那些被清楚经验所否证的和并非确证的。[212]"确证"（epimarturēsis）是一种理解：通过清楚的经验，被认为的东西（to doxazomenon）[2]正像它曾经被认为（pote edoxazeto）的那样。比如，当柏拉图自远处走来，由于距离的原因我猜想和认为他是柏拉图，当他走近时进一步证实他就是柏拉图，因为距离的缩短，由清楚的经验本身可以证实这点。[213]"并非否证"（ouk antimarturēsis）是所假设的和所认为的非显明之物与现象之间的融贯性或一致性（akolouthia）。比如，当伊

---

〔1〕 按伊壁鸠鲁的观点，感觉永远不会有错，出错的是意见或观念，后者把远处看到的塔和近处看到的塔判断为同一个表象对象，是对感觉的歪曲。

〔2〕 或译为"意见（观念）的对象"。

壁鸠鲁说虚空这种非显明的东西存在时，这点是通过清楚明白的东西，即运动来确证的。如果虚空不存在，运动就不会存在，因为一切都是充实而紧密的，运动的物体没有从中穿行的场所。[214]因此，既然运动存在，现象则并非否证（mē antimarturein）所认为的非显明之物。"否证"是一种与"并非否证"相对立的东西，因为它是对现象连同所假设的非显明之物的共同否弃（sunanaskeuē）。例如，斯多亚派说虚空不存在，宣称这是一种非显明的东西，那么现象，我指的是运动，一定会连同所假设的东西一起被否弃。因为，正像我们前面所表明的那样，如果虚空不存在，运动也必然不存在。[215]同样，"并非确证"是与"确证"是相对立的，它是一种由清楚经验形成的印象，即被认为的东西不是像它被认为的那样。例如，当某人从远处走来，由于距离的原因我们猜测他是柏拉图。当距离缩短，通过清楚的经验我们认出他不是柏拉图。这就是"并非确证"，因为所认为的东西不被现象确证。[216]因此"确证"和"并非否证"是某物为真的标准，而"并非确证"和"否证"是某物为假的标准。万物的根本（krēpis）和基础（themelios）乃是清楚的经验。

这就是伊壁鸠鲁所讨论的标准。[1][217]而亚里士多德、第

---

[1] 第欧根尼也记述了伊壁鸠鲁有关感觉、感受和"前见"（prolēpsis）是真理标准的思想（参见 DL 10.31-34）。另外，伊壁鸠鲁在《致希罗多德的信》中（参见 DL 10.46-52）以原子论为基础分析了感觉何以永远为真。他认为感觉是一种存在物发出的高速运动的原子流，"以同比例关系"作用于感官所形成的精细的"印迹"（topoi）或影像（eidōla），这种"印迹"保持了感觉源头即存在物的形状、颜色、大小等物质讯息，与存在物之间存在着某种"共同感应"（sumpatheia）关系，因此能真实反映存在物。"假"与"错误"永远在于我们对感觉印象所附加的意见或观念。

奥弗拉斯特（Theophrastus）和一般来说的漫步派也承认有两类标准（既然事物的本性在最高层次上有两类，如我前面所说，一类是可感的一类是可思的）：对于可感之物的感觉和可思之物的心智，[218] 以及如第奥弗拉斯特所说，同属两者的清楚明白的经验（to enarges）。在顺序上（taxei）处于第一位的是非理性的和不可证明的标准，即感觉，但在潜能上（dunamei）处于首位的是心灵（nous），尽管在顺序上与感觉相比它似乎是第二位的。[219] 一方面感官被可感之物作用，另一方面由基于清楚经验的感官运动，在那些卓越的、优良的和能自我运动的动物身上引起某种灵魂中的运动。这被他们称为记忆和表象：有关感官之感受的记忆，在感官中产生感受的可感之物的表象。[220] 因此他们说这种运动可与"印迹"（ichnos）[1] 相类比。正像这种东西（我是说"印迹"）既"被"某物又"自"某物生成——"被"某物，如脚的压力；"自"某物，如狄翁——同样上述的灵魂运动既"被"某物生成，如感官的感受；又"自"某物生成，如可感之物，灵魂运动同它保持了某种相似性。[221] 再者这种被称作记忆和表象的运动，自身拥有另外第三种后发性的（epiginomenon）运动，即理性的表象运动（to tēs logikēs phantasias），它根据我们最后的判断和选择而发生。这种运动被称为思想（dianonia）和心灵（nous）。比如，一旦狄翁清楚明白地打动某人，这个人在感官上就会受到某种影响、发生某种变更，由这种感官上的感受在他的灵魂中生成某种表象，即前面我们说的记忆和类似于"印迹"的东西。[222] 通

---

〔1〕 原意指"足迹""踪迹"，引申为"印迹""标记"。与下面第228段谈到的斯多亚派的"印迹"或"印象"（tupōsis）基本相同。

过这种表象，一种影像（phantasma），如一般意义上的人，便自觉不自觉地为之勾画和形塑出来。对于这种灵魂运动，漫步派哲学家根据其不同的作用将之命名为思想和心灵。基于潜能，称之为思想；基于现实，称之为心灵。[223]因为当灵魂能够做出这种形塑（anaplasmon），也即仅当它本性上具有这样做的能力，则被称为思想；而当它实际已经这样做了，则被称为心灵。通过心灵和思想，形成概念（ennoia）、知识（epistēmē）和技艺（technē）。思想有时涉及特殊，有时既涉及特殊又涉及一般。[224]心灵中的这些影像的汇集（athroismos）和由特殊到一般的概括（sugkephalaiōsis）被称作概念。在这种汇集和概括过程中最终形成知识和技艺。知识具有准确无误性，技艺则并非完全如此。[225]正像知识和技艺的本性是后发的（husterogenēs），所谓"意见"同样如此。因为一旦灵魂服从于由感官所生成的表象，倾向于并赞同显现之物，就被称作"意见"（doxa）。[226]通过以上所述表明，认识事物的第一标准是感觉和心灵。前者类似工具，后者好比工匠。因为，正像离开天平我们无法称量轻重，没有尺子我们无法辨别曲直，因此如无感觉心灵本性上无法验证事物。

概括说来，这就是漫步派的标准。[227]剩下的还有斯多亚派，接下来让我们谈谈他们的观点。这些人声称真理的标准是"可理解的表象"[1]。如果我们首先知道什么是他们所说的表象，其具体差异何在，我们将认识这种东西。[228]按其说法，表象是

---

[1] tē kataēlptike phantasia。本卷 227—260 是至今我们能看到的记述斯多亚派这一核心概念的最集中、最系统的古代文本。可与西塞罗《学园派》第二卷有关怀疑派与斯多亚派的论辩对照阅读（译文见本书附录）。

一种灵魂上的"印迹"或"印象"（tupōsis）。但有关这点他们直接存在着分歧。克莱安特（Cleanthes）基于"凹"与"凸"来理解印迹，就像由指环在蜡上所形成的印记，[229]而科律西波（Chrysippus）认为这是荒唐的。因为首先他说，当我们的思想在某一时刻获得某种三角形和四边形的表象时，同一物体[1]自身将不得不在同一时间拥有不同的形状，同时成为三角形的和四边形的，或圆形的，这是荒谬的。再者，既然许多表象同时寓于我们之中，灵魂也将具有多种形状，这种说法比前者还要糟糕。[230]因此，他本人猜想芝诺是在"变化"意义上使用"印迹"一词的，定义应是这样的："表象是一种灵魂的变化（eteroiōsis）"。因为当多种表象共存于我们之中，同一物体就会在同一时间接受多种变化，这就不再是荒谬的了。[231]正像当许多人同时说话，空气就会在同一瞬间接受无数次不同的击打，即刻发生诸多变化，因此当灵魂中枢（to hēgemonikon）获得多种表象，也会经受某种类似的变化。

[232]但有些人说，甚至那个根据其修改意见提出的定义也是不正确的。因为如果某种表象存在，它是灵魂的印迹和变化；但如果灵魂的某种印迹存在，它未必完全是表象。实际上，当敲击手指或抓挠手掌时也会形成灵魂的印迹和变化，但不会形成表象，因为后者并非在灵魂的任意部分发生，只能在思想，也即灵魂的中枢部分发生。[233]针对这一反驳，斯多亚派的人说"灵魂的印迹"一语同时暗含"就其在灵魂中"之意，因此完整的表述是这样的："表象就其在灵魂中而言是一种灵魂的印迹"。正像"太阳

---

[1] 指灵魂的中枢部分或主导部分（to hēgemonikon），按斯多亚派，灵魂是物体（soma）。

眼"（ephēlotēs）[1]被说成是"眼白"，这里同时意味着"就其在眼睛中"，也即"在眼睛的某个部分中"存在着白色，以免我们所有人都患有"太阳眼"，因为本性上所有人都有"眼白"，因此当我们把表象称作灵魂的印迹时，同时暗指这种印迹发生于灵魂的某一部分，即中枢部分，因此展开来说定义成为这样的："表象是一种灵魂中枢上的变化"。[234]另一些人从同一思路出发，做出更为精细的辩解。他们说灵魂一词是在两种意义上使用的，一是指维系整个机体（sugkrisis）的东西，一是指特殊意义上的中枢部分。当我们说人是由灵魂和肉体构成的，或死亡是灵魂离开肉体的时候，我们特指灵魂的中枢部分。[235]同样，当我们对好东西进行划分，称有些好东西是关乎灵魂的，有些是有关肉体的，有些是涉及外物（to ektos）的时候，我们并非指整个灵魂，而是指它的中枢部分，因为正是系于这一部分我们的感受和善得以形成。[236]所以当芝诺说"表象是灵魂上的一种印迹"时，"灵魂"一词一定不能被理解成整体，而是它的一部分，因此这句话的意思是说，"表象是一种关乎灵魂中枢部分的变化"。[237]即便如此，还是有人声称这个定义并未切中目标。因为冲动、赞同和理解都是灵魂中枢部分的变化，但却有别于表象，因为后者是我们的某种感受（peisis）和状态（diathesis），前者更大程度上是我们的活动（energeiai）。[2]所以这个定义是糟糕的，因为它适合于多个不同对象。[238]正像那个对"人"进行定义并声称"人是理性的动物"者，并未有效

---

[1] 眼睛的一种疾病，被认为来自太阳（helios）光线的辐射。
[2] 这句话使用了一对反义词，"感受"与"活动"。前者指灵魂的"被动"状态，后者则是"主动"状态。

刻画出"人"的概念，因为神也是理性的动物，同样那个表明"表象是灵魂中枢的变化"的人也是错误的，因为这与其是对表象的解释，不如说是对所罗列的每种运动的解释。［239］既然存在这种反对意见，斯多亚派再次诉诸他们的"暗指"（sunemphasis）说法，声称我们必须要在表象的定义中同时领会［1］（sunakouein）"以感受的方式"（kata peisin）这重意思。正如一个人说"爱欲是一种交友（philopoiias）的企图"，他同时暗指"与花季少年"，尽管他没有公开说出这点（因为没有任何一个垂垂老者和韶华已逝者会被人爱上）。因此他们说当我们把表象称作灵魂中枢的变化时，同时暗含这种变化是"以感受的方式"而不是"以活动的方式"（kata energeian）发生的。［240］但并非如此他们似乎就能逃脱指责。因为当灵魂的中枢部分，靠神的保佑，得以滋养和增长时，它以感受的方式发生变化。但它的这种变化尽管是以感受方式发生的，或是一种状态，但并不是一种表象，除非他们再次声称表象是一种不同于这种状态的特殊感受，［241］或者会说这点：既然表象或是外部之物的感受，或是我们内在的感受（这种东西被他们更为准确地称作"空洞的幻象"［2］），那么在表象的定义中一定会同时暗含这种感受，或基于外物作用生成，或基于我们内在体验生成。但在因生长或营养而产生的变化上，同时领会（sunexakouein）这种暗含的意思已不再可能。

---

〔1〕 这里 sunakouein 一词和下面第214段的 sunexakouein，都是复合词，其主干动词是 akouein，原指"听"，引申为"明白""理解""领会""悟出"等意。那么这两个复合词是指从某个句子中"同时领会"或"同时明白"所暗含的意思。

〔2〕 原文 diakenos helkusmos。

因此，按斯多亚派所说的那种表象是难以做出解释的。表象中还有许多其他差异，下面将提到的这些已经足够。[242]表象中一些是可信的，一些是不可信的，一些同时既是可信的又是不可信的，一些既不是可信的又不是不可信的。可信的（pithanai），是那些在灵魂中产生光滑运动（leion kinēma）的表象，比如当下，"这是白天"，"我正在谈话"，以及一切具有同等显明性的东西。不可信的，则不是这样的，而是使我们避免给予赞同的表象，[243]比如，"如果这是白天，则太阳不在大地之上。""如果这是黑夜，则这是白天。"既是可信的又是不可信的，是那些基于同某物处于相对状态从而有时这样有时那样的表象，例如那些涉及辩难论证的表象。[1]既非可信又非不可信的，是类似"星星的数目为偶""星星的数目为奇"这样的表象。[2]可信的表象中一些是真的，[244]一些是假的，一些既是真的又是假的，一些既不是真的也不是假的。真的，是那些可能对之做出真的陈述（katēgorian）的表象，比如当下，"这是白天"或"这是亮的"。假的，是那些可能对之做出假的陈述的表象，例如浆在水下是弯曲的，或柱廊是逐渐变窄的。既是真的又是假的，是那种类似打动处于错乱状态下的俄瑞斯忒斯的，来自厄勒克特拉的表象。[245]因为就来自某种真实之物的表象打动他而言它是真的，因为厄勒克特拉的确存在；就来自复仇女神的表象打动他而言它是假的，因为不存在复仇女神。再者，假如有人在狄翁活着的时候，梦中生出假的和空洞的幻象，梦见狄翁就站在跟前。[246]既不是真的也不是假的，是作为"属"（genikai）

---

[1] ai tōn aporōn logōn，比如"塔从远处看是圆的，自近处看是方的"这类辩难性论题。

[2] 同样的例子出现在 *PH* 1.97；2.90。

的表象。因为"种"（eidē）或是这个或是那个，但它们的"属"却既不是这个也不是那个。比如，有些人是希腊人，有些是蛮族人，但作为"属"的人既不是希腊人（如果那样则所有作为"种"的人都会是希腊人），也不是蛮族人（出于同样的原因）。[247]真的表象当中，一些是可理解的，一些是不可理解的。不可理解的，是打动某些处于病痛状态的人（kata pathos）的表象。因为无数精神失常者和忧郁症患者，尽管他们得到真的表象，但却是无法理解的，这些表象以外在的（exōthen）和偶然的（ek tuchēs）方式发生，因此他们通常对它们并不确信，不会赞同它们。[248]可理解的表象是一种来自真实之物并根据这个真实之物被施加印象、留下印迹的表象，这样一种表象以至于不可能来自非真实之物。他们相信这种表象能够极高程度地（akrōs）把握实在，精妙地（technikōs）再现它们的一切特征，他们称它具有它们的每种属性。[249]其中，首先是来自真实之物。因为许多表象由非真实的东西发生，正像在疯子那里，这些东西是不会被理解的。其次是来自真实之物并与这个真实之物一致。因为，有些表象尽管来自真实之物，但它们似乎不像（idallontai）这个真实之物，正如我们刚才就疯狂状态下的俄瑞斯忒斯所表明的那样。尽管他由真实的厄勒克特拉得到一个表象，但与这个真实的对象不一致，因为他认为她是复仇女神之一，因此当她走来热切抚慰他时，他将之推开，说道：

走开！你是我的一个复仇女神。[1]

---

[1] Euripides, *Orestes* 264. 参见 *M* 7.170, 245。

赫拉克勒斯（Heracles）也由真实的忒拜城获得表象[1]，但与这个真实的对象并非一致。因为可理解的表象必须符合真实的东西本身。[250]不仅如此而且还要被施加印象、留下印迹，以便表象对象（phantastōn）的所有特征可以被精妙地（technikōs）再现出来。[251]正像雕刻匠致力于他所完成的作品的每个细节，又如戒指上的印章总是能将所有图案清晰地印在蜡上，因此那些把握实在的人也应当关注其所有特征。[252]他们补充了一句："这样一种表象以至于不可能来自非真实之物"，因为学园派，并不像斯多亚派那样，不认为找到一个在各方面与可理解的表象完全无法分辨的（aparallakton）表象是不可能的。斯多亚派说，获得可理解的表象的人可以精妙地（technikōs）呈现存在于对象中的差异，因为这种表象相比于其他表象具有自身的特殊性，就像有角的蛇与其他的蛇相比。相反，来自学园派的人则声称找到一个与可理解的表象几乎无法分辨的（aparallakton）假的表象是可能的。[2]

[253]老一辈斯多亚派的人声称这种可理解的表象是真理的标准，新近一代则加上一个条件："仅当没有障碍"。[254]因为有时当可理解的表象发生时，由于外部环境的原因而不被相信。比如，当赫拉克勒斯把阿尔刻斯提斯（Alcestis）从地府中带回，站

---

[1] 似乎指疯了的赫拉克勒斯看见两个忒拜城，参见 *M* 7.192。

[2] 本段介绍了斯多亚派和学园派就"可理解的表象"问题的争论。学园派认为斯多亚派提出的"可理解的表象"没有绝对的真理性和唯一性，不存在"这样一种表象以至于不可能来自非真实之物"。因为有可能找到与所谓的"可理解的表象"几乎无法分辨的表象，如"双胞胎""鸡蛋""沙粒"等事例。斯多亚派的回应在于强调"可理解的表象"自明性和唯一性，认为它本身具有使自己与他物区分开来的特殊标志，它既是自身的标准也是其他表象的标准。正像有角的蛇既是自己的标准也是其他蛇的标准。两个学派有关"可理解的表象"的论辩，参见 Cicero, *Academica* 2.85。

在阿德墨托斯（Admetus）面前时，阿德墨托斯的确得到了来自阿尔刻斯提斯的可理解的表象，但他并不相信。[255] 当墨涅拉俄斯（Menelaus）从特洛伊返回，在普洛透斯（Proteus）的宫中看到了真海伦，而此时他已把那个为之持续十年战争的海伦的幻影留在了船上，因此尽管他得到了一种来自真实之物，并根据那个真实之物施加印象、留下印迹的表象，但他并不〈相信〉它[1]。[256] 因此，可理解的表象是标准仅当没有障碍，而这些表象尽管是可理解的，但存在着障碍。因为阿德墨托斯推测，阿尔刻斯提斯已死，而死者不会复生，但某些幽灵却时常会出没（epiphoitai）。墨涅拉俄斯也会审慎思考，他已离开船上的那个被保护起来的海伦，而在法洛斯（Pharos）岛上发现的并非海伦，而是一个幻影和幽灵，这不是不可信的。[257] 因此，可理解的表象不是纯粹无条件的真理的标准，而是仅当没有障碍。他们称，这种表象清楚而生动，几近于抓住头发拖着我们给予赞同，不需要任何其他东西帮助形成这样的表象，或表明与他者的区别。[258] 因此所有人，当渴望清晰把握某物时，似乎都自动追逐这种表象，比如就视觉对象而言，一旦他得到的存在物的表象暗弱不明。因为他会强化自己的视觉，走近所看之物，以便最终不会出错。他会擦亮眼睛，竭尽一切手段直至抓住判断对象的清晰生动的表象，好像认识到理解的可信性系于此。[259] 此外，声称相反的观点是不可能的。凡拒绝宣称表象是标准的人，由于他是基于其他表像的存在获得这个感受的，这就必然确证了（bebaioun）表象是标准，因为自然赋予我们感觉能力和

---

〔1〕 此处文本有分歧，这里根据 Bekker 校勘译注。

由之生成的表象，正像赋予我们一种真理认识之光。［260］那么，弃绝如此重要的能力，剥夺如同自己光明一般的东西是荒谬的。就像一个承认颜色及其中的差异，却把视觉作为非真实的或不可信的东西予以否弃的人，又如一个说声音是存在的，但宣称听觉是不真实的人是十足荒谬的（因为如果我们由之感知颜色和声音的那个东西是缺场的，我们就不可能运用颜色和声音），因此凡承认对象，但又指责他由之把握对象的感觉表象的人完全是白痴，他把自己等同于无灵魂之物。

［261］这就是斯多亚派的原理。既然当下几乎所有关于标准的纷争摆在我们眼前，那么这将是集中提出"反证"（tēs antirrēseos），向标准进击（epanagein）的恰当时机。如我前面所讲，[1]一些人承认标准在于理性，一些人承认在于非理性的感觉，一些人承认在于两者。一些人把人作为标准"被什么"，一些人把感觉和思想作为标准"由什么"，一些人把表象作为标准"用什么"。［262］我们将尽可能让我们的辩难（tas aporias）同上述几类观点相适合，以免因逐一抨击所罗列的所有哲学家而被迫自我重复。

---

〔1〕参见 *M* 7.47 以下。

西塞罗论命运[1]

张鹏举[2] 编译

【编译者按】

西塞罗的哲学思想是以阐释"新学园派"与其他所谓独断论的伊壁鸠鲁学派和斯多亚学派之间的争鸣而展现出来的。这种阐释的方式可谓"学述"（doxagraphy），即一种非单纯的照本宣科，而是带有自我觉解的文本重构。因此，研读西塞罗的著作可获一石二鸟之效，一曰通晓希腊化时代思想激荡，二曰见识西塞罗其人融会贯通，自成一家之言。就认识问题和伦理学而言，其思想可见于《论学园派》或《论目的》，而不可忽视的还有他在自然哲学上的洞见。《论命运》（De Fato）一文则是西塞罗研究世界存在方式的著作，以新学园怀疑论为基调深入考察了伊壁鸠鲁学派和斯多亚学派在"自由"与"必然"之矛盾问题上的核心观点。就伊壁鸠鲁学派而言，他们立足于德谟克利特以来的原子论，发展出"原子偏斜"的理论，从而凸显了自由在世界

---

[1] 本文译自 Sutton, E. W. & Rackham, H., ed. & trans., *De Oratore*, *De Fato*, *Paradoxa Stoicorum*, *Partitiones Oratoriae*, in Loeb Classical Library（Cambridge, Mass, Harvard, 1942）。

[2] 张鹏举，西南大学外国哲学博士研究生。

发展和人类生活中的内在作用。另一方面，斯多亚主义具有明显的泛神论色彩，将整个世界都置于"命运"的统摄之下，因而绝对的必然性理所当然地会危及自由。但是，斯多亚学派内部逐渐发展出一套关于事物"原因"的折衷理论，从而论证了自由意志的可能性。新学园派从怀疑论出发，讨论了两派的理论困境，认为不论斯多亚学派还是伊壁鸠鲁主义都不能完满地回答世界的必然与人的自由之间的矛盾问题。该文由张鹏举编译，读者引用须经译者同意并标注出处。本文涉及符号说明如下：

[Ⅰ1] 此为文内段落标号，前一拉丁数字代表"章"，后一阿拉伯数字表示"段"（贝克尔标准段数）。引述时按通行惯例一般表述为：文献缩略语＋卷数＋段数。例如，*Fat.* 1.1，即《论命运》第1卷，第1段。（　）此表示相应的外语词。其中，希腊语用拉丁化写法，用斜体；拉丁语用正体。〈　〉此表示译者根据文意所做的必要补充。

[Ⅰ1]……因为它关涉"品德"（mores），希腊人称之为"*ethos*"（道德），我们通常将此部分哲学称作"品德研究"。不过，若该学科要恰当地列入拉丁语，则应将其命名为"道德学"（moralem）。至于"命题"（ratioque enuntiationum），即希腊所谓的"*axiômata*"也有必要加以阐释。当诸如此类的命题陈述未来事件（那些可能或不可能发生的事情）的时候，它们在多大程度上有效，探究起来也很艰难。哲学家将此类研究定名为"*Peri Dynatôn*"（论可能）；而全部研究主题则统称为"*logikê*"（学科），我称其为"学说"（rationem disserendi）。我在其他著作中所运用的方法，如

在《论神性》(*de natura deorum*)，还有业已出版的《论占卜》(*de divinatione*)当中，就是展现正反双方的一整套辩论，让学生们自己选择那些看起来最有可能的观点。但是，在讨论"命运"(fato)这个当前的主题时，我却一反常态，不能施展相同的方法了。

[2]我曾住在普特奥利(Puteolano)，朋友赫尔提乌斯(Hirtiusque)与我为邻。他是执政官，也是我的挚友，更是一位勤勉的学生，热心于我从幼年起就着力的各种主题。因此，我们常常相聚，从我们自己出发，忙着谋划那些能有助于国家安定和谐的种种政策。我们之所以如此，是因为凯撒死后，人们似乎汲汲于摸索各种发动新政变的便利途径，我们认为自己必须挺身而出，遏制当下的趋势。由此，我们的谈话大多是相关问题的殚精竭虑。在多种场合，在相较平时不太忙碌的日子，在少有人造访的时候，赫尔提乌斯便登门，我们就开始了平日里都一直讨论的主题，即平和(pace)与宁静(otio)。

[II 3]闲谈过后，赫尔提乌斯发话："下面怎样呢？但愿你别真地放弃演讲的操练，尽管毫无疑问，你已经把哲学放在了相较演讲的优先位置；好吧，我有可能听到些什么演讲吗？"

"是啊，"我说，"你要么就听，要么就自己讲；你想得没错，我并没有改变长久以来在演讲方面的兴趣。其实，我还把你给感染了，尽管在我看来，你已经是一名兴致勃勃的爱好者了。何况，我现在手头的事情也没有削减我演讲的才能，反而有所增进。这是因为，演讲与我所钟意的哲学理论密切地联系在一起，演讲家巧妙地借鉴了学园派(Academia)，并回报充实而流畅的表达风格和修辞技巧。如此一来，这两类研究都在我们的领域内，今天你来选哪一个更合你的口味。"

"你可真是个好人，"赫尔提乌斯回答，"一如既往地好；你从未让我的愿望落空。[4]不过，我也熟悉你们学派妙语连珠的演说；而其中你的演讲，我也经常听，也常常愿意听。此外，你在图斯库兰（Tusculanae）的辩论表明，你采用了学园派的论证策略，以反驳提出的论点。因此，要是你同意，我要你提出一些论点，好让我听听相应的驳论。"

"要是连你都同意，"我答道，"我还有什么话可说呢？但你听到的，可是一个彻头彻尾的罗马人说的话，此人一接触这样的讨论就紧张，而且是隔了很长时间才回到相关研究的。"

"我会聆听你的演说，就像在拜读你的著作一般；就开始吧，让我们坐下来。"

［III 5］"……在诸如此类的情况下，例如，诗人安提帕特（Antipatro）的事，某人在冬至出生，兄弟们同时患病，尿与指甲的问题，以及类似的种种事例，自然的'联系'（naturae contagio）起着作用。我并未因此将〈偶然的因素〉排除在外——因为这里的联系完全不是注定的强制力量。除此之外，别的地方也可能存在偶然的因素（fortuita），比如我们讲过的遇难水手、伊卡狄俄斯（Icadio）或者达费塔（Daphita）。〈不过〉，有些例子甚至看起来就是波西多纽（Posidonius）的臆造（希望这位大师会原谅我说的话）；无论如何，这些事情都是荒唐的。设想达费塔命中注定要从马上跌落下来，因而丧命，如果这马不是事主本应该驾驭的那匹有名有姓的真正的马，会怎样呢？难道它是菲利普（Philip）曾被告诫备提防的那架剑柄上的小驷马车？说得好像是那剑柄注定会干掉他似的！再者，无名无姓的遇难水手掉进了河里，这有什么值得注

意的呢？尽管我们的权威人士确实记载了一些关于他的情况：他受警告会死于水逆。就算在强盗伊卡狄俄斯的例子里，我也发誓看不到一丝命运（fatum）的踪迹，因为没有证据表明他得到了任何警告。[6]由此，如果洞顶的石头正好砸在了他的腿上，这有什么好惊讶的呢？我倒觉得，即使伊卡狄俄斯那时没在洞里，石头还是会掉下来，因为要么没有事情是偶然的，要么这一具体的事例就有可能是偶然发生的。因此，我想弄明白的是（这也关系到多方面的问题），如果不存在像"命运"这样的词汇，不存在这样的事，不存在这般的力量；如果大多数或者所有的事都仅仅是偶然发生的，那么事情的发展过程会和现在有所不同吗？假如我们解释任何事情的时候都诉诸自然和偶然，而无关命运，那为什么还要喋喋不休地谈论命运呢？

[IV 7]"不过，我们先把波西多纽恭恭敬敬地请走，这也是他应得的，再回到克律西波（Chrysippi）的精巧论证上来。我们先来回答他有关'联系'（contagione）实际影响的问题；至于其他论点，则随后讨论。我们知道，人所处的地方（locorum）不同，其品性就大相径庭。因为我们注意到，有人健康，有人孱弱；有些地方的居民饱受潮湿的侵袭而性格冷漠，有些居民的住地干燥，故而外向奔放；并且，不同地方之间的差异还不止于此。雅典常年空气稀薄，据认为这便是此地人士拥有过人才智的缘由；底比斯（Thebis）空气浓稠，因而底比斯人敦实粗犷。然而，雅典的稀薄空气没能让学生在芝诺、阿尔克西劳、泰奥弗拉斯托斯（Theophrastum）的课程之间做选择，而底比斯的浓密空气也不会让某人力争赢得尼米亚（Nemea）的赛跑，而非科林斯的比赛。[8]

让我们将此区分推进一步：告诉我，地域的特征会不会让我们在庞培的走廊而非平坝散步？同你作伴，而不是和别人？在月中，而不是在月初？可见，地域的特征对有些事情有影响，而对其他事情又没影响了。同理，天体的状况可能如你所想会影响某些事情，却必定不会影响所有事情。

"你会说，人的本性有所不同，那么一些人嗜甜，一些人喜欢尝苦味；有人纵欲，有人易怒，有人残暴，有人自傲，另一些人却在这些恶行面前畏畏缩缩；所以我们知道，人与人的差别如此巨大，那么不同的原因引起不同的结果，这观点又有什么出格的呢？[V 9]克律西波提出的论证就是这样的，但他不明白争论的主题，不清楚论证的要点。[1]因为该论证不能进行下面的推论：如果人们习性（propensiores）的不同是由于自然和前定的（naturalis et antecedentis）原因，那么我们的意志（voluntatum）和欲望（adpetitionum）的不同也是由于自然和前定的原因。若是如此，我们就再无自由意志了；就是说，任何事都不能为我们所掌控。不过，姑且这样，即使我们承认自己是机智还是愚钝，是强壮还是羸弱，都不取决于我们自己，但要是有人凭此推出我们选择坐着还是散步都不能自主，那么此人就没有辨认出因果之间的真正联系。诚然，天才和傻子生来就是这样，归于前定的原因，并且强壮和羸弱同样如此。但是，这也推不出我们坐和走，或者干什么事也都是先前的原因所设置和确定的。[10]据知，麦加拉学派的哲学家斯底波（Stilponem）无疑是一位聪明人，当时备受爱戴。斯底波的同

---

〔1〕克律西波认为，人的意志和欲望都受制于自然的前定原因。由此，人自身的能动性则化为乌有，实质上否定了"自由意志"的存在。

门在书中将其描绘成纵情酒色之徒，可他们的记载并无谴责之意，反而是为了提升他的名望。这是因为，他们称斯底波通过学习完全掌控和制服了自己的恶性，从未有人见到过他喝得烂醉，也没人见过他有丝毫的纵欲。此外，我们不是读到过苏格拉底如何被'相士'（physiognomon）佐庇鲁斯（Zopyrus）污蔑吗？此人宣称从人的身体、眼睛、面容和眉毛能够发现人的所有品性。他说苏格拉底又蠢又傻，因为他锁骨以上的脖子没有下凹——他还说苏格拉底的身体的这些部分的生长停滞不前了；他还补充道：此人定是好色之辈——据悉，亚西比德（Alcibiades）听后捧腹大笑！[11] 诚然，这些缺陷（vitia）很有可能是自然原因造成的；但人们将其根除，彻底摈弃，将自己从习惯的恶行中解脱出来，却并非自然原因之功，而是意志（voluntate）、努力（studio）和训练（disciplina）的成果。如果占卜的奇谭可以证明命运的力量和存在，那么人们自身的种种努力都将荡然无存。

[VI]"实际上，占卜果真如此，那么经验观察（perceptis）的特征究竟是什么（我用'观察'一词来转译'theôrêmata'）——它不是占卜的来源吗？因为在我看来，即便那些操弄占卜的人，若要预言将来的事，也不会把'观察'抛在一边；我更不相信所有学科的专家在从事相关研究时会对'观察'置之不理。[12] 好吧，占星术士的观察有这样一个例子：'若某人在天狼星（Canicula）升起时出生，则不会死在海上。'当心，克律西波，可别让自己授人以柄；对此，你和那个固执的辩证法家狄奥多罗（Diodoro）争吵得厉害。这是因为，如果命题'若任何人在天狼星升起的时候出生，则不会死在海上'的因果联系为真，那么下面一句的联系也为

真，即'若法比乌斯（Fabius）在天狼星升起时出生，则他不会死在海上'。由此，命题'法比乌斯在天狼星升起时出生'与'他会死在海上'二者之间不相容。既然在该例中，此人在天狼星升起时出生是确定无疑的，那么命题'法比乌斯存在'与'法比乌斯将死在海上'也是不相容的了。因此，'法比乌斯存在，且法比乌斯将死在海上'相互抵牾，不能共存，就是说此命题是不可能成立的。如此一来，命题'法比乌斯将死在海上'也归于不可能成立的一类了。总之，每个关于未来事件的假命题都是不可能成立的。

[VII 13]然而，克律西波，这观点你绝不会同意。并且，该点正是你与狄奥多罗争论的要害。[1]他说，要么是真的，要么将是真的，才是可能成立的。他又说，将存在的，都必定发生；不会存在的，不可能发生。你说，不会存在的也是'可能的'（posse）——例如，即使这珠宝绝不会摔坏，但它还是可能摔坏。科林斯的库普塞罗（Cypselum）的统治不是必然的，尽管阿波罗的神谕在千年以前就已经宣告了他的统治。但是，如果你打算首肯诸如此类的神谕，那么你就会将关于未来事件的虚假陈述（譬如，这个神谕：阿非利加努斯不会攻占迦太基）都算作不可能成立的一类。还有，如果某事正确陈述了未来的事件，并且事实将会如此，那么你得说它就是真的；不过，这些观点全都是狄奥多罗的，和你们学派的观点相悖。[14]如果下面一句话表达了正确的联系，即'如果你在天狼星升起时出生，那么你不会死在海上'；并且，此陈述中的前一个命题，即'你在天狼星升起时出生'是必然的（necessarium），

---

〔1〕狄奥多罗的"大师论证"（Master Argument）是关于逻辑必然性的古代论证，但克律西波否认必然性，而认可因果决定论（causal determinism）和"命运"。

因为正如克律西波所想，所有过去的（in praeteritis）事情都是必然的——过去的事情都无法改变（inmutabilia），而且这些事情也不能由真为假。（但是，他的老师克莱安塞 [Cleanthe] 却提出了异议。）因此，若此陈述中的前一个命题是必然的，那么后面一个命题也成了必然的了。虽然克律西波并不认为这种联系是普遍的，但是无论如何，只要法比乌斯不应死在海上的自然（naturalis）原因是存在的，那么法比乌斯就不可能死在海上。

[VIII 15]"对此，克律西波显得有些紧张，希望迦勒底人（Chaldaeos）和其他先知都是错的，希望他们不要用条件命题（coniunctionibus）来陈述自己的观察，就像说'若任何人在天狼星升起时出生，则不会死在海上'那样，而要这样说：'某人在天狼星升起时出生，此人将死在海上，二者不能共存。'好荒唐的假想！为了避免落入狄奥多罗之手，他竟然好为人师，教迦勒底人要用适当的形式描述自己的观察！我问你，如果迦勒底人采纳了这类形式的陈述，即选言命题的否定式（negationes），而不再运用具有无限接续关系（infinita conexa）的条件句，那为什么医生、几何学家和其他从业者不会也这样做呢？先拿医生来说，他不会用这种形式表达某种明确的科学原则，即'如果某人的脉搏如此这般，他就在发烧'，而是说'某人的脉搏如此这般，他没有发烧，两者不会同为真'。同理，几何学家不会如此说'球体上最大的圆对半分'，而是说'球体上的某圆形是最大的那个，此圆没有将球体对半分开，彼此不会同为真'。[16] 若从必然结果的条件句转换为选言命题的否定式，能不能成功呢？事实上，我们可用其他方式来表达同一事情。正如我才说的，'球体上最大的圆对半分'，我也可

以说成'若球体上的某圆形是最大的'或者'因为球体上的某圆形会是最大的'。陈述命题的方式多种多样，但克律西波盼着迦勒底人接受某种表达形式，以此融入斯多亚学派，真是费力不讨好。没有哪个迦勒底人会用这类语言，因为他们熟悉这种绕圈子的表达（contortiones orationis）比认识星座的起源和设定更为艰难。

[IX 17]"让我们回到狄奥多罗的论证；我们提到过，他们希腊人将此论证称为'可能论'，其中'可能'是考察的对象。狄奥多罗认为，只有现在为真或将会为真的东西才是可能的。这一命题与以下几个论证相关：任何无必然性的事情不会发生；凡是可能的东西要么现在是可能的，要么将来是可能的；将要变化的事情不会比已经发生的事情更有可能性。不过，在已发生的事情中，它们的不变性（immutabilitatem）是显而易见的，而在将要发生的事情中，它们的不变性并不显著，所以看起来不太像会发生。因此，对于一个患有重病的人，'此人将死于该病'这一命题为真，而同一命题对于一个病情显得并非如此严重的人，无论如何也会为真。由此推得，即便是未来的事情由真变假也不会发生。'斯基庇俄（Scipio）将会死去'的命题是有效的，尽管它是对未来的陈述，也不会变成假的，因为它陈述的是人，人必然（necesse）会死。[18]如果有一个陈述：'西庇阿夜里将在卧室死于暴力'，那么这种形式的陈述则为真，因为它陈述了这样一个事实：某个将要发生的事情确实将会发生，并且它将要发生是从它确实发生这个事实必然推导出来的。'西庇阿将要死去'不会比'西庇阿将会以这种方式死去'更真，他的死不会比他以这种方式死的必然性更大，'西庇阿已被谋杀'不会比'西庇阿将会被谋杀'由真变假的不可

更变性更大。

"既然如此，伊壁鸠鲁有什么理由惧怕（extimescat）命运，要从原子那里寻求庇护，让原子偏离垂直运动的轨迹？同时遇到两个完全无法解释的难题：其一，某些事的发生没有原因，其蕴含着某些东西由无而生的推论，这是伊壁鸠鲁和自然哲学家所不愿承认的；其二，当两类原子穿行于虚空时，一些以直线运动，一些则发生偏斜。[19]事实上，伊壁鸠鲁不必担心，生怕当自己承认每个命题或真或假时，所有事情的发生必然会由'命运'所致。因为'卡尔内亚得将去学园'这一命题为真，不是由于自然而必然的永恒原因（aeternis causis naturae necessitate）。[1]但也并非没有原因，而是由于在偶然性的前因（causas fortuito antegressas）和自身所包含的自然动因（causas cohibentis in se efficientiam）之间存在着区别。因此，'伊壁鸠鲁将死于毕达拉图斯（Pytharato）统治时期，终年72岁'这一命题总是真的，但不存在任何为什么如此发生的命定原因（causae fatales），而是因为它确实这样发生了，就当时而言，由于一系列特定的原因，它当然将会发生。[20]此外，有人声称将要发生的东西是不变的，一个真的未来事件不可能变为假的。实际上，他们不是肯定命运的必然性，只是解释了词义。相反，有人引入持续不断的原因系列（causarum seriem），剥夺了人类心灵的自由意志（voluntate libera），将之束缚在命运的必然性上。

[Ⅹ]"这一话题讨论得很充分了，让我们考察其他问题。克律

---

〔1〕 西塞罗否认任何因果系列，即自然而必然的因果关系所构成的永恒链条。

西波这样推论[1]：如果存在没有原因的运动，那么每个命题（辩证法家称之为'axiôma'）就不会是或真或假的，因为凡是没有实效（efficientis）原因的东西，无所谓真与假；但是，每个命题的确是或真或假的；所以不存在没有原因的运动。[21]如果这样，那么所有事情的发生，都是由于'前因'（causis antegressis）而发生；如果确实如此，事情的发生都是由于命运；因此，所有事情的发生，皆因命运。在这点上，首先，如果我决定同意伊壁鸠鲁的观点，声称并非每个命题都是或真或假的，那么我宁肯承受这一打击，也不愿意赞成所有事情是由命运导致的，因为前者至少还有什么可以争辩的，但后者却无法容忍。相应地，克律西波却竭力劝说我们相信所有命题都是或真或假的。因为正像伊壁鸠鲁所担心的，假如他接受了这点，一定会承认所有事情都是由命运导致的（这是因为，若某个选言命题总有一个命题肢为真，则它是确定的；若它是确定的，则是必然的。他认为，这点会确证必然性和命运）。同样，克律西波害怕，如果他不能坚持每个命题或真或假，他将无法坚持自己的观点：所有事情都是由命运导致的，都源于支配未来事件的永恒原因。

[22]"然而，伊壁鸠鲁认为原子的偏斜运动可以规避命运的必然性。因此，除了重力和碰撞，当原子通过微小间隔发生偏斜（他称之为'elachiston'）的时候，便出现了第三种运动形式。事实上，他不得不承认，即便语焉不详，这种偏斜是没有原因的。原子

---

[1] 克律西波否认无原因的运动，旨在捍卫命题具有或真或假的性质。显然，伊壁鸠鲁学派认为命题并非要么为真，要么为假，还存在其他可能性——在所谓的"命运"上打开了一处缺口。

原典译注

不可能由于另一个原子的撞击而偏斜，因为如果这种不可分割的物体（corpora individua）就像伊壁鸠鲁所认为的那样，因其自身的重量垂直运行，那它们之间怎会相互碰撞？由此推得，如果一个原子绝不会被另一个挤占，那么它就不会同另一个相遇。同理可知，即使原子存在且发生偏斜运动，其偏斜也是没有原因的。[23] 伊壁鸠鲁之所以引入这一理论，是因为他担心，如果原子总是通过重量的自然和必然力量运行，我们无论如何也没有自由，因为心灵的运动受制于原子的运动。原子论的创始人德谟克里特宁肯接受一切都通过必然性发生，也不愿剥夺原子本身的自然而然的运动。

[XI]"卡尔内亚得则更为睿智，他指出伊壁鸠鲁派就算没有想象出原子的偏斜运动，也可以为自己的理由辩护。既然他们主张可能存在某种心灵的自主运动（animi motum voluntarium），那么宁可为这个说法辩护，也不要轻易引入原子偏斜，尤其因为他们无法为之找到一个理由。只要坚持这个观点，他们就可轻松应对克律西波的攻讦，因为即使他们承认不存在没有原因的运动，但也不至于承认每件事情的发生都由其'前因'所致，他们可以辩解：我们的意志（voluntatis）并不存在外部的和前在的原因。[24] 因此，当我们说'某人无故希望或不希望某事'，我们是在误用（abutimur）业已接受的语言习惯，因为我们说'无故'是指'没有外在的和先在的（externa et antecedente）原因'，不是'根本没有原因'。就像当我们说一个容器是空的时候，并非是在那些自然哲学家所用的意义上说的。他们认为绝对的真空是不存在的，而我们的意思是说，比如容器里面没有水、酒，或者油等等。同样，当我们说心灵无因运动时，意味着其运动没有前在的外部原因，但并非完全没有

原因。无因运动可以说成是，原子本身因其重力和重量穿越虚空运动，因为没有来自外部的其他原因。[25]另一方面，如果我们说任何事情都无因发生，免得自然哲学家来嘲笑，所以我们必须对原因进行区分，必须对物质以如此方式加以解释——原子凭借自己的重量和重力保持运动，这是它自身的本性；而其本性正是它以这种方式运动的原因。同理，我们不需要寻找外在的原因来解释心灵的自主运动，因为自主运动自身就包含着一种自我主导、自我服从（pareat）的内在本性，但这并非没有原因，因为其本性正是这种运动的原因本身。[26]由此，凭什么理由说每个命题并非或真或假，何况我们又不承认任何事情的发生都是由'命运'导致的？[1]他说理由就是，如果某个未来事件不能说明自己将来'为何'存在的原因，那么它就不能为真；所以那些为真的东西必然具有原因；相应，当它们发生的时候，它们将因命运而发生。

[XII]"只要你不得不承认或一切因命运发生，或某些东西能够无因发生，事情就没什么好谈的了。[27]思考这一命题，'西庇阿将攻占诺曼提亚（Numantiam）'。如果一系列相互关联的外在原因不会导致它的发生，那它还会以其他方式为真？如果该命题在很久以前就被人谈起，那它还会为假？如果'西庇阿将攻占诺曼提亚'这一命题当时不曾为真，那么在诺曼提亚陷落后，'西庇阿将攻占诺曼提亚'这一命题也不会为真。由此，任何事情业已发生，而在发生之前有可能不会为真吗？因为正如我们把在先前某个时间

---

[1] 据克律西波和迪奥多罗的分歧可知，此处的"命运"指后者所谓的严格"必然性"。相反，克律西波本人以及卡尔内亚得认为，虽然事情的发生并非因循必然性，但是它们的发生仍有原因，因而由命运而发生。

具有真实性的东西说成是真的，因此也把在将来某个时间具有真实性的东西称之为真的。[28]但我们不能由每个命题或真或假就直接得出，存在着永恒性的不可变更的原因；禁止任何事情发生，除非它将要发生。导致'加图（Cato）将来到元老院'这一形式的命题为真的原因是偶然（fortuitae），它们并非内在于事物的本性和宇宙的秩序。但无论如何，'他将到来'若为真，它就和'他已来到'一样不可变更（尽管我们不必为此恐惧命运或必然性）；这是因为，我们必然会承认：如果'霍腾西乌斯（Hortensius）将来到他在图斯库兰的住地'这一陈述不为真，那么就为假。我们的对手认为这两种情况都并非如此，但这是不可能的。[1]"所谓的'懒惰辩'，一种哲学家称之为'argos logos'的论辩也不会阻碍我们。如果我们听信这一论辩，我们将在生活中完全无所作为。这一论辩如下：'如果你能康复是命定的，那么无论你看不看医生都将康复；[29]同样，如果你康复不了是命定的，则你看不看医生都不会康复；而你康复与否都是命定的；所以，看不看医生都没有意义。'

[XIII]"这一论证形式被恰当地称作'懒惰'和'无为'，因为同样的推论会消除生活中的一切活动。人们可以改变一下命题的形式，其中不再包含'命运'一词，但意思不变，如下：如果'你将康复'这一命题永远为真，那么无论你看不看医生你都将康复；同样，如果'你将康复'这一命题永远为假，那么你看不看医生都不会康复；所以，结论同前。[30]克律西波批判了这一论证。他说，一些事情是简单的，而另一些事物是复杂的。'苏格拉

---

[1] "我们的对手"应该为迪奥多罗。他主张，事件发生的是否"必然"与命题的或真或假是一致的。

底将于那一天死去'是简单的，无论他做什么还是不做什么，死期都是确定的。但如果'拉伊俄斯（Laius）将生有一个儿子俄狄浦斯（Oedipus）'是命定的，却不能加上'无论拉伊俄斯是否与一个妇人一起生活'，因为事情是复杂的（copulata）和命运交织的（confatalis）——他赋予这一名称，是因为他认为拉伊俄斯将与他的妻子一起生活，并与之生下俄狄浦斯，这两点都是命定的。正如，如果有人说'米罗（Milo）将在奥林匹亚盛会上摔跤'，而某人回答'如果这样，无论有没有对手他都将摔跤'，那么这就错了。因为'他将摔跤'是复杂陈述，因为没有对手，就没有摔跤比赛。因此，所有此类谬论都能以此种方式进行回击。'无论你看不看医生你都将康复'是谬论，因为看医生同康复一样命运共担。这种情况，如我所言，克律西波称其为'命运交织的'。

[XIV 31]"卡尔内亚得拒绝接受此类论证，认为上述论证思考得并不十分准确。因此，他另辟蹊径，不玩弄什么诡辩伎俩。其结论如下：'如果所有事情由前因发生，那么所有事情都在一个紧密结合、自然关联的网络中（naturali colligatione conserte contexteque）发生；若是这样，所有事情必然（necessitas）发生；由此，则不存在我们所能够掌控的（in nostra potestate）事情。'可是，有些事情我们确有自主能力。若所有事情由命运发生，则所有事情都是前因的结果。因此，并非所有事情皆因命运而发生。[32]〈但是〉，此类论证并不能得出更严苛的结论。[1]如果有人重复同

---

〔1〕 "严苛"是针对迪奥多罗的。卡尔内亚得不赞成克律西波所谓"命运交织"的解释：这是一种"诡辩"。因为事情的发生凡是存在"前因"，就一定会受到"命运"的影响。但是，卡尔内亚得也不支持迪奥多罗的"严苛"观点，即事出有因，则事事出于必然。因此，后文才称，迪奥多罗等人的观点"狭窄有限"，而斯多亚派的学说"自由宽松"。

样的意思，这样说：'如果将来发生的事情永远为真，以至于将发生的确实会发生，那么所有事情必然在一个紧密结合、自然关联的网络中发生'，这简直是无稽之谈。因为永恒的自然原因导致未来事件为真，未来事件纵无自然永恒性也可以理解为真，这两种情况区别很大。综上，卡尔内亚得曾说，就算阿波罗也不能奢谈未来事件，除非这些事情的原因是由自然联结（contineret）起来，以至于必然要发生。[33] 到底基于什么考量（spectans），神明说那个担任三次执政官的马塞勒斯（Marcellum）将死在海上？这件事的确永远为真，但并不具有实效原因。因此，卡尔内亚得持这样的观点：如果阿波罗对没有任何存在迹象的过去事情都不知道，更谈不上知道未来的事情了，因为只有认识到所有事情的实效原因，才有可能知道未来有什么事情会发生。由此，阿波罗不能预言俄狄浦斯的命运，因为自然中不存在预定的（praepositis）原因，因之必然做出弑父行为；他也不能预言其他此类事情。

[XV] 因此，因为斯多亚派称一切皆由命运发生，所以他们接受此类预言和其他与占卜相关的事情是理所当然的（comprobare）。但是，那些声称未来事件永远为真的人，却不会持有相同的观点，因为他们的情况与斯多亚派不一样。他们的论证空间较为狭窄有限（urguentur angustius），而斯多亚派的学说则更为宽松自由（soluta ac libera）。[34] 即使我们承认无前因则无物发生，那么这除了表明所研究的原因是永恒原因之链的一环，还会有什么好处？然而，原因是导致那些以之为因的东西产生的前提，正如受伤是死亡的原因，消化不良是生病的原因，火是热的原因。因此，'原因'不能作如是理解，就是把先于某物的东西当成此物的原因，而

是把在之前发生实际作用（efficienter）的东西理解成原因：我到花园里来不是我打球的原因，赫卡柏（Hecubam）生出亚历山大（Alexandrum），她也不会因此导致特洛伊人的死亡，廷达瑞俄斯（Tyndareum）同样不会因为是克吕泰涅斯特拉（Clytaemnestram）的父亲，而成为阿伽门农（Agamemnoni）丧命的原因。如果这样，一个人穿着光鲜就会被说成是路匪抢夺他衣服的原因。[35]恩尼乌斯（Ennii）的诗句正是这类言语：

> 佩利乌斯（Pelio）林地中的松树枝干，
> 如果没被斧子砍倒在地该多好！

他甚至可以进一步说，'如果没有树长在佩利乌斯该多好！'，并且'佩利乌斯山不存在该多好！'同理，之前的事情还可以无限回溯。

> 如果那之后启航的任务
> 就从未开始过。

倒推过去的事情，有什么意义？因为接下来会这样推下去：

> 如若这样，我漂泊的贵妇，
> 美狄亚，从未离开她的家乡，
> 不会伤心，不被爱的冷酷武器所伤。

问题是，这些事情并非爱的原因。

［XVI 36］不过，他们称，有些事情如此这般，以至于其他事若没有了它就不会有什么结果；还有些事情，别的事必定靠它才有结果——二者之间是有差别的。因此，上面刚提到的这些原因都不是真正的原因，因为它们都不是以自身的力量来影响那个据说以之为因的事物；事物受到影响的条件不是原因，而那些必然产生以之为因的事物的途径（accessit）才是原因。要是蛇咬尚未造成菲罗克忒忒斯（Philocteta）身染病痛，那么究竟是什么内在于自然的原因将他困在楞诺斯（Lemno）岛上？并且，这个原因还要与他后面的死亡联系得更近、更紧密。［37］因此，正是结果背后的理据（ratio）揭示了原因；然而‘菲罗克忒忒斯将困于荒岛’这一命题永远为真，不可能由真变假。因为，当你拥有一对矛盾命题时——我说的矛盾命题是指一个为肯定命题，另一个为否定命题——必然一个为真一个为假，尽管伊壁鸠鲁否认这点。例如，‘菲罗克忒忒斯将会受伤’为真，那么‘菲罗克忒忒斯将不会受伤’就为假，这是证实多年的事情了。除非我们想接受伊壁鸠鲁的观点，声称这种命题既非真也非假，或他们当时羞于出口，尚未说出更耸人听闻的东西：此类包含两个矛盾命题的选言陈述为真，但其中每个选言肢无一为真。［38］多么神奇大胆、可怜无知的逻辑！因为如果任何陈述既非真也非假，它当然不是真的。但是，不真的东西何以不假，不假的东西何以不真？由此，我们坚持克律西波所捍卫的观点：每个命题要么为真，要么为假。**理性本身既需要（coget）某些东西永远为真，同时也需要它们不受永恒原因之链的束缚，从而摆脱命运的必然性。**

［XVII 39］"在我看来，有两类古代哲学家的观点：一类在于

某些人相信万物由命运发生，这种命运施加必然的力量，德谟克里特、赫拉克利特、恩培多科勒和亚里士多德持这种观点；另一类在于某些人认为存在自主的心灵运动，完全不受命运支配。克律西波，在我看来，似乎像一个民间仲裁官，想做骑墙派，尽管他其实更倾向于那些想让心灵摆脱运动必然性的人的观点。然而，当他使用自己的词语表达时却陷入这样的困境，乃至在违背自己意愿的情况下肯定了命运的必然性。[40] 如果你愿意，就让我们看看这个与'赞同'（assensionibus）话题相关的学说有什么特征，该主题在我们首次对话时讨论过。对于那些主张一切由命运发生的前辈哲学家来说，'赞同'是必然性势必产生的结果。此外，那些不同意他们的人则把'赞同'从命运中解放出来，认为如果让'赞同'屈从于命运，那么'赞同'就不可能脱离必然性了。他们是像下面这样论证的。如果一切由命运发生，则一切由前因发生；如果欲念（appetitus）是有原因的，那么随欲念而来的东西也是有原因的；因此，'赞同'是有原因的。但如果欲念的原因不在我们自身当中（non est sita in nobis），那么欲念本身也不能为我们所掌控（in nostra potestate）；若是这样，那些由欲念所引发的东西也不在我们自身之中。由此。'赞同'和行动都不能为我们所掌控。由之推出结论：在赞赏或斥责，荣誉或惩戒方面就没有正义。但这一结论是错误的，因而他们认为可信的（probabiliter）推论是，并非所有事情都是命中注定发生的。

[XVIII 41] 但至于克律西波，他既拒斥必然性，又坚持若无前因则无物发生，所以他区分了原因的类别，以便摆脱必然性又保留了命运。他说：'一些原因是完善的（perfectae）和根本

的（principales），另有一些则是辅助性的（adiuvantes）和近似的（proximae）。因此，当我们说一切由作为前因的命运发生时，并非希望它被理解为一种完善的和根本的原因，而应该是辅助的和近似的原因。'相应，他反驳了我上面提到的论证，称如果一切由命运发生，那么的确可以推得一切由前因发生，但不是由于根本和完善的原因，而是辅助的和近似的原因。如果这些原因本身不能为我们所掌控，却不能就此推出欲念也是我们所不能掌控的。相反，如果我们说一切由于完善和根本的原因发生，那么正如这些原因都不是我们所能掌控的，所以欲念也是我们所不能掌控的。[42]因此，上述论证的结论（congclusio）针对那些以强加必然性的方式引入命运的人是有效的（valebit），而对那些并未把前因说成是完善和根本的原因的人则是无效的。因此，至于'赞同'是由前因发生的，他们认为自己可以轻而易举地解释这一命题的意思。虽然'赞同'除非受到表象（viso）的刺激，否则不可能发生，但表象只是提供了一种切近的而非根本的原因，而这点正如克律西波所认为，可以通过我们刚才所讨论的理论予以解释；而该点确实无法证明：如果没有受到外部力量的作用，'赞同'是可能发生的（因为'赞同'必然由感觉对象所驱动）。然而，克律西波返回到他的圆柱和圆锥，认为这些东西是无法开始运动的，除非它们受到推动或撞击；不过，他认为一旦运动发生，此物会因其本性持续运动，圆柱不停滚动，圆锥一直旋转。

[XIX 43]"克律西波说：正像一个推动圆柱的人施加它一种起始运动，但并未赋予它滚动能力（volubilitatem）。因此，一个表象当撞击时当然会给自己的对象留下印象（imprimet），好像是把

它的轮廓印在（signabit）心灵上，但'赞同'活动是我们所能掌控的；正如我们说一个圆柱体，尽管接收了某种外力，但它将会凭自身的力量和本性继续运动。若某事无前因而生，则万事命定而发生就不会是真的。但如果就所有发生的事情而言，可能存在某种前因，那还有什么理由指示我们不承认一切皆由命运发生的观点？要理解的仅仅是各个'原因'之间有什么特质和差异（distinctio ac dissimilitudo）。[44] 这些形式的论说是克律西波提出来的，而如果那些否认赞同行为由命运发生的人，也承认该行为在没有先前表象的影响下发生，那么他们的便是一个不同的理论。但是，如果他们允许表象之前发生，但赞同行为不因命运而发生，因为赞同不是由刚才所说的辅助的和近似的原因引发的，那么他们得到的也是同样的观点。就克律西波而言，尽管承认赞同的辅助、近似的原因居于感觉对象当中，但并不承认它就是赞同发生的必然原因。由此，若万物命定发生，则事事由必然的前因而发生；并且，那些与之意见相左的思想者——承认若感觉印象不在之前出现，则赞同不会发生——也会同样说，如果每件事都是命定而生，以至于没有什么事情会在没有前因的情况下发生，就不得不承认所有事情都由命运发生。由此可知，当他们双方的观点推进和展开的时候，最终会达致相同的立场，只不过措辞有别，而其实一致。[45] 大致上，我们确实可以做出这样的区分：当某种前因出现，我们不能阻止以之为因的结果发生；但在另一些情况下，虽然前因出现，但我们仍然能够扭转事物的发生——他们双方都会赞成此种区分。不过，其中一派认为，当前因发生时，我们确实不能改变事情的结果，因而这些事确实为命运所统摄；但是，至于那些我们自己所能掌控的情况，命运却不施加影响……

[XX 46]"这才是讨论该问题的恰当方式。某人不该求助于原子的漫游和偏斜。他说:'原子确实偏斜了。'首先,原子的偏斜是什么引起的?他们可以从德谟克利特那里得到这些'动力',即驱动力,他称之为'撞击力'(plagam)。而你,伊壁鸠鲁给了它们重力和重量。因此,自然中究竟存在着什么新鲜的原因可以让原子偏斜?(是不是让原子抽签决定哪个偏斜,哪个不偏斜?)它们为什么以微小的间距而非较大的间距偏斜?为什么通过一个间距而不是两三个间距偏斜?[47]这是愿望(optarc)而非论证(disputare)。你不要说原子是由于外力作用而位移和偏斜的,不要说在原子所穿过的虚空中存在着什么因素使之不按直线运动,也不要说发生原子自身中什么变化使之没有保持其自身重量的自然运动。因此,尽管他没有引入任何原因以解释这种偏斜,但他认为当他谈论那些所有人的理性都会嗤之以鼻的东西时还是头头是道。[48]在我看来,没人比那些承认自己除了求助于想象的偏斜没有其他办法忍受命运的人,不仅更加坚信命运,而且更加坚信支配一切的必然性,或更为坚定地抛弃心灵的自主运动。因为即使假设原子存在(尽管在我看来接受它们存在是完全不可能的),但你谈论的这些偏斜依然永远无法解释。如果正是自然的必然性赋予原子依重力运行的特质,因为每个有重量的物体,当没有东西阻碍它时必定会运动和运行,那么是不是某些原子——如你所愿,所有原子——在自然的秩序中会发偏斜也是必然的……"

专题　古代哲学中的理性与概念构型

苏格拉底的否认有知[1]

Gregory Vlastos[2] 著　吴鸿兆[3] 译

　　在柏拉图最早期的对话中，[4] 当苏格拉底说他没有知识，他是不是字面上说的意思呢？一直以来的标准观点认为他不是。Gulley 1968 已经对这种诠释作了颇充分的论证：苏格拉底的无知宣言是"一种权宜之计，旨在鼓励他的对话者找寻真理，使得后者认为自己与苏格拉底是发现之旅上的同道。"（页 69）近来相反一方出现了一位头脑清醒的支持者。Terence Irwin 在氏著《柏拉图的道德理

---

〔1〕［译按］本文译自 Gregory Vlastos，"Socrates' Disavowal of Knowledge，" in Gregory Vlastos，*Socratic Studies*，（ed.）Myles Burnyeat，Cambridge：Cambridge University Press，1994，pp.39-66.本文原发表于 *Philosophical Quarterly* 35（1985），pp.1-31.新版的主要修订之处是删去了旧版 pp.23-6 关于"苏格拉底谬误"（the "Socratic Fallacy"）的内容（被上引书第 3 章"'苏格拉底谬误'是苏格拉底的吗？"［Is the "Socratic Fallacy" Socratic？］一文取代）。其余修订之处不再注明。

〔2〕格雷戈里·弗拉斯托斯（希腊名：Γρηγόριος Βλαστός，1907—1911）是西方古代哲学的杰出学者，创作众多颇具影响力的柏拉图和苏格拉底研究著作。他运用现代分析哲学的技术来重述和评价苏格拉底和柏拉图的观点，从而改变了 20 世纪对古典哲学的分析状况，影响深远。

〔3〕吴鸿兆，中山大学马克思主义学院助理教授。

〔4〕见本书附注 1.1［译按：从略］。

论》(*Plato's Moral Theory*)[1]中主张苏格拉底的否认有知应该按字面意思来理解：他确实否弃了知识，他满足于主张的是真信念，仅此而已（Irwin 1977：39-40）。

我将论证，这两种观点都经不起文本证据的检验：确实存在一些文本能证明前者为假，另一些能证明后者为假。但这怎么可能呢？这两个观点分明是矛盾的：如果一个为假，另一个岂不必定为真？不一定。如果苏格拉底是在恰当地变通表示"知道"[2]的语词用法，两个观点都可能为假。我将论证实情就是如此，并提出一种假说解释为什么这正是苏格拉底想做的。[3]我将重审相关的证据（第一节），充实上述假说（第二节），然后展示其解释力（第三节）。

一

第一种诠释几乎无处不在，甚至已经在词典里立足。《韦伯斯特词典》(*Webster's*)在"反讽"(irony)词条下给出了这样一项释义：

---

[1] 我受益于该著非常多。只有那些不熟悉学术争鸣风气的外行人会从我在此处和另一篇文章"苏格拉底道德理论中的幸福与德性"（Gregory Vlastos, "Happiness and Virtue in Socrates；Moral Theory," in *Socrates：Ironist and Moral Philosopher*, ch.8）对该著的批评中读出推崇备至以外的任何意思。

[2] 动词 ἐπίσταμαι, οἶδα, γιγνώσκω, ἐπαΐω, 以及它们的任何同源名词；形容词 σοφός 和名词 σοφία, 它可以与 ἐπιστήμη 换用（例如《申辩》23A7：这里 ἐπιστήμη 本可以保全真值地被替换成 σοφία, 正如 19C6 事实上发生的那样）。

[3] 这个设想与（据我所知所有）早前的诠释背道而驰，包括我自己早前的一番诠释（见Vlastos 1956：xxx-xxxi），在那里我混合了两个截然不同的主张：苏格拉底否弃确定性（这是正确的）同时也否弃知识（这是错误的）。Gulley 栽进了同一个陷阱。他假定他对第二个主张的（完全有效的）批评也驳倒了第一个主张。

T1 佯装（pretence）无知且愿意向他人学习，以便通过敏锐的推理昭显他人的错误观念——又称"苏格拉底式反讽"。

《牛津英语词典》(*O. E. D.*) 对"反讽"的"词源义"(etymological sense) 给出了同样的解释：

T2 掩饰，佯装（dissimulation，pretence）；尤其是苏格拉底作为驳斥对手的手段而假装出（feigned）的无知（苏格拉底式反讽）。

这里的关键词是"佯装"（pretence）。苏格拉底所做的事情是掩饰，虽然是出于很好的理由。在 Gulley 提出的教导的（pedagogical）理由之外，我们还可以加上苏格拉底操弄安排（maneuvering）他的对话者扮演回答者的角色，以便自己掌握盘问权的关切（interest）。亚里士多德见证了否认宣言的这种用法：

T3《辩谬篇》(*Soph. El.*) 183b7-8：……苏格拉底问而不答：因为他承认（ὡμολόγει）自己没有知识。

但亚氏并未暗示这种否认宣言是佯装。[1] 他的用词强烈暗示了

───────────

〔1〕正相反：正如 Gulley 指出的（页62），亚里士多德把苏格拉底引述为一个在对当下议题没有知识的情况下——不是"如已知一般"（ὡς εἰδώς），而是"检验地"（peirastically）——进行论证的人。

相反的意思。[1]柏拉图同时代的另一位苏格拉底对话作家也传递了同样的暗示：

> T4 苏格拉底派的埃斯基涅（Aeschines Socraticus），《阿尔喀比亚德》(*Alcibiades*)（残篇10C，Dittmar）："我没有知识可以教给那人来改善他，但我认为通过和他结交，我可以凭我的爱改善他。"

柏拉图笔下唯一声称苏格拉底假装无知的角色是忒拉绪马霍斯（Thrasymachus）：

> T5《理想国》I，337A3-7："听到这话他放声大笑，说：'赫拉克勒斯！这就是苏格拉底惯常的假装（εἰρωνεία, feigning）。'我早料到了——我早和这里的人说过，你根本不想回答，而是会装模作样（εἰρωνεύσοιο, dissemble），无所不为，唯独不予回答，如若有人提问的话。"[2]

---

〔1〕 ὡμολόγει（未完成时："他曾承认"）。亚里士多德会用 προσεποιεῖτο 来表达"佯装"或"假装"：他在《尼各马可伦理学》1127b10 以下（和 1108a2 处的 προσποίησις）以及《大伦理学》1193a28 以下关于 εἴρων 的讨论中反复用到这个词（也请注意《尼各马可伦理学》1127a25 对 ἀληθευτικός ["真诚之人"] 的描述 τὰ ὑπάρχοντα ὁμολογῶν ["承认其品质"] 中使用了与 προσποιεῖσθαι 相对的 ὁμολογεῖν）。在亚氏看来苏格拉底确实是个 εἴρων，但不是因为否认有知：他从未把无知宣言归到他赋予苏格拉底作为 εἴρων 的那种"对优秀品质的否认"的名下。

〔2〕 这里 εἰρωνεία 的意思显然是："掩饰"。Cornford、Lindsay 和 Robin 译本都译出了正确的意思，Bloom、Grube、Shorey 译本则误译为"反讽"（irony），可能是因为没有留意反讽和掩饰的概念差别：欺骗的意图（the intention to deceive）内建于后者，但必定在前者中缺席（在暴雨天里说"多好的天气啊！"并没有愚弄任何人的意思）。（转下页）

但苏格拉底和所有亲近他的人都不同意这点。若选择相信忒拉绪马霍斯，我们将得不到任何手头最早文献来源的支持。

况且我们还会有许多解释工作要做。既然苏格拉底自己在盘诘性对话中奉行的第一规则就是"说出你所信"（say what you believe），他怎么能做掩饰——说他不相信的话——这种事呢？[1] 那些从情境看不可能以引导对话者扮演回答者角色为目的的佯装，我们又该如何解释呢？与卡里克勒斯（Callicles）辩论尾声处的情形显然就是如此。那时苏格拉底为什么要说，"我不会像个知道的人那样断定（assert）我说的那些东西。"（《高尔吉亚》506A3-4）？然后在三页之后，当宣布完自己的论点已经被"钢铁般的论证绑定下来"（508E-509A），他为什么又要加一句，

T6《高尔吉亚》509A4-5："但我的立场（λόγος，position）总是相同的。[2]我不知道这些东西是怎样的（how these things are）。"[3]

（接上页）εἰρωνεία 一词涵盖了这一差别，因此柏拉图可能用它来表达掩饰（如此处和其他一些地方：《智者》268B-C，《法篇》908E）或者反讽（如较为明显的《会饮》218D6 和《高尔吉亚》489E1-3，较不明显的《申辩》38A，《会饮》216E4）。

[1] 《克力同》49C-D；《普罗塔拉》331C；《理想国》卷一 337C，346A，350A；《高尔吉亚》495A，500B。并参本书第一章"苏格拉底的盘诘"（Gregory Vlastos，"The Socratic Elenchus: Method is All，" in *Socratic Studies*, pp.1-37）关于这条规则的讨论。

[2] 509A4 处的 λόγος 指并不是他捍卫的那些卡里克勒斯所攻击的论题（他在 A5 处用 ταῦτα［这些］指涉它们，和此前的 508E6 和此后的 509B1 一样），而是他的否认有知（对比 506A3 的 οὐδὲ εἰδὼς λέγω 和此处的 λόγος ὅτι οὐκ οἶδα）。这里也不是在用 λόγος 表示"论证"（Irwin 1977 这样译）；苏格拉底在这里和在 506A3-4 否认有知，但没有为之作论证。

[3] 这个表面看起来如此决绝的否认被 Gulley 1969: 69 用一番借鉴自 Dodds 1959: 341 的复杂诠释操作回避掉了。我对此的批评见我在"苏格拉底的盘诘"一文"补录"中对 Dodds 的驳斥，上文 p.33。

如果这个否认宣言是假的，为什么要迟至论辩这一刻才将其虚假摆上台面？

但证明无知宣言的真诚的最有力证据还在后头。它出现在《申辩》里。凯瑞丰（Chaerephon）向德尔斐求问，"有人比苏格拉底更智慧吗？"神谕回答说，"没有。"

苏格拉底告诉陪审团，那个回答让他陷入了长久的困惑：

T7《申辩》21B2-5："听到这个，我一直思忖：'神到底是什么意思？他在暗示什么？毕竟我明白自己在大事小事上都不智慧。他说我智慧会是什么意思呢？'"

如果他认为这话不是真的，苏格拉底有可能对他自己说"我明白自己在大事小事上都不智慧"吗？几行之后，苏格拉底讲述自己与一位在知识上自欺之人交谈的结论时，同样的问题再次出现：

T8《申辩》21D2-6："离开这个人，我自顾思忖，认为我确实比他更智慧。我们俩很可能都对高贵和善好一无所知。但他虽然无知，却认为知道些什么，而我既然无知，也就不认为我有。"

假设苏格拉底的无知为假装，这则独白叙述（narrated soliloquy）又该如何解释呢？当中叙事的本意是事实还是虚构？如果是虚构，苏格拉底就是在对法官们撒谎，而不久之前他刚才向他们承诺过（20D）："现在我将向你们讲述整个真相。"如果是事实——如果那故事的本意为真——那么苏格拉底将不得不相信自己完成了一个不可能完成的言语行为，即在明知的情况下对自己掩饰。

让我们考虑另一个备选假设——"苏格拉底并不主张自己有知识……他允许他自己和对话者拥有不构成知识的真信念（true belief without knowledge）。"[1] 如果是这样的话，何以他毕生坚持探寻的不是真信念，而是知识？

> T9《高尔吉亚》505E4-5："我认为我们应该如好胜般热切要知道，关于我们所谈论的东西，什么是真，什么是假。"

> T10《高尔吉亚》472C6-D1："因为我们讨论的东西正是……知道则最高贵，不知道则最低贱的东西。它们的要义就是认识或者不认识谁是幸福的、谁不是。"

---

[1] Irwin 1977：40-1. 虽然 Irwin 是学术文献中唯一全力捍卫这派观点的学者，我却有种它广受认同的印象。Burnyeat 1977：384ff. 认可了它：这个认可是在他讨论"苏格拉底谬误"的过程中偶然作出的，其本身的理据并未得到论证。Santas 1979：119ff. 和 311 n.26 则只是点到即止（且更为犹豫不决）。我没法公允细致地讨论 Irwin 的论证。篇幅只允许我作一个评论和大略检讨：

（1）虽然他的论点是从他所引的文本得出的一个完全合理的结论，但他的文本基础并不完善：当中缺失了一系列文本（Burnyeat 和 Santas 也没有注意到的），在其中苏格拉底虽然离明确断言尚有一步之遥，但已经无疑暗示了他拥有道德知识（下引 T12-17）（我将把本节剩余篇幅全部用来详尽阐述（1））。

（2）我猜测 Irwin 和那些同意他的学者像我和 Gulley 早前那样（参前文注释 4）混同了知识主张和确定性主张（the claim to certainty）。一旦意识到苏格拉底可以仅在可错地可证成的真信念（fallibly justifiable true belief）的基础上宣称有知，我们将不会那么轻易打发或回避那些苏格拉底在别无更好理据的情况下声称或者暗示他有知识的文本。

如果探寻数十载之后苏格拉底仍然坚信他一无所知，[1]继续探寻岂不是竹篮打水一场空——甚至更糟？因为他主张德性"是"知识：如果没有知识，他的生活就是一场灾难，他也就错失了德性并随之错失了幸福。那他笃信自己两方面都达成了，又是怎么回事？[2]

无论如何，苏格拉底在一则人们熟知的文本中直截了当地说他知道一项道德真理：

> T11《申辩》29B6-7："……但行不义且不服从上级，无论是神还是人，我知道这是坏且可耻的。"

如果予以充分重视，单这一段文本已足以表明苏格拉底声称知道一则道德真理。Irwin 认为它无足轻重，理由是它如此之异于寻

---

[1] "一无所知"是 T7 和 T8 的明确意涵，但其表达力在相关的学术评注中被消磨得面目全非，如见 Zeller 1885：124（标号为笔者所加）："[a]苏格拉底真的什么都不知道，或者换句话说，[b]他没有完备的理论，也没有正面的教条原则。"谁会认为一个严肃的哲学家会说出[a]却想表达[b]？学术文献中充斥着类似的削弱苏格拉底无知宣言的做法；一个相当有代表性的例子见 Guthrie 1969：442ff. 对所谓的"苏格拉底的无知"的阐述。

[2] 对话中频繁出现他对认知欠完满的宣言，但从未出现与之相应的对道德失败的承认；这种不对称是惊人的。面对终末审判的他仍然自信"他从未在言辞或事行上对人或神行过不义"（《高尔吉亚》522d）；他也深信"他不对任何人行不义"（《申辩》37B2-3）。他从未声称自己知道这点（如 Irwin 1977：294 观察到的）的事实并不构成反驳：坚信 p 与知道 p 是融贯的。至于幸福，西方世俗文学从未描绘过任何比《斐多》中的临终场景（117B3, C4）更庄重安详（compellingly serenity）甚至发自根底地乐观（cheerfulness *in extremis*）的场景——它可以被承认为苏格拉底个人品质的证据：在这里和在《会饮》里阿尔喀比亚德的讲辞中，苏格拉底的个人特质都被保留了下来，没有随着他被变形为柏拉图哲学的代言人而消失。

常[1]——当然异于寻常，[2]但并没有异常到他和其他人想的程度。

不妨考虑苏格拉底在辩论即将开始时对卡里克勒斯（Callicles）说的话：

> T12《高尔吉亚》486E5-6："我知道得很（know well），如果你在我的灵魂相信的那些事情上同意我，它们就会是真相本身。"[3]

要把握这段文本对于苏格拉底拥有关于道德真理的知识这个主张的意义，我们必须说明他在盘诘性论证中希望达成的目标是什么，在标准盘诘（standard elenchus）的框架内又是如何达成这个目标的。[4]他说他的目标是迫使对话者"作证反对他们自己"（witness against themselves），[5]亦即引导他们看到一些目前根植于他们的信念体系中的命题——一些他们自己认为真的命题——蕴含他们立论的假。为实现这个目标，他找出他们所接受的哪些前提能

---

[1] 1977：58. 他没有给出其他打发这段文本的理由。

[2] 这的确是柏拉图最早期的对话中唯一一处苏格拉底坦率地、毫不委婉地宣称他知道一项道德真理的地方。为什么会出现这种情况是个重要的问题，而我的假说将提供一个回答（见下文第三节）。

[3] Irwin 1977 中毫无理由地（但也许不出人意料地：参前注）没有处理这段文本，也没有处理我接下来在本节中将援引的那些文本（T13-T17）：它们一一被列入该书（相当齐全）的出处索引；它们与 Irwin 立论的相关性被忽视了。

[4] 我对"标准盘诘"（柏拉图最早期对话中常见的盘诘论证形式）的分析见本书第一章。我在那里（注51）简短地指出了 Irwin 和我对苏格拉底式盘诘用法的一些理解差异。考虑到它们并未实质影响我们在当前主题下的分歧，我将为简便起见忽略它们。

[5] 参考文献和评论见上文第一章，页21—22。

够让他构造出矛盾（contrive the contradiction）[1]并且通过当即的同意（*ad hoc* agreement）确认他们接受它们。设 p 为对话者的一个苏格拉底认为假的论点，q 和 r 是达成同意所基于的前提。苏格拉底，站在自己的立场上，认为 q 和 r 为真吗？在标准盘诘中这是毫无疑问的：它能从苏格拉底的如下信念推出，即矛盾的功能不只是暴露对话者信念内部的不融贯（expose inconsistency）——更是驳倒（refute）他的立论，例如，如我们所见，当波鲁斯（Polus）被告知那个诟病他的论证"证明了"与他对立的苏格拉底的论点"为真"（proved true，《高尔吉亚》479E8）。苏格拉底不可能这么说，除非他坚信被表明蕴含非 p 的 q 和 r 本身为真。他会有底气说他知道它们为真吗？我们从 T12 了解到的正是这点：如果卡里克勒斯同意 q 和 r，他（苏格拉底）[2]就"知道得很"q 和 r 为真。为什么呢？是什么让苏格拉底认为他知道这点？他说他知道又是什么意思呢？这些问题都密切相关。下文将在适当的地方予以回答（注42）。眼下从 T12 得出这样一个信息足矣：苏格拉底声称知道他期

---

[1] "盘诘的艺术就是发现回答者所相信的、同时蕴含他的立论的反面的前提"（Robinson 1953：15）。应该在"相信"后面加上"且承认"（and admitted）。因为如果回答者试图隐瞒真实意见，苏格拉底就没辙了（stymied）：他只能反驳对话者自愿主张（will own up）的论点（参前注 8）。这也是为什么苏格拉底乐于面对卡里克勒斯这个抱有与他极端背道而驰的信条，却可以信得过会把那些信条和盘托出的对手。苏格拉底将在这里找到"他们的试金石"（486d3-4）。这块试金石将测试的是苏格拉底的如下假定，即哪怕是最糊涂、最败坏的人的灵魂里仍残留有一点真理，这点真理能够被证明蕴含他那些谬见的否定。这也是为什么苏格拉底能对卡里克勒斯说："你和我的同意已然将达成完满的真理"（487E6-7）。

[2] 但并不暗示卡里克勒斯也知道。从"A 知道 p 且 B 同意 p"并不能推出"B 知道 p"；苏格拉底也没有说他的信念将为真，仅当卡里克勒斯同意它们：他用"如果你同意"指明的是个充分条件，而非必要条件。要成为苏格拉底的"试金石"（参上注），卡里克勒斯不需要知识；他的真信念就足够了。"你具备知识、善意和坦率"（487a2-3）这句话里我着重标出的第一个词中的嘲讽意味同第二个词中的同样显而易见。

望卡里克勒斯同意为真的那些前提。

现在，如果苏格拉底假定自己知道那些前提为真，我们可以推断他也假定自己知道从它们有效地推出的结论为真。这个推论看起来足够稳妥。但让我们别想当然。有文本证据证明苏格拉底作出了后一个假定吗？有：因为在论证反驳完 p 后，苏格拉底认为自己有资格断言非 p 已经"被显明"（been made manifest）[1]，或者等价地说，对话者如今"看到"（sees）是如此。[2] 这样说截然不同于说对话者如今变得相信非 p：那种情况可能由于认知上无足轻重的原因——如他被骗、被欺压或者单纯退缩了——而发生[3]；而这等于说他如今有了好的理由相信 p 为假。这样说就等于作出了一个知识主张，如果我们将"知识"定义为最低限度的"证成的真信念"的话。[4] 但有证据证明苏格拉底意识到他作了这样一个主张——即他

---

[1] ἐφάνη：φαίνομαι，取其非怀疑的"显明"（coming to light）、"昭显"（become manifest）义（LSJ φαίνω 词条，被动态，B1），该词在数学论证中的用法也可以援引来说明此义：德谟克利特（Democritus）B155（=Plutarch, De Commun. Notit. 1079E）：φανεῖται τὸ τοῦ κυλίφρου πεπονθὼς ὁ κῶνος："圆锥将显得具有圆柱的性质"（the cone will manifestly have got the properties of the cylinder，译文按 Cherniss）。

[2] 参拙文"'苏格拉底的盘诘'附言，"上文页 33 以下。

[3] 如果发生的话。它也可能不发生：卡里克勒斯也许说得对，"多数人"觉得苏格拉底并没有说服力（《高尔吉亚》513C5-6）。

[4] 我将论证，可盘诘地证成的真信念（elenctically justifiable true belief）能很好地解释苏格拉底的知识宣言所主张拥有的是什么。Irwin（1977: 37ff.）也认为他允许苏格拉底拥有的真信念是盘诘论证支持的（参上文注 17）。即便如此，他仍然否认它们在苏格拉底看来构成知识。这是我们之间争论的关键点。关键不在于"证成的真信念"是不是一个能为"知识"一词的标准用法接受的词义，而在于苏格拉底（a）是否确实宣称拥有那些"知识"词在他的理解中所表示的东西，以及（b）在这样做的时候眼中没有比"证成的真信念"更强的词义。就（a）而言，我在这里展示的、此前从未被完整正视过的证据（尤其是 T12-T17）应该已经一锤定音了。就（b）而言，我论证到这一步已经满足了；但如果还有办法让苏格拉底的知识观获得补强（如补强为 Nozick 1981: ch.3 所阐述的"追踪真的信念"[belief which tracks truth]），我会欢迎；但我目前看不到有可能补强的办法。

有充分的理由说对 p 的盘诘式反驳使对话者能够知道 p 为假、非 p 为真——吗？有。我们看到他至少在两个场合明言了这点：

第一个场合是在《普罗塔戈拉》中他驳斥"多数人"的论证结尾：这段论证证明了错误行动（ἁμαρτάνειν）的发生不像他的对手一度主张那样是因为行动者"被快乐克服"，而是因为他对善无知。苏格拉底接下来告诉他们，鉴于他的论证已经表明的东西，

> T13《普罗塔戈拉》357D7-E1："你们自己当然知道（ἴστε που）不伴随知识的错误行动是由于无知（ἀμαθίᾳ）而做出的。"

在说他们知道的时候他也在暗示他知道，因为如果他不知道，他就不会有理由说他们知道。

第二个场合是当忒拉绪马霍斯的无耻主张——正义不是德性、不义不是缺德，因为正义是"愚蠢"、不义是"明智"——遭到一则标准盘诘论证的攻击（《理想国》卷一，348C2-350C11）。那则论证的结论是：

> T14《理想国》卷一，350C10-11："因此正义之人已经向我们显明是好且智慧的，不义之人是无知且坏的。"

然后在斯特方编码的一页之后，苏格拉底在没有插入任何巩固该结论的论证的情况下说：

> T15《理想国》卷一，351A5-6："既然不义就是无知——

没有人还会不知道这点（οὐδεὶς ἂν ἔτι τοῦτο^[1] ἀγνοήσειεν）。"

——也就是说，如今每个人都会知道它，故苏格拉底也会知道。

还有两个段落苏格拉底虽未明言，但暗示了他有知。第一段出现在《高尔吉亚》后部，苏格拉底已经战胜了卡里克勒斯，正在清扫战场。他讲了个寓言：一位海船船长克服千难万险将乘客安全送抵港口后深思起一个问题：他带他们活着回来是对他们好还是不好？他的想法发生了苏格拉底式的转折。他推理道，如果他们中的某人身体已经"病入膏肓无可救药"，那么对这个人而言安全返航可不是什么好事。他又反思，那对于某个灵魂——"它远比身体更宝贵"——患有同样痼疾的人而言也好不到哪去。然后苏格拉底补充道：

> T16《高尔吉亚》512B1-2："他知道对悲惨之人而言不要活着最好，因为他必然活得坏。"

这位船长是苏格拉底的造物。他的想法和理由苏格拉底说是怎样^[2]就是怎样。因此苏格拉底说船长知道对于无可救药的悲惨之人死亡比活着更好，就相当于说他，苏格拉底，知道这点。

---

[1] 我认为 τοῦτο 指的是紧挨着的前一个短语，ἐπειδήπερ ἐστὶν ἀμαθία ἡ ἀδικία［既然不义就是无知］，它直接得自 348C2-350C11 这段长论证，后者的结论先是被断定（ἀναοέφανται，asserted categorically，350C10），如今又被视为经过了同意（διωμολογησάμεθα，agreed，350D4）。

[2] 并且可以非常肯定他相信它们为真：参《高尔吉亚》505A-B 和《克力同》47D-E，苏格拉底没有借构思出的代言人之口直接发言。

《克力同》中也作出了如出一辙的承认，在那里我们碰到了同一条学说，即正如拖着被疾病摧残的身体活着不值得，伴随同等受损的灵魂活着也不值得。这里苏格拉底既以第一人称阐述它——从47D7到48D3他一直以直接的口吻发言——又将它假托于一个神秘人物之口，后者被描述为"那个知道的人，如果有这样一个人的话"（《克力同》47D1-2）：

> T17 48A5-7："关于正义与不义，最出色的人啊，我们不应考虑多数人会对我们说什么，而应考虑那个有知之人会说什么——他一个人，和真理。"

这个人是谁？像第一个寓言中的海船船长那样，他是服务于论证的虚设。苏格拉底没有理据将关于任何事情的知识归赋给任一个形象，除非他深信他自己拥有那一知识。如果他不相信自己知道他说他们知道的东西，他说他们知道就无异于诈骗（fraud）。

因此苏格拉底的否认有知是个悖论（paradox）。他频繁、明确、言之凿凿地作出否认：其真诚也是毋庸置疑的，因为他告诉别人的东西，他也在最内在、最私密的自我反省——这时的他没有在迎合他人的脸色，而是在直面自己的本色——中告诉他自己。但当我们冷静、不带偏见地逐一考察我们的文本，我们发现首先（T9，T10）他坚持探寻的是知识而非信念，其次，如果我们保持应有的细心和想象力继续审视，就将欣喜地发现，苏格拉底自己深信他已经找到了他所探寻的东西，即他在T11中公开地、在T12中按部就班地、在T13和T15中通过明确的暗示、在T16和T17中则通过构思出的代理人宣称他拥有的道德真理。我们能理解这种做法吗？我想论证能。

二

让我们回顾我们自己"知道"（know）和"知识"（knowledge）这两个词的用法。当代哲学普遍认为它们是多用途词，在不同语境中被用来表达相当不同的含义。但该共识很少注意到一个乍看起来甚至近乎悖论的方面：有时候我们在一个给定的语境下胸有成竹地说我们知道某事物，在另一个足够不同的语境下却不会愿意说我们知道它，甚至会倾向于否认我们知道它，同时完全不觉得这是自相矛盾。不妨考虑"大量抽烟是癌症的成因之一"这个命题。通常我会毫不犹豫地说我知道它，即便我从未调查研究过，也从未尝试从做过调查研究的人那里了解过这个课题。现在假设我被人质问，"你真的知道它吗？"既然觉察到提问者预设的"知道"标准变得更严格，我接下来可能会坦然承认我不知道，或许还会加一句，"如果你想和知道的人聊，问 N 去吧"——后者是一位在该课题上钻研多年的知名医学生理学家。在这个语境中说"他知道，我不知道，"我并不暗示我之前说"我知道"犯了错，并不暗示我本该说的是我只有一个真信念。我多年前的戒烟之举所凭靠的那个坚定的深信不只是个真信念。我有理由支撑它——当然是不完美的理由，对科研人员来说远算不上足够好：在他的立场上，仅基于那些薄弱的理由说他知道实属贻笑大方。但对我而言，那些理由过去足够、如今仍然足够满足"一切实践目的"：基于那些诚然不完美的理由，我作出了一生中最智慧的选择之一。

我提议我们可以沿大致类似的思路——这一类似并不精确，姑且供参考——寻找下面这个非凡事实的最佳解释：苏格拉底能够在完全明白自己确实有知的情况下否认（并且的确惯常否认）他有知，同时丝毫不显得不一致甚或牵强。要解决这个悖论，我们只需假定他在双重意义上使用知识词。当宣称自己完全一无所知时，他指的是哲人们此前曾经使用、此后仍将长久使用的那个很强的意义——某人仅在主张确定性（certainty）时才会说他知道。这将允许他承认他的确在弱得多的意义上——他自己那种特立独行的哲学探究方法，盘诘法，所要求的意义上——拥有道德知识。这就是我开头所指的假设。我将在本节对它作进一步解释，然后在下一节详尽地论证它。

我从一段能很好地揭示这一时期希腊哲人倾向于接受的知识概念的段落开始：

> T18《理想国》卷五，477E：苏格拉底："不久之前你曾同意知识和信念不同。"格劳孔："哪个有心智的人会将不可错的（ἀναμάρτητον）等同于并非不可错的？"苏格拉底："你说得对。"

柏拉图[1]真的是在说，一个认知状态要构成知识必须具备不可错性吗？所有标准译本都是这样传达他的话的。但如果我们真把他的话理解为这［不可错性］就是将知识同真信念区分开来的因素，

---

[1] 读者应留意我把柏拉图中期对话中的"苏格拉底"视为柏拉图在写作时想法的代言人，那时他已经不再是在再现他老师的哲学活动了（《苏格拉底》第2章，并参注13末尾）。

我们需要确保不是在偏颇的翻译的基础上将如此之强的一个观点归诸于他的。[Ἀναμάτητον]这个希腊词可能不被用来表达"不可错的"(inerrable,不可能处在错误状态下的)而只被用来表达"不错的"(inerrant,不处在错误状态下的)。两种用法我们都能看到柏拉图在其他地方使用:后者例如当泰阿泰德(Theaetetus)告诉苏格拉底,真信念(δοξάζειν ἀληθῆ)是ἀναμάτητον[1]——不错的(not in error)(《泰阿泰德》200E,与格劳孔在当前文本中告诉苏格拉底的正相反);前者例如当苏格拉底问忒拉绪马霍斯,统治者是不是ἀναμάρτητοι——不能够犯错的(incapable of error)(《理想国》卷一,339C1)。[2]我们能确定ἀναμάτητον在当前文本中是在后一义而非前一义上使用的吗?能。柏拉图是在为知识同信念本身——包括真信念和假信念——的区分设定标准:如果一个信念为真,它就和知识一样是不错的。[3]因此他主张的是,我们知道P为真,仅当我们就P的真拥有最高程度的确定性。

这个观念乍听起来令人生畏,难以捉摸。人们不太知道从何入手理解这样一个赋予世俗知识以不可错的确定性的概念。为了更

---

[1] McDowell 1973正确地译为"免于错误"(free of mistake)。泰阿泰德的意思我们可以从紧接下来"且它的一切后果都是高贵且好的"这句话看出,而这句话,正如McDowell在这里观察到的,"最好参照《美诺》96D5-97C11来理解,"后者指出就正确引导行动而言真信念并不比知识差。

[2] 如果忒拉绪马霍斯坚持把"正义"定义为"'强者'的利益"并且主张服从"强者"(总)是正义的(339B7-8),那么他只能是这个意思。因为给定后者,那么若统治者(作为"强者")发布一个错误的命令,服从它将会是正义的,同时也是不义的——既然它命令做违背"强者"利益的事。要避免这个矛盾,忒拉绪马霍斯的"正义"定义必须预设,作为"强者",统治者是不能够犯错的,不可错的。

[3] 一旦消除了这一含混,柏拉图在T18中说真信念不是ἀναμάτητον和在《泰阿泰德》200E说它就是显然不存在矛盾。

好地加深理解，我们可以稍加变通，尝试解释被否认的那个知识概念为什么是完全合情合理的——事实上，是我们一直以来习以为常的。说我们的日常知识可错是什么意思呢？我们无须假设任何深奥的知识论，眼下仅需坚持一点，即当满足下列条件，某人对 P 为真拥有可错知识：

1. 某人基于证据 Q 相信 P 为真；
2. P 为真且 Q 为真；
3. Q 是 P 的合理证据（reasonable evidence）；
4. 但 Q 不蕴含 P。Q 可能为真而 P 为假。[1]

设"P"代表"我早上离开家的时候锁了门。"我知道这个吗？我会毫不犹豫说知道。我的知道主张是不可错的吗？显然不是。为什么？因为证据 Q 不蕴含 P 的真。

设 Q 只是我对出门时拧过门上的钥匙的记忆，正如实际上经常发生的那样。Q 的真肯定不蕴含 P 的真：[2]我通常可靠的记忆有时也会出错。可能这次就出错了。那么基于如此不稳妥的证据相信 P 是合理的吗？是的，完全合理。因为假设情况相反。假设我

---

[1] 我列举了可错知识的充分条件：若"知识"＝"证成的真信念"，则"可错知识"＝"可错地证成的真信念"——亦即这样的真信念，它的证成欠缺确定性，因为它所基于的证据构成它合理根据但并不保证它的真。说这种知识可错不等于说一个人可能错误地相信他知道为真的东西（这是说不通的，因为正如苏格拉底承认的，"我知道 P"蕴含"P 为真"[《高尔吉亚》454D]），而只等于说，一个人可能错误地主张他知道这点，亦即主张他有合理的证据支持那个信念并且主张那个信念为真。
[2] 亦即我确实有这个记忆的事实，该记忆可能符合，也可能不符合真相。

坚持要求更强的证据。我可以通过，例如，打电话给邻居让他试试开门，或者更保险地自己跑回去一趟亲自检查，来获得这样的证据。这么做合理吗？不合理：加强证据带来的收益可能还抵不上代价：承受 P 可能出错的风险比不厌其烦地巩固其证据基础更能满足实用所需（utility）。的确在有些场合中那样做会是合理的。假设我的邻里周边经常发生入室盗窃，而我家客厅挂着一幅无价的毕加索真迹，一进门就能看见。在那种情况下，花大力气提升我对门锁上了的确定性是合理的。但既然即便 P 为假也不会造成多少损失，我当然满足于仅凭我的记忆就主张我知道 P。如果我一直对降低确定性需求放不下心，我真的会疯掉：我会变得和有洗手强迫症的人一样，他不肯接受自己十分钟前刚用消毒液洗过手的事实作为相信他的手上已经没有有害病菌的证据。向可错知识妥协的意愿根植于人的处境。只有神可以不用妥协，只有疯子会不想妥协。

我们现在可以尝试理解引得一位伟大哲人接受不可错性作为其标志的另外一种知识概念了。显然他的本意不是要涵盖我所举的那些例子。他会把那些当作鸡毛蒜皮的小事。他的范例恰恰是那些 Q 和 P 间不可能出现确定性鸿沟的案例。在亚里士多德那里，这些案例可能是些在他看来不要求有别于 P 的 Q 的案例——一些，用他的话说，"通过自身被知道"（are known through themselves）的命题：

> T19 亚里士多德《前分析篇》（*Pr. An.*）64b34-6："有些东西的本性是通过自身被知道；另一些东西的本性则是通过自身之外的东西被知道。"

一门科学的所有第一原理（它的 ἐπιστημονικαὶ ἀρχαί）都属于此类：它们是些"真的且第一位的，不通过其他东西而通过它们自身产生确信"的命题（《论题篇》[Top.] 100b18-19）。在亚氏看来，仅去理解（或"思"，νοεῖν）这类命题就足以满足其真：

　　T20　亚里士多德《形而上学》1051b31-1052a1："在这类东西上受骗是不可能的：我们要么思之，要么不思（ἀλλ' ἢ νοεῖν ἢ μή）……思之就是［拥有］真。"[1]

　　如果我们由这类命题出发，把它们当做证明的"第一原理"（archai），仅按必然推理的步骤从它们推演出去，后续得出的每个命题都将满足不可错的标准：因为那个有序体系中的任何命题 P，无论是其"当即"的第一原理还是由它得出的必然推论之一，那么仅当我们不理解正在说的东西或者必然从它得出的东西，P 为真的主张才可能出错。这里，每个 P 都像亚氏喜欢强调的那样是个必然陈述：

　　T21　亚里士多德《后分析篇》(Post. An.) 71b15-16："如果某个东西是绝对知识的对象，那么它就没有别的可能（τοῦτ'

---

[1] 亚氏诉诸的不是作为心理状态的自明（self-evidence），亦即确定感（feeling of certainty），而是洞见（insight）——那种对在他看来蕴含于一门公理化科学的第一原理中的本质之理解（参下注中来自 Burnyeat 的引文末尾）。虽然"自明"紧密对应亚氏的短语"通过自身知道"（know δι' αὐτό，我们的"self-evident"似乎正是经拉丁化的 per se notum 从这个短语衍生来的），我们最好还是避免使用它，以免暗示一种不见于亚氏观点的心理过程。

ἀδύνατον ἄλλως ἔχειν)。"[1]

没有任何论证能诱使我们撤回这类陈述：

> T22 亚里士多德《后分析篇》72b3-4："拥有绝对知识的人不会被说服动摇（ἀμετάπειστον εἶναι）。"

柏拉图那里保留了这一知识概念的本质要素，虽然来路不同，因为柏拉图对数学这门当时的模范学科的态度非常不同。[2]对亚里士多德而言那门科学的第一原理是自证的。对柏拉图而言则不是，后者仅把几何学和数论的公理集合视为"悬设"（hypotheses），把数学家——只要他的证明没有更安全的基础——视为是在"做关于现实的梦"。[3]柏拉图的辩证家必须从此接手，仅将数学的初始命题视为通向"一切的第一原理"的"踏脚石"和"跳板"[4]——那一第一原理本身是确定的并将把确定性传递给所有基于它的东

---

〔1〕参 Burnyeat 1981：111："要理解一个定理，你必须理解……它是必然的，因为它能从本身必然的在先原理中演绎得出……因为它们本身是些表达定义性关联的述谓（《前分析篇》74b5-12，参 I，4）。这里要求的是一个述谓 AaB，满足或者 A 属于 B 的定义，或者 B 属于 A 的定义。"

〔2〕我考虑的是《理想国》中间诸卷中的定义性立场，而不是《美诺》中呈现的过渡性立场：在那里他从几何学家处借鉴了"从悬设出发探究"（ἐξ ὑποθέσεως σκοπεῖσθαι，86E）的方法，没有给出对数学的批判，并且在未提及《理想国》中的"非悬设的第一原理"（卷六，510B7，511B6）且未诉诸永恒形式本体论的情况下区分了知识和真信念。

〔3〕"我们发现他们在做关于实在的梦，不能清醒地观瞻它们，一旦使用悬设就不会去撼动它们，也没有能力给出对它们的说明。"（《理想国》卷七，533B8-C3）。对比《欧谛德谟》（我和绝大多数学者一致将它的年代划定在《美诺》之前）中对同一批人——非哲学的数学家——的描述："他们发现实在"（τὰ ὀντα ἀωευρίκουσιν，290C3）。

〔4〕τὴν τοῦ παντὸς ἀρχήν，《理想国》卷六，511B6-7。

西。[1] 因此和亚里士多德一样，对柏拉图来说知识也由"安全而不可动摇"（《蒂迈欧》29B7）的命题构成，与真信念的区别在于不可能被反对论证"动摇"（immovability）：

> T23 柏拉图《蒂迈欧》51E4："[知识]不可能被说服动摇，而[真信念]可能被说服改变。"

对他来说，正如对亚里士多德来说，如果 P 被知道为真，那么 P 必然为真：他整套知识论都基于将已知的东西限定在必然为真的东西范围内。这也是他的主要形而上学学说无可回避的结论，即真正的知识的对象唯独由永恒形式（eternal forms）构成——这些实体的所有属性，既已被锁定在它们的定义中，都将像逻辑和数学真理一样不会受偶然性影响。

采纳这一立场的柏拉图和亚里士多德并不是在卖弄什么冷门观点。他们觉得自己是在阐述当时的哲学共识。亚里士多德说：

> T24《尼各马可伦理学》1139b19-21："我们都相信我们知道的东西没别的可能（μηδ' ἐνδέχεσθαι ἄλλως ἔχειν）。"

从柏拉图在上引对话片段中提出不可错性标准的方式可以看

---

[1] 我认为这就是辩证家"从那里向本原本身进发"（ἐπ' αὐτὴν τὴν ἀρχὴν ἵνα βεβαιώσηται，《理想国》卷七，533C-D）的意涵：只要某人仍在做数学家的事情，从本身未经奠基的初始前提出发证明他们的定理，他所能主张的就只有他体系的内在融贯性，而这只有"凭习惯的力量"才能被称为"知识"（533D）；当且仅当"摆脱悬设，抵达第一原理并在那里发现确定性"，某人才达成真正的知识。

出，他是在为他所认为的共识代言。如果预料会有抵制意见，他本会安排苏格拉底引入它，格劳孔提出异议，然后苏格拉底通过论证打消格劳孔的反对。但他实际上做的是让格劳孔陈述它，然后苏格拉底不加质疑地表示接受。这种呈现方式表明它所呈现的是一条显而易见的真理，并不预期任何讲道理的读者会有异议。

这一观点的前身可以追溯到苏格拉底之前一代人甚至更早，追溯到希腊形而上学的萌芽之初，当时尚在襁褓中的知识论还不是一门完全成型的学科，其学说是以格言散文体（如赫拉克利特）或者诗体（如巴门尼德［Parmenides］和恩培多克勒［Empedocles］）提出的。以巴门尼德为例：他呈现他的形而上学（甚至物理学）体系时打着的神启幌子（fictional guise of divine revelation）表明他暗中接受无可置疑的确定性作为哲人知识的先决条件。他的论述被呈现为一位他构想出来的女神的话语，后者向他揭示了"圆融真理的不动之心"（ἀληθείης εὐκυκλέος [1] ἀτρεμὲς ἦτορ，B1，29），亦即一条不会被反对意见动摇的（"不动的"）和系统完善的（"圆融的"）学说。这里全程诉诸的是批判理性，而不是信仰；女神没有说，"闭上你的眼睛，信便是了，"而是说"打开你的心智，留意我颁布的'多纷争的辩驳'（strife-encompassed refutation）[2]。"但那则论证仿佛圣颂般的排面印证了作者赋予其结论的确定性。即便到许久之后，唯物论者、苏格拉底的同时代人德谟克利特仍然坚信真

---

〔1〕 我遵循了最近的编者 M. Schofield（在 Kirk，Raven，Schofield 1983 中）的校勘：这是一个偏向 εὐκυκλέος 的艰难决定，虽然另一读法，εὐπειθέος，有很有力的佐证并且得到了一些编者的接受。

〔2〕 我遵循了 Schofield，上引书页 248 对 πολύδηριν ἔλεγχον 的译法。

知识必须具有确定性。不同于他的前辈，德谟克利特对获得这种知识的可能性感到无比顾虑。他甚至看起来否认了这种可能性：

> T25 德谟克利特，残篇 B117（Diels-Kranz）："现实中我们不知道任何东西，因为真理深不可测。"

但这个绝望的结论并没有表达对知识蕴含确定性这一教条的反对。它证实了这一教条。倘若德谟克利特窥见过可错知识的可能性，他不可能从他的信条中得出这样的结论：

> T26 德谟克利特，残篇 B9（Diels-Kranz）："…… 现实中我们不确定地知道任何东西（ἡμεῖς δὲ τῷ μὲν ἐόντι οὐδὲν ἀτρεκὲς συνίμεν）。"

从"我们不确定地知道任何东西"他不可能推出"现实中我们不知道任何东西"，除非基于隐含前提，"现实中我们只知道我们确定地知道的东西。"

我将用"知识$_c$"表示这一知识概念，用下标 c 提醒不可错的确定性是它的标志。现在，无论苏格拉底在伦理领域会愿意说他知道什么，那知识必定是通过他人身性的探究方法，盘诘法，获得并测试过的；这是他探寻道德真理的唯一方法。[1] 因此当他宣称拥有知识——如我们所见，他虽然很罕见有，但确实有这样宣称——那

---

[1] 恕我不能同意 Irwin 1977: 37 和 39；参本书第一章注 51。

知识的内容必定是他认为可盘诘地证成的命题。[1]因此我将称之为"盘诘性知识",简写为"知识$_E$"。

苏格拉底不可能期望他的知识$_E$满足知识$_C$强硬得不切实际的标准。无需花大工夫论证便能表明这点。在盘诘探究中从来没有什么是"通过自身被知道"的,只有"通过其他东西被知道"的,并且苏格拉底的论点同支持它们的理由之间总是存在安全性的鸿沟。苏格拉底支持其任何特定论点的真的一般理由是它能够盘诘地通达,而它的否定不能:它能够在盘诘论证中被一贯地坚持,而它的否定不能。分析到底,这就是苏格拉底在伦理领域宣称知道的每个命题 P 的证据 Q;他在每个情况下的理由归根结底都有两面:

Q[a] P 蕴含于任何否认它的人所持有的信念。
Q[b] 非 P 不蕴含于确认 P 的苏格拉底所持有的信念。

这个主张在三个层面上是不安全的。首先是因为,Q[a]即便为真,也只能证明苏格拉底的对话者恰巧持有一些蕴含他们所非议的苏格拉底论点,虽然他们自己不知道的信念——这如果是事实的话确实会很惊人,但它会表明什么呢?它无从表明那些信念

---

[1] 苏格拉底会这样去理解他说"知道"上引 T11 中那条道德真理的意思,因为他能给出的唯一理由就是那个主张可通过盘诘论证证成。他在 T12 中说他"很知道"他能够令卡里克勒斯同意的那些前提为真也是这个意思:那些命题是他胸有成竹能通过盘诘论证证成的,如果卡里克勒斯打算争论它们的真的话。这明显也是 T13 中"你知道"的意思,亦即它已经通过盘诘论证向你证明了。T15、T16、T17 也同理。并参见下文注中对 T28[b](=T6)的评论。

为真。[1]但 Q［a］为真吗？苏格拉底支持它的证据能是什么？单纯是他在盘诘实践中的个人经验。那会证明什么？假使过去的一千次盘诘的结果都是 Q［a］为真，第一千零一次的结果仍然可能是它为假。Q［b］为真吗？盘诘能证明它为真吗？盘诘不是一部计算机，输入命题集合就能机械般精确地检查它们的融贯性。它是一个人为的过程，是一场竞争，其结果极易受竞争者的技巧和驱动力的影响。因此即便苏格拉底赢得了所有争论，这可能也只表明苏格拉底是更出色的辩手。它并不能表明他的信念集合没有任何不融贯——只能表明没对于成功发现过它的不融贯，如果有的话。

苏格拉底不可能不意识到内在于其探究手段并将污染其一切发现的这种不确定性。他时不时的一些议论显示他不至于如此盲目。例如在这段对克里提阿（Critias）的私语中：

> T27《卡尔米德》166C7-D4："你怎么会认为我反驳你会出于别的什么理由，除了我宁愿反驳自己的理由，亦即担忧我不经意间以为自己知道些事实上不知道的东西？这，我要说，

---

[1] 要表明这点，Q［a］将必须被强化为：

Q［A］P 蕴含于任何否认它的人所持有的的真信念。

它等价于我在本书第一章（页 25）中表述为假定［A］（那条"宏大的"假定）的命题：

A 任何曾持有一个假信念的人将总是同时也持有蕴含其否定的真信念。

我在第一章中赋予苏格拉底的另一条假定是：

B 苏格拉底在任何时候持有的道德信念集合都是融贯的。

B 等价于上述的 Q［b］。我将 A 削弱为 Q［a］，以回应我的朋友 Thomas Brickhouse 和 Nicholas Smith 在 1984：185ff. 和 187-90 很有帮助的批评。现在我清楚看到，可供苏格拉底支持 Q［b］的归纳性证据（对过往盘诘经验的提炼）并不能供他支持 Q［A］：他有望凭借这些资源证成的最多只有 Q［a］。在盘诘性对话范围内未曾得到也不可能得到支持的 Q［A］要等到《美诺》才会得到柏拉图的形而上学奠基：灵魂转世说和回忆说保证了蕴含每一个假信念之否定的真信念是内在于灵魂的。

就是我正在做的，即主要为了我自己，虽然无疑也为了我的朋友们，而省察论证。"

因为苏格拉底这里说的"知道"直接指涉的是他寻求通过盘诘探究获得的东西，所以他声称担忧的是经受住了过往盘诘探究考验但事实上为假的论题，他可能会认为为真。他说驱使他进行盘诘探究的正是这种担忧，这表明知识$_E$的不安全感始终萦绕着他——他意识到在确定性方面它与知识$_C$大相径庭。

苏格拉底式知识还在另一个方面进一步与知识$_C$背道而驰：它充满了缺陷和未得到回答的问题；它被悬而未决的困惑所包围和侵袭。但这没有让苏格拉底犯难。他并不觉得那让人丧气，反而觉得振奋——这也完全有可能，因为要让他的方法生效，他需要的不是构成知识$_E$的那个可盘诘地检验的信念集合的完整性（completeness），而是其融贯性（consistency）。他的方法在任何时刻都不要求他自己提供对话者未能发现的问题答案。它给他安排的任务是反驳虚假的回答，而他完成这个任务的方式是从他们那里提取出产生他们的虚假回答之否定的信念。因此如果一个探究陷入无解困境（aporia），他可以不把这次实操视为失败，而是视为不完全的成功。迄今没有任何东西表明那未被发现的回答是不可能被发现的，或者使此过程中浮出水面的诸多零碎真相失去效力，并动摇他在那些情况下确实拥有知识$_E$的主张。[1]

---

[1] 筛查任一部盘诘性对话我们都会发现，在通向最终的无解困境的过程苏格拉底为重要立论提供了盘诘性的证成，这些论点的真不会受到寻找"什么是那 F"问题的答案的失败影响。

所以这就是我的假设：在道德领域——他的一切探究都局限于这一领域——当他说他知道某些东西，他指的是知识$_E$；当他说他不觉得知道任何东西——绝对意义上的任何东西，"无论大小"（T7）——他指的是知识$_C$；当他说他对一个特定议题无知，他的意思或是他在该案例和其他所有案例中都没有也不寻求获得任何知识$_C$，或是他在该议题上缺乏知识$_E$，但运气好的话仍可能通过进一步探寻获得。

三

这个假设如果为真将能解释苏格拉底的认知状态最令人困惑的一个特征[1]。它将表明他如何可能，并且应当，想说，在已经证明他的立论为真之后，他仍然不"知道"它们为真。我们看到他在《高尔吉亚》中首先针对波鲁斯，然后基于不同的前提、以更长的篇幅针对卡里克勒斯捍卫其核心学说——承受不义总是比行不义更好——时就是这么做的：[2]

---

[1] 也是最鲜明的特征，在整个西方哲学著述传统中无出其右（没有别的主要哲学家曾走到过"我已经证明了，但不知道，p 为真"的立场上）；在任何后盘诘性的柏拉图对话（post-elenctic Platonic dialogue）中也绝无类似，包括《泰阿泰德》——在那里，柏拉图的苏格拉底以最极端的形式效仿了苏格拉底的无知（"我向其他人提问，但我自己不断言任何东西［参上引T3］，因为我里面没有智慧。"［150C5-6］）；但即便在那里，柏拉图也从未让苏格拉底说他不知道一个他已经提出了没有争议、表面上一锤定音的证明的命题；因此当苏格拉底得出知识不可能从感知觉中而只可能从"灵魂自体自根地与存在打交道时的情状"中被发现（《泰阿泰德》187A4-6）时，柏拉图并不是在让他重申他对知识的全面否认；他并没有回过头来说他不知道那些他再怎么看都已然表明自己已经获知的东西。

[2] 这是他拒斥同等报复律（lex talionis）的一个自然推论。他和其他人都认为这一立场将他与既有道德决裂了开来：对照《克力同》49C10-D5 和《高尔吉亚》481C1-4。

T28《高尔吉亚》508E6-509A5：[a]"……这些东西已经被钢铁般的论证固定下来并缚住……"

[b]（=上引T6）"至于我，我的立场总是相同的：我不知道这些东西是怎样的。"

在[a]中苏格拉底暗示他已经证明了其学说为真：早前在针对波鲁斯的论证中他更是毫不犹豫地说他已经证明了：

T29《高尔吉亚》479E8："[我]所断言的东西难道不是已经被证明为真了吗？"

那么苏格拉底是在T28的[b]部分抵赖他刚对卡里克勒斯说过，并且在T29中也对波鲁斯明确说过的话吗？他是在收回他已经证明了——并由此表明他知道——自己的学说为真的主张吗？按照我提出的假说，这种窘境不会出现；因为他在T28[b]中否认的和在T28[a]中含蓄地主张的是两样完全不同的东西：他暗示他有知识$_E$，[1]但否认他有知识$_C$。[2]

---

[1] 这就是他在T29中旨在主张的全部，这点可以从盘诘性论证就是他为他已经"证明"为真的命题提供的全部支持这一事实推出。他在T28中也是这个意思，这点甚至更清楚：引文接下来（509A5-7）说："但我遇到过的所有人，最终无一能提出异议而不让自己[由于被揭发拥有与其断言矛盾的信念而]显得可笑，正像现在这样。"他的意思是：我能为我的学说举出的唯一证明就是，所有曾在盘诘论证中反对它的人都在该论证中落败了。由于该结果不蕴含他的学说为真，但确实在他看来构成支持它的合理证据，他完全有理由否认对于它的真拥有知识$_C$同时主张拥有知识$_E$，正如他在上引T16中含蓄地表达的：在那里，他的代理人，那位哲人般的海船船长，"知道"（=知道$_E$）持续的不义之举会毁掉一个人的幸福，以至于行不义者会过得生不如死。

[2] 力图把握此意的Robin不慎落入了过度翻译的窠臼：他把《高尔吉亚》509A5处的οὐκ οἶδα译成了"我不知道一门确定的科学"（je ne sais pas d'une science certaine）。

他在《高尔吉亚》稍早前对知识 $_C$ 作出了同样的否认，在那个语境下，他自己在柏拉图原文的同一个段落里用到了对立的两种用法：

> T30《高尔吉亚》505E4-506A4："我们都应该迫切地想知道［= 知道 $_E$］[1] 关于我们所讨论的事情什么是真，什么是假……［因此］如果在你们任何人看来我对自己承认的不是真理，你们必须介入反驳我。因为我并不像一个知道的人［= 知道 $_C$］那样断言我所断言的东西……"

当以这种方式分疏清楚关键词，我们就不只能看到苏格拉底本意想说的，更能看到他为什么会想在每个人都清楚他已经赢得辩论的当下节点这样说。他在《申辩》中说那些看到他在辩证中获胜的人会觉得他在反驳他人的那些事情上智慧［= 智慧 $_C$］——眼见他一次次在盘诘擂台上保持不败战绩，他们自然而然会得出这种印象。所以在我们目前的《高尔吉亚》段落中，在这个已经令人叹服地表明他确实对其立论之真拥有知识 $_E$ 的时刻，他有特别的理由警告听众他并不拥有知识 $_C$，由此凸显他欢迎反对意见的愿望之真诚和迫切：如果任由听众相信他是作为一个掌握了知识 $_C$ 的人在发言，那他乐意听取批评的姿态就会显得徒有其表。

类似地，我们可以过一遍柏拉图的盘诘性对话中出现"知道""知识""智慧的""智慧"的文本——包括所有我先前引用的和

---

[1] 这正是他所指的那种知识，这点从盘诘论证是他正在用来探寻那种知识的方法这一事实可以清楚表明；参上引 T26。

其他我无瑕引用的——并且以同样的方式分疏其含混。这样去理解，所有那些陈述都会说得通。苏格拉底说或者暗示他有且没有知识绝不会自相矛盾，因为他说或暗示的不是他有且没有知识$_E$或有且没有知识$_C$。因此他的承认和否认有知绝不会造成实践的不一贯或者理论的不一致。当他告诉对话者他没有知识，他并不会违反"说出你所信"的盘诘规则，因为他不是在假装无知：他确实坚定不移、真心实意地相信他没有知识$_C$。[1]他也不会危及他"德性即知识"的学说，前提是当它被读作，也应当被读作，"德性即知识$_E$"。

此外这个假说还能解释为什么苏格拉底在阐明其知识立场时会把否认知识$_C$而不是承认知识$_E$当作他的世俗面相：我们会记得，他只有一次（上引 T11）要言不烦地说过他知道一条道德真理。在所有其他类似的文本中他都是间接承认有知的，就像在大叫"我不知道"之后他只轻声地说"但我又知道"。这个假说为这种不对称性提供了动机。如果知识$_C$是每个人都期待你这位哲学家拥有但你深信自己没有的，你自然有理由大肆宣扬你无知，同时低调地甚至偷偷摸摸地承认你有知。

至此这个假说已经自成一说。但它仍然留有两个大问题。第一个来自苏格拉底听到德尔斐神谕的汇报时感到惊讶的事实。按照这个假说，为什么他会惊讶？[2]为什么他不会觉得这一褒奖应当应

---

[1] 因为盘诘法是苏格拉底获得道德知识的唯一途径。

[2] 我不打算在"因为他认为还会有其他成就远比自己斐然的人"这个轻易的回答上浪费时间：它建立在苏格拉底对阵那些因其"智慧"在全希腊最负盛名的人所取得的辉煌胜绩上（例如在《普罗塔戈拉》中，当时他还年轻［314B，317C，361E］）。如果凯瑞丰未曾预料到像如他最终求得那个那样的答案，他也不会问得出那个问题。所以他不可能觉得很惊讶。为什么苏格拉底也应该如此呢？（恕我不能认同（转下页）

分？并非所有他的盘诘探究都失败了。他的确在某些绝对根本的事情上切中了肯綮。他知道——知道ᴇ——了一些"知之则最高贵，不知则最可耻的东西，即谁幸福，谁不幸福。"[1] 那他究竟为何会对神谕宣布没有人比他更智慧感到困惑？前面回顾的那些文本无一能让我们甚至管窥答案。幸亏还有两段均出自神谕故事及其后续语境的文本：力图澄清自己"智慧人"的公众名声的苏格拉底坦然表示在这点上公众彻底错了：

> T31《申辩》20D6-E2："我获得这名声，雅典人啊，只是由于某种智慧（διὰ σοφίαν τινά）。哪种智慧？无疑（ἴσως）正是属人的智慧（ἀνθρωπίνη σοφία）。似乎（κινδυνεύω）在这上面我真是智慧的（τῷ ὄντι...σοφός）。但我方才与之交谈的那些人[2] 却在一种超人的智慧上是智慧的（μείζω τινὰ ἢ κατ' ἄνθρωπον σοφίαν）——我不知道还能如何谈论它（ἢ οὐκ ἔχω τί λέγω）。"

苏格拉底在这里一五一十地承认了我此前假设的东西：他能用"智慧"（和"知识"）指涉两种极为不同的认知成就中之一：其中一种是他敢主张拥有的，虽然他同时否认另一种。而他这里公开承

（接上页）Burnet 对《申辩》21A5 的阐发：第欧根尼·拉尔修［Diogenes Laertius 2.65］）的汇报，即阿里斯提珀（Aristippus）"被苏格拉底的名气"吸引从居勒尼（Cyrene）远道来到雅典，并无助于回答这个问题：第欧根尼的消息源［斯斐图的埃斯基涅斯（Aeschines of Sphettus）］很可靠，但他没有标明相对的时间线。）

[1] 上引 T10，有简略。

[2] 自然哲人（18B-19D7）和智者（19D8-20C3）：对照 19C6 和后面 20A3 处的 σοφός。

认的"属人智慧"只可能是知识 E，这点从盘诘是他寻求它的唯一途径的事实可以推出。他接下来就为自己有这类知识的主张提供了德尔斐的认证：

> T32《申辩》23A5-B4："看起来神才是真正智慧的，他在神谕里说的是这个：属人智慧的价值很小甚至毫无。他说到这个'苏格拉底'似乎是在用我的名字为例，就像在说，'你们中最智慧的那个，人们啊，就是像苏格拉底那样认识到，就智慧而言他真是一文不值（οὐδενὸς ἄξιός ἐστι τῇ ἀληθείᾳ πρὸς σοφίαν）。'"

现在他在贬低自己的"属人智慧"，说与真智慧，即"真正智慧的"神拥有的智慧相比，他的智慧毫无价值。为什么呢？这不还是我们开头的谜题？如果"未经省察的生活不值得人去过"（《申辩》38A5-6），并且那种省察就是盘诘，苏格拉底为何不认为从它得来的知识是人最珍贵的财富？为何他要说它"价值很小甚至毫无"？反过来，他不是该揭穿另一个按他的说法超出了人力所能及的选项，斥之为梦幻泡影、海市蜃楼，不过是昏头的形而上学家和咬文嚼字的智者狂妄抱负的产物吗？

如果苏格拉底是个知识论者（epistemologist），这当然是他本会采取的立场。他对盘诘法的执着会让他别无选择：它会呼唤他正面顶撞当时盛行的知识范式，即不可错的、不可修正的、"不可说服的"对必然真理的把握，并且合理地捍卫一种新的可错的、临时性的、可修正的知识模型。但这篇论文讨论的苏格拉底不是知识论者。他是个单纯的道德家（moralist），从事道德探究但从不深入探讨道德探究理论（theory of moral inquiry）。[1] 他不涉知识论，正如不涉形而上学。他不是受"工具逻辑"（instrumental logic）的引导弃绝对确定性追求[2]的杜威（Dewey），也不是被语言批判逼迫上那个方向的维特根斯坦（Wittgenstein）。我们的苏格拉底缺乏拆除现成范式并树立替代的新范式所需的概念配备。当他注视知识 $_C$ 和知识 $_E$ 之间横亘的深渊，他不是以分析的，而是以宗教的术语来衡量其间距离。他本着传统的虔敬精神苦思它，那种精神教诲有死者"思有死之事"——恪守人类处境的限度：

> T33 欧里庇得斯《酒神的伴侣》（*Bacchae*）395-7："聪明并非智慧（τὸ σοφὸν δ' οὐ σοφία）。而不思有死之事（τό τε μὴ θνητὰ φρονεῖν），则汝生亦短。"
>
> T34 索福克勒斯《特拉基斯少女》（*Trach.*）473："作为有死者，你所思的是有死之事：你并非无知无识（θνητήν, φρονοῦσαν θνητὰ κοὐκ ἀγνώμονα）。"

在这方面，正如在许多其他方面，他与柏拉图和亚里士多德大相径庭。他们的哲学抱负执意僭越了道德的限度。柏拉图式神秘主义（mysticism）的核心就是超越限度。亚里士多德也保留了这一信仰，虽然很少声张。在《形而上学》中他挑衅地将这门学问称为

---

[1] 对这点的论证见本书第一章。
[2] "对确定性的追求"（The Quest for Cereatinty）是杜威主讲的吉福德讲座（Gifford Lectures）的标题。

"神圣的知识"（θείαν τῶν ἐπιστημῶν，983a6-7），对"人的本性处在枷锁中"这条令人敬畏的教条——由于"诸神的嫉恨"，人类被禁绝触及那项最崇高的认知成就——提出了抗议。在《尼各马可伦理学》中他对那条教条的拒斥更加决绝而明确：

> T35《尼各马可伦理学》1177b31-4："我们不应附和那些倡议我们作为人应当思考人事，作为有死者应当思考有死之事的人。相反我们应当尽己所能变得不死（καθ' ὅσον ἐνδέχεται ἀθανατίζειν），全力过一种与我们之中最出色的东西相符的生活。"

苏格拉底也在尽己所能过一种与我们之中最出色部分相符的生活。但他认为这个东西是盘诘理性——鄙陋，但属于人类自己。不甘于像凡人般思考的他选择竭尽全力——竭尽苏格拉底式盘诘要求的那种热情、毅力、诚实和胆量——去思考。

现在我认为我们可以理解苏格拉底为什么会对德尔斐的褒奖感到惊讶了。他自己很难相信他自己所理解的好生活——它充满偶然性、缝缝补补、随缘应变、总是自我质疑、没完没了地令人困惑——在享受着圆融真理的不动核心，即知识$_c$那种十全十美、万无一失，的神眼中会有任何价值。所以他入到世间去上下求索更好的生活。他的求索失败了。此后的他只剩下了他在 T32 中表达的信念：他自己的道德洞见虽然按神的绝对标准必定品次不高，但仍然比任何向人类开放的选项高明，并因其谦卑赢得了神的赞赏。排除一切知识预设，明白自己无知的他明白他不拥有知识$_c$。

但还有个进一步的问题：如果那就是他所谓"不知道"的要

点——人类认知成就在最佳状况下仍然罹患的确定性缺陷——他为什么不说出来？为什么选择只通过未经解析的含混来暗示？这个问题关乎语言习俗。同时代的言语规律会容忍如此曲折的沟通形式吗？我可以展开论述这点。在赫拉克利特、索福克勒斯、欧里庇得斯笔下，含混用语是最受欢迎的表达深意的言语方式之一。仅举一例足矣：T33 中的 τὸ σοφὸν δ' οὐ σοφία。由于希腊习语中带定冠词的中性形容词精确等价于同源的抽象名词，欧里庇得斯的意思用书面的、未经处理的英文来表达，就是"智慧不是智慧"（Wisdom is not wisdom）——一个让译者们犯难的平白的自相矛盾：他们消化不了希腊文原话，于是作了削足适履的发挥："世俗的智慧者不智慧"（"The world's wise are not wise"，Gilbert Murray）；"聪明不是智慧"（"Cleverness is not wisdom"，Dodds），诸如此类。那位希腊诗人不会感觉到这样的龃龉。他把原句甩给观众，心知肯定没有谁会跟不上他的意思，听不出 τὸ σοφὸν 指的是在彭透斯（Pentheus）那种盛气凌人、冷嘲热讽、自以为是的理性主义中表现出来的 μὴ θνητὰ φρονεῖν：它是忒瑞西阿斯（Teiresias）所代表的那种意义上的"智慧"，亦即对祖先信仰的顶礼接纳——由于拒斥那套信仰，彭透斯注定将身败名裂——的极端对立面。诗人难道不能把这点说得更清楚点吗？显然可以。谁会认为构思一个与 δεινότης οὐ σοφία 同义并且符合格律的表述就得穷竭欧里庇得斯的诗才？但这类明晰性的增益必定是以诗性的损失为代价。如果拆解了它的悖谬，它靠对反修辞在我们内心激起惊奇哪里还有呢？更好的做法是把澄清含混的负担甩给我们。

如果你说，"苏格拉底是个哲人，不是诗人，"我会提醒你他是个多么特立独行的哲人：他是个摒弃灌输指教的教师，坚信道德真理有一个无法直接言传的维度——一个通过愤悱启发（provocation）而非指教（instruction）才能最好地揭示的深度。为了这个目的，他发明了那种让他至今仍然在词典中留名的修辞格。我在开头引用时没有详述《韦伯斯特词典》和《牛津英语词典》中"苏格拉底式反讽"词条的释义。如果详述，我本打算指出这些释义只提到了苏格拉底式反讽最简单的用法。只在这些用法中，它才是一种字面意（what is said）简单地不是本意（what is meant）的修辞格。反讽在苏格拉底最有力的用法中是更加复杂的：苏格拉底的这些说法的字面意既是又不是其本意。他的另一项迄今仍然流行话语中留名的发明——苏格拉底式教诲——当然也是如此。他教，同时又说他没有在教。如果"教"意味着向学生传授自己已经知道的东西，那么他说的就是他的本意。如果"教"意味着启发学生开始自主学习的过程，那么他说的就不是他的本意。作为苏格拉底式教诲的手段，这种反讽最好留着不经解析。它的目的不是，如克尔凯郭尔（Kierkegaard）说的那样，"［把学生］骗入真相中"，[1] 而是戏谑（tease）、嘲讽（mock）、惑乱（perplex）他进入寻求真理的状态。同理，当宣称无知被用于同样的目的时，其中的反讽也最好留着不解释。在告诉他自己他没有知识的时候苏格拉底不需要解释。在告诉他人的时候他不想解释。他通过使用既表达又不表达他的本意的言辞来逗弄（taunts）他们，好让他们思忖他所暗示的

---

〔1〕 "一个人可以就真相（about the truth）欺骗另一个人，也可以（记得老苏格拉底）欺骗他进入真相（into the truth）。实际上当一个人深陷幻觉，把他带向真相的唯一方法就是欺骗他"（转引自 Lowrie 1938：248）。

意思。[1]

主要参考文献:

Burnyeat, M. F. (1977). "Examples in Epistemology: Socrates, Theaetetus and G. E. Moore," *Philosophy* 52: 381-9.

Dodds, E. R. (1959). *Plato "Gorgias,"* a revised text with introduction and commentary, Oxford.

Gulley, Norman (1968). *The Philosophy of Socrates*, London.

Guthrie, W. K. C. (1969). *A History of Greek Philosophy*, vol.in: *The Fifth-Century Enlightenment*, Cambridge.

Irwin, Terence (1977). *Plato's Moral Theory: The Early and Middle Dialogues*, Oxford.

Kirk, G. S., Raven, J. E. & Schofield, M. (1983). *The Presocratic Philosophers*, 2nd edn., Cambridge.

McDowell, John (1973). *Plato: Theaetetus*, translated with notes, Oxford.

Nozick, Robert (1981). *Philosophical Explanations*, Oxford.

Robinson, Richard (1953). *Plato's Earlier Dialectic*, 2nd edn., Oxford.

Santas, Gerasimos Xenophon (1979). *Socrates: Philosophy in Plato's Early Dialogues*, London.

Vlastos, Gregory (1956). *Plato's "Protagoras,"* translation by B. Jowett, extensively revised by Martin Ostwald, ed. with an Introduction, by Gregory Vlastos, New York.

(1983a). "The Socratic Elenchus," *Oxford Studies in Ancient Philosophy* 1:

---

[1] 我在本文中阐述的想法曾在不同场合以不同形式发表过:1981 年圣安德鲁斯大学的吉福德讲座;1984 年加州大学伯克利分校的豪伊森讲座(Howison Lectures);1980 年和 1981 年北卡罗来纳州国家人文研究中心(National Center for Humanities)的专题讲座;递交给 1983 年伯克利研讨班和 1984 年英国剑桥研讨班的论文;我从回应这些想法的朋友们处受教甚多,不胜致谢:我从 Myles Burnyeat 和 Alan Code 处获益最多;但也从 Ian Kidd、Jonathan Lear、Geoffrey Lloyd、Alexander Nehamas、David Sedley、Dory Scaltsas 和 Harold Tarrant 处获益。但我致谢的各位均不一定同意我捍卫的观点。

27-58.

(1983b). "Afterthoughts on the Socratic Elenchus," *Oxford Studies in Ancient Philosophy* 1: 71-4.

(1991). Socrates: Ironist and Moral Philosopher, Cambridge and Ithaca.

Zeller, E. (1885). *Socrates and the Socratic Schools*, translated from the third German edn. by Oswald J. Reichel, London.

柏拉图论 Not-Being [1]

Gwilym Ellis Lane Owen [2]　张凯 [3]　译

104 对自己作为 Being 之观察者身份存在疑虑的柏拉图主义者

---

[1] 本文精简版于 1967 年 3 月提交到由密歇根州立大学举办的阿洛德·伊森伯格哲学讲座（Arnold Isenberg Lecture in Philosophy）。这一讲稿接续了先前的一项承诺（*New Essays on Plato and Aristotle*, ed. Bambrough（London 1965），71 n.1，下文第 15 章），其最初形式被弗拉斯托斯（G. Vlastos）所接受（"A Metaphysical Paradox"，*Proc. Am. Philos. Ass.* 39（1965-66），8-9）。论证的核心观点来自多年间所持观点的大杂烩，对牛津和哈佛研讨班的参与人来说，这并不陌生；我现在希望能够辨认出这些大厨们。但这一提及必须不仅是指出这些研讨班的参与者的已发表作品，而且也应该涵盖那些来自未发表作品的恩惠。在第一个集合中有 J. M. E. Moravcsik，"Being and Meaning in the *Sophist*"，*Acta Philosophica Fennica* 14（1962）23-78；W. G. Runciman，*Plato's Later Epistemology*（Cambridge，1962）；最近的 M. Frede，"Prädikation und Existenzaussage"，*Hypomnemata* 18（1967），1-99，以及 J. Malcolm，"Plato's Analysis of *to on* and *to mê on* in the *Sophist*"，*Phronesis* 12（1967），130-46；后面两个作品出现得太晚以至于我只能在这些脚注中给出赞同标识。在第二个集合中，文本 pp.128-9 对 *kath' hauto-pros heteron* 的处理，我认为是在与 R. G. Albritton 的谈话中被第一次提出；而 Frede 则是独立地提出了这一点。

　　译注：本文 "Plato on Not-Being" 最早发表于 *Plato I*：*Metaphysics and Epistemology*，*A Collection of Critical Essays*，ed. G. Vlastos，Anchor Books，1970，pp.223-67；后被其学生玛莎·努斯鲍姆（Martha Nussbaum）收录于 1986 年论文全集：*Logic*，*Science*，*and Dialectic*：*Collected Papers in Greek Philosophy*，ed. Martha Nussbaum，Cornell University Press，第六章，第 104—137 页。本译文依照 1986 版译出。译者使用 "页码" 形式标注 1986 版页码，如文章开篇的 "104" 表示 1986 年版第 104 页。

[2] 格威利姆·埃利斯·兰·欧文（Gwilym Ellis Lane Owen，1922-1982）英国古典学家和哲学家，以古代哲学研究而闻名。欧文一生虽著作不多，但却深刻影响了 20 世纪 50 年代以来的英语学界。关于他的主要作品，参见：G. E. L. Owen，*Logic*，*Science*，*and Dialectic*：*Collected Papers in Greek Philosophy*，ed. Martha Nussbaum，Cornell University Press，1986。

[3] 张凯，清华大学哲学系博士研究生。

们，他们必须勉强接受这一认知，亦即，他们都是动词"to be"的探究者。他们的探究工作使得他们熟悉有关这一主题的一些陈词滥调；而且在柏拉图的对话中，《智者》被认为含有支持这些陈词滥调的主要证据。然而证据并不存在，而且尝试寻找此种证据的努力已经妨碍了理解这篇艰深且影响深远的对话。我指的陈词滥调是这些：

动词"to be"在希腊语中——在英语中仅有残存的痕迹——有两种不同的句法用法：一种是*完整的*（complete）或*实质的*（substantive）用法，它确定了一个一元谓词（"X is"；"X is not"）；另一种是*不完整的*（incomplete）用法，它确定了一个二元谓词（"X is Y"；"X is not Y"）。对应此种句法上的区分，还有语义上的差异。在它的第一种用法中，动词"to be"表"存在（to exist）"（在柏拉图的时代，希腊人没有单独的词语来表达）；或表——仅以译者的英语所表达的、其在希腊语中的意义——"是真实的（to be real）"或"是实情（to be the case）"或"是真的（to be true）"，这些意义最终均可还原至某个对象或事态的存在观念；然而在它的第二种用法中，它被降级为一个主谓系词（我们在此也能把动词辅助词包含于其中）或一个同一性—符号（identity-sign）。[1] 柏拉图对 being 和 not-being 的主要探究工作都是对该动词的完整用法或"存在"用法的练习。因此，唯恐他的论证可能会因这个多义词而看起来易于混淆，他在《智者》中把该动词的第一种

----

[1] 对这一动词的更宽泛的讨论，可参见 LSJ 词条 *einai*，以及最新的牛津词典和韦氏词典词条"be"；关于柏拉图的应用，参见（例如）I. M. Crombie, *An Examination of Plato's Doctrines*（London, 1962）, vol.2, 498-9。

用法与它的其他用法区分开，并且在以 "τò μὴ ὄν" "not-being" 和 "what is not" 为代表的否定结构中，也做出了相应的区分。[1]因为 "存在—难题" 支配着《智者》的核心论证，105 所以厘清动词 "to be" 的不同功能是识别和解决这些难题的恰当措施。

既然接下来的论证被集中在了一起，那么这些陈词滥调中的绝大多数都受到了严厉批评。[2]于是在这里，这些批评可被限定在一个范围内，亦即，对柏拉图的解读，特别是对《智者》的解读。这个一般的句法主张将不会受到质疑：我们能够接受动词的完整用法和不完整用法的区分，只要我们能够警惕混淆第一种用法与第二种用法的省略出现的话——而且这不再只是一个句法方面的问题（下文第 127 页）。《智者》将从根本上是这样一篇对话，它涉及指称（reference）和谓述（predication）难题，以及与这些难题有

---

〔1〕 P. Shorey, *What Plato Said*（Chicago 1933），298. Shorey 指出，尤其通过 "明确区分系词用法的 *is* 和实质用法的 *is*"，柏拉图在《智者》中 "奠定了逻辑的基础"；A. E. Taylor, *Plato, the "Sophist" and the "Statesman"*, ed. Klibansky-Anscombe（London 1961），81-2 主张柏拉图 "已经明确地把系词的 'is' 与那种断言实际存在的 'is' 区分开"，而且他甚至主张 "柏拉图已经……区分了 'is' 的存在意义与 'is' 的同一性（'is the same as' 或 'is identical with'）意义"。以下学者之间的观点虽有差异，但也大致如此：F. M. Conford, *Plato's Theory of Knowledge*（London, 1935），296；J. L. Ackrill, "Plato and the Copula", *JHS* 77（1957），2；Crombie, 前引，499；Moravcsik 1962：51。

〔2〕 关于这个动词的一般性论述，可参见 C. Kahn, "the Greek Verb 'To Be' and the Concept of Being", *Foundations of Language* 2（1966），245-65，他指出，在 "绝对的（absolute）" 和 "谓述的（predicative）" 结构之间做出一种严格的句法区分是困难的，因此他论证反对把第一种结构看作是表 "存在的"。Vlastos 在 "A Metaphysical Paradox"（上面的脚注 *）和 "Degrees of Reality in Plato", *New Essays on Plato and Aristotle*, 1-19，他主张柏拉图的 *ontôs onta* 理论不是与存在（existence）的等级有关，而是与实在（reality）的等级有关，因此他考察了 "……是真实的（is real）" 的意义，并把它还原为一个二元谓词 "……真实地是（is really，即无条件地或非欺骗性地）……"。质疑《智者》区分出 *einai* 的一种存在意义的学者有：Runciman 1962：第三章；Kahn 1966：261；以及近期的 Frede 1967 和 Malcolm 1967。

关的动词的不完整用法。论证既没有包含也没有强迫析出一个存在动词。这篇对话从前期对话中接续的、关于假（falsehood）和非实在（unreality）的诸多难题，看起来确实植根于那个我们应该称之为"存在—难题"的东西之中，因此这就需要解释它们为什么会在这里以这样一种方式呈现它们自己，以致引向对 "...is..." 与 "...is not..." 的研究。

一、缘起于无（nothing）的论证

就像柏拉图开启他自己对 not-being 的讨论那样，我们也从巴门尼德开始。这位哲学家曾经写道（B2.7-8）："你不可能认识，也不可能表达 *what is not*"。动词 "to be" 的哪种角色在此发挥作用？考虑到传统选项，选取它的存在角色是合理的。不是因为动词没有附带任何的补足语——值得注意的是，学者们已经准备考察此处动词之后的那个尚未被注意到的空白（lacuna）。而是因为一个更好的理由：巴门尼德紧接着把 "what is not" 等同于 "nothing"。[1] 由一个东西不是如此这般（not such-and-such）——例如，不是蓝色——得出它不是任何东西（nothing at all），从事这样的思考是荒谬的；但是，把不存在的东西（what does not exist）等同于无（nothing），却是十分自然合理的。106 美人鱼不存在：没有任何东西是美人鱼。因此在我的韦氏词典赠阅本中，那个令人满意的词条无疑是："无：不存在的东西"。

---

[1] Diels-Kranz, *Vors.*[13] 28B8.7-13, 比较 6.2 和 7.1。

人们对动词"to be"在哲学解读上的不满，常常聚焦于此种对巴门尼德的解读。当巴门尼德如此草率地游走于该动词的不同用法之间的时候，他如何能够专注于他最爱的这个动词的一种用法呢？他首先论证指出，一个事物不可能在一个时间点存在（be），而在另一个时间点不存在（B8.6-21）；然后他就认为自己已经证明了该事物根本不可能发生变化，亦即，该事物不可能在一个时间点是某个东西（*anything*），而在另一个时间点不是任何东西（B8.26-28）。异议能以这种形式被应对，[1]但却以其他形式返回。[2]我们无需纠缠于此：我们对巴门尼德的兴趣仅仅是，*what is not* 和 *nothing* 的这个等式常常看起来解决了麻烦。因为当柏拉图接过巴门尼德的论题的时候，他接纳了这个等式，所以这一问题在此处看起来也被默认已经解决掉了。《理想国》回应了这个人们所熟悉的论证，"不存在的某物（anything that is not）何以能够被认识？"（477a1），而且随后补充道："恰当来说，不存在之物（that which is not）必定不会被称为一个东西，而应被称为无（nothing）"（478b12-c1）。当谈到"无论如何都不存在之物（what is not in any way）"和"完全不存在之物（what utterly is not）"（477a3-4，478d7）的时候，这看起来仅仅是在强调巴门尼德的等式。当柏拉图在《泰阿泰德》（189a6-12）和《智者》（237c7-e2）重回这个论题的时候，这个等

---

〔1〕 或许就像在"Eleatic Questions"中的那样，前文译者：欧文论文全集（1986）第一章，脚注45。

〔2〕 如 Kahn 1966：251，他实际上把该动词解读为一种断言标记（assertion-sign），囊括"存在"和"谓述"的用法；在"Elements of Eleatic Ontology"，*JHP* 6（1968），111-32，M. Furth 巧妙地论证指出，该动词自身的这样一种"融合的（fused）"用法并不会使得巴门尼德出错。Furth 文章的许多观点影响了我在本文的论点。

式以及相伴的措辞用语被再次提及。[1]因此在这些文本语境中，他看起来特别地关心言说（speaking）和思考（thinking）不存在之物（what does not exist）的可能性。在罗列了他所理解的柏拉图的"存在"动词的出现之后，派佩斯（Peipers）评论道："这是一个共识：在所有灵魂中萦绕的对立都是关于存在之物与无（haec nota communis est：*in omnibus animo obversatur oppositio eius quod est et nihili*；*tou ontos et tou mêdenos*）。"[2]

107 这一结论反过来为在柏拉图论证中的另一个步骤提供了意义。他在《泰阿泰德》（189a10-12）和《智者》（237e1-6）中主张，

---

〔1〕 注意，在《泰阿泰德》188e-89a 中，从"what is not"到"nothing"的转换是由论证得出的，而非假定的：F（something）——～F（nothing）—F（one thing）—F（a thing that is），因此，F（a thing that is not）—F（nothing）。在《理想国》478b-c 对相同组件的处理中，这一转换却是假定的：F（something）——～F（nothing）—F（one thing），因 F（a thing that is not）—F（nothing），所以 F（something）——～F（a thing that is not）。在《智者》的首个难题中，其是论证的还是假定的，这取决于 237c-e 的含义，其实最终取决于 237d6-7。泰阿泰德刚刚赞成：因为"what is not"不能被用于述说 *what is*，所以它不能用来述说 *something*（237c10-d5）；并且 ES Eleatic Stranger，外乡人随后说，或者（*either*）"因为你以这种方式看待这，所以你赞同一个谈及某物（*something*）的人必定是在谈论一个东西（*one thing*）吗？"（例如 Diès, Fraccaroli, Taylor 也是如此翻译）。后面的这个部分是更吸引人的，因为它把论证从一个公认的命题——亦即，what is not 不可能是 something——向前推进了：它从此命题演绎得出，what is not 甚至不可能是一个东西（one thing），因此是无（nothing），因此后面这个命题就成为一个推论，而非论证的一个预设。但是这种解读预设了一个带有（*sum*）*phanai* 和 *hoti* 结构，而柏拉图那里没有类似的这种结构（《斐多》64b3-4，其被阿斯特（Ast）等人错误地当作一个单独例外而引证，不是一个这样的结构：动词并不支配 *hoti...* 而是支配 *eu eirêsthai...hoti...*）。于是回到第一个结构：ES 追问泰阿泰德为什么赞同 what is not 不可能是某物（something），以及为什么向此提供了一个以我们的命题为预设的省略论证：F（something）→F（one or more things）｜但 F（nothing）→～F（one or more things）｜，因此 F（nothing）→～F（something）；｜但 F（*what is not*）→F（*nothing*）｜因此 F（what is not）→～F（something）。

〔2〕 D. Peipers，*Ontologia Platonica*（Leipzig 1883），16.

思考或言说 what is not 根本就不是在言说或思考，然后他在《智者》（238d-39a）让这个主张自己推翻自己，并把"what is not"和"what are not"这类表达式看作是不合语法的，因为它们都佯装挑出了话语的一个或多个主语。现在，他若不是否认任何尝试谈论不存在之物的意义，还能是什么呢？在对比了后人的尝试后，康福德（Cornford）发现"像吐火兽这样的不存在之物"进入了话语（discourse），然后总结道："这是（柏拉图）关于那个困扰着现代逻辑学家的难题所说出的全部——现代逻辑学家曾经讨论过'任何可被思考的东西必定在某种意义上存在（be）'"。[1]

就目前的情况来看，这是一个模棱两可的论点。我可能告诉你（a'）"精灵打断了我的文字输入"，当不存在任何这样的生物的时候，或（a″）"戴高乐（De Gaulle）打算贿赂不列颠加入共同市场"，当不存在这样的项目的时候；我或许提醒你（b'）"在（a'）中指称的生物并不存在"或（b″）"在（a″）中提到的那个项目并不存在"，于是以不同的方式，我质疑了（a'）和（a″）的真（truth）；我转而可能会评论后面这些句子的意义（sense），而不是它们的真（truth），然后说出（c）"任何说出（b'）或（b″）的人正在谈论不存在之物"。所有这些种类的"说出句子（utterances）"，与其他的句子一起，都将归入"谈论不存在之物（speaking of what does not exist）"的标题之下。面对这样一种划分，既有观点的维护者大概率会说，《泰阿泰德》满足于让假之难题（the problem of falsehood）停留于它的传统形式：它把（a″）的假等同于（a'）的

---

[1] D. Peipers, *Ontologia Platonica*（Leipzig 1883），208.

指称失败，但却毫不迟疑地把这类表达式的意义（significance）看作是"不存在的东西（what is not）"；然而《智者》开始质疑这类表达式的用法。因此看起来，在《智者》中——如果不是之前——柏拉图明确把对存在的否定（negations of existence）贬低为是不可理解的。

　　对论证的此种解读通常结合着这样一种确信，亦即，《智者》把"对存在的*断定*（*assertions* of existence）"描绘为完全令人敬重的。康福德关于此种结合有他自己的版本："每一个理念（Form）都存在；因此'不存在之物（the non-existent）'在方案中没有任何位置，我们于是排除了'不存在（is not）'的意义"。[1]这表明，只谈论理念的这个决定致使柏拉图发现，对吐火兽身份的讨论是不可理解的。无论康福德是否有意歪曲论证，他至少被认为是赞成这个共识：柏拉图区分了有关存在的肯定陈述及其否定对应项，接受前一种，排斥第二种。[2]108 在这一共识内仍然

────────────

〔1〕 D. Peipers, *Ontologia Platonica*（Leipzig 1883），296.

〔2〕 但是康福德（Cornford）的论述有一个明显的不连贯之处。在指出"is not"的存在含义已经被"清除"之后（296），他接下来的行文就好像这种含义并没有被排除掉，而是得到了肯定的证明：他不仅谈到"前面证明了'is not'有两种含义——'不存在（does not exist）'和'不同于（is different from）'"，而且甚至谈到，柏拉图表明了"the thing that is not"并非永远（*always*）我的斜体表示"非存在之物"（298-9）。其后他在翻译和解读262c3的时候，在没有任何说明的情况下，他再次引入了"不存在（does not exist）"的含义（305以及同上 n.1：见下文第 133 页）。在 295 n.1（参见 208）处，他承认238c处的"'绝对非存在者（to mêdamôs on, the simple non-existent）'因无法被思考和言说而被摒弃"；然而他却立把这一观点淡化为如下主张："没有任何真的（*true*）陈述可以表达任意一个理念（*Form*）都不存在"（再次是我的斜体）。238c所论说的东西是，正如在那里所理解的那样，*to mê on* 是完全不可理解的；257b所说的东西是，每当（*whenever*，不是康福德所理解的"当/When"）我们提到 what is not，我们并不指 what is 的对立面（*hopotan to mê on legômen ... ouk*（转下页）

存有争论的空间：此种共识的一些支持者向柏拉图提供了一个友善的论点，亦即，"存在（existence）是一切事物的一个谓词"或者"必然是无所不包的（all-inclusive）"，这在某种意义上重新接纳了康福德的吐火兽。[1] 基础依然牢固。柏拉图在《智者》中析出了动词"to be"的一种完整用法，该用法确定了一个一元谓词，表"存在（to exist）"，而且在此种用法中，因否定该动词会产生令人无法接受的悖论，他于是拒斥该动词的各种否定结构。吐火兽是否受益于此种区分，这有待学术争论。它们以及它们的类似物从头到尾都没有在对话中露头。

这种对《智者》的常见解读遇到了很多困难，以致在我看来，当下没有什么精巧细致的修修补补能够挽救此种解读。此刻，我搁置其他思考，提及两点困难——它们都来自柏拉图对他自己策略的论述。

二、联合阐明的展望

首先，柏拉图从未表明——而是一直含蓄地否认——他发现了

（接上页）*enantion ti legomen tou ontos*）——Cornford 自己也承认后面的这个短语表达 238c 的 *mêdamôs on*（从上述引文）。他后来把这种对《智者》毫无依据的解读应用于对《蒂迈欧》38b2-3 的解读（*Plato's Cosmology*（1937），98 n.4），而且我在此处提出的异议译者：见欧文 1986 年论文全集第四章）却被一位美国学者贬低为"漠视康福德的努力"（H. F. Cherniss，*JHS* 77（1957），18），尽管该学者既没有引用也没有理解我的异议。于是，他感到自己能够把"是不存在的（is non-existent）"恢复成是一种对《蒂迈欧》38b 处 *to mê on* 的"更具可能性的"解读，并宣称这与《智者》相符。

[1] 参见 Runciman 1962：65-6；Moravcsik 1962：41；对比 W. Kamlah，"Platons Selbstkritik im *Sophistes*"，*Zetemata* 33（1963），23 n.1。

动词"to be"一种用法，在该用法中，只有动词的肯定出现才具有意义。

在文本236d-50e对诸多难题所作的那个长篇审查的结尾处，埃利亚的外乡人（ES）说道："现在being和not-being两者均证明是同样令人困惑的，这种情况自身（ēdē）就提供了这样一个希望，亦即，如果它们两个当中的一个能够以或多或少的清晰程度获得说明，那么，另外一个也能够获得同等程度的说明"（250e5-51a1）。在前面的论证部分（241d6-7，243b7-c5，245e8-46a2），being和not-being以这种方式被稳定地结合在一起，而且在接下来的文本中（254c5-6，256e2-3，258a11-b7，和262c3，更多文本可见下文第133页），它们也同样地被结合在一起。在有志于联合阐明的展望之后，把该动词的肯定用法描绘成光辉灿烂的，却把否定用法当成完全黑暗的而拒绝之，这显然有悖常理。而且这种反常也不会被削减，如果柏拉图像他的一些解释者那样主张：虽然动词的完整或"存在"用法只有在它的肯定形式中才具有意义，109 但是在否定（negation）出现的对话当中，该动词的一种或多种*不同的*（*different*）用法被界定出来。[1] ES提出的那个希望是，照在being

---

〔1〕 即使像Moravcsik那样（1962：27-8）做出如下建议也不会削减这一反常现象：当柏拉图说我们关于being和not-being正处在同等困惑的时候（250d5-e7），他意指关于not-being的困惑是关于*存在*（*existence*）的难题，而关于being的困惑是由于他混淆了"is"的*其他*（*other*）用法（27，n.1）。紧随Moravcsik所引用的文本之后的几行，柏拉图在那里表明对一方面的阐明将相应地带来对另一方的阐明（250e7-51a3）。Moravcsik认为，关于being的难题是在250a-e引入的，不是在前面的242b-49e，因为他把后面的段落理解为证明了有关存在的重要定理。然而，有一条对这些"证明"（243c-44b）来说不可或缺的论证，它已然被ES看作是等同于250处产生困惑的东西（249e7-50a2）。关于所谓的ES证明存在是无法定义的兴趣，他在247e3-4尝试性提出的东西无论如何都只是对*einai*的一个定义，而非像康福德所说的那样（转下页）

或 not-being 任何一个之上的光芒都将同等地照亮对方。因此，既然从那时起，他使得他自己为那些形如 "A is not" 的表达式——当且仅当这些表达式能够被补全为 "A is not B" 的时候——辩护，[1] 那么，我们也期望在肯定结构中发现该动词的一种合理有效的不完整用法。

让我们称这个预设为"对等预设（Parity Assumption）"（或简言之，"PA"），亦即，在其中一个缺席的情况下，另一个不可能被阐明。它跟《巴门尼德》135e8-36a2 处的那个建议具有明显的亲缘关系。而且它决定了 ES 接下来的计划。"另一方面，假设我们不能发现它们中的任何一个：那么，我们无论如何都将竭尽我们所能，立刻推进它们两者之间的论证"（251a1-3）。自坎贝尔（Campbell）以来，关于这些文字的意义已经达成共识，[2] 而且关于 being 和 not-being 之间相互推进的讨论，没有人会把它理解成是这样一个

（接上页）（前引，238）和像许多人不断重复的那样，是一个"标志（mark）"（或"征兆/symptom"或"刻画表征的尝试"等）。以最自然的解读方式，他所说的东西是："我给诸是者界定边界（horon horizein），它无非就是能力（nothing but power）"。再者，文本语境（247d2-e6）表明，他正在改进提升唯物主义者定义实在/本质（horizesthai ousian）的尝试（246b1），康福德正确地把此处的动词翻译为"定义（define）"。因为 horos= "定义（definition）"，例如见《斐德罗》237d1（比较 c2-3），《政治家》266e1，293e2；当然关于 horoi，尤其参见 414d。

[1] 这至少是那些被在下文第 113—17 页所讨论的论题译者：还原论论题所划分出来的东西的共同基础。

[2] L. Campbell, The "Sophistes" and "Politicus" of Plato（Oxford 1867），136。Cornford（1935：251）反对说，hama（同时）基于此种解读是多余的（251a3），并且提议把 amphoin（两者）做完全不同的解读："我们将同时使用双肘（with both elbows at once）强行通过论证推进这个段落"，对暴力的这种奇怪的、毫不相干的诉求，使得 hama 更加赤裸裸地是多余的。hama 强化了柏拉图的这个观点：如果 being 和 not-being 两者仍然棘手，那么我们必须同时摆脱两者。

提议：把它们二者分开，然后只挽救其中一个。可以被设想到的情况是，两者可能仍然都是无法理解的，因此论证必须摆脱两难之境（Scylla and Charybdis）。（在希腊哲学中，摒弃动词"to be"的这项工程终究是一项职业诱惑：参见《泰阿泰德》157b1-3 和亚里士多德《物理学》185b27-28。）因此 PA 得以保持。逻辑上，它是恰当的预设，历史上，它是对巴门尼德的恰当回应。[1] 它直接反对人们就柏拉图的策略所达成的那个共识。持有那个共识的一些人曾经想要绕过这个预设，但在陈述另一个难题的过程中，他们被制止了。110

三、否定与对立

那个共识的第二个麻烦是，柏拉图没有说过他的 not-being 难题产生自以某种特定的方式理解"being"；他认为这些难题产生自以某种特定的方式理解"not"。按照他的表述，这些难题最终都将被解决掉，但不是通过抛弃动词在否定结构中的一种特定含义，而是通过摒弃有关否定的困惑。

再次展现他对 not-being 的困惑时——上一次是在 236e1-2 所设计的那个论证的字里行间和紧随其后的段落——ES 让他的对话者赞同 what is not 是 what is 的*对立面*（contrary）。[2] 智者的

---

〔1〕 巴门尼德的最终目标是要取消"is-not"而保留"is"；然而，即使通过在两个表达式之间分配动词的不同意义，他的论证也得不到满足，参见前文脚注5—6。

〔2〕 240b5，240d6-8：这些难题分别与欺骗性的仿本（deceptive semblances）和假（falsehood）有关。在对诸难题的第一个陈述中（236e1-2），*alêthes* 充当了假之难题中的 *on* 的角色，而非仿本中的那样；在诸难题的发展过程中（参见240b5，240d6-8），反之亦然。柏拉图尝试合并两个论证（下文第123—4页），于是对"是之（转下页

学说已经被打上了虚假和错误的烙印。因此使用经过审视的希腊语惯用语来说，他声称专于经营 what is，但事实相反，他却售卖和谈论 what is not（或谈论 "things that are not"，与 "things that are" 形成对比）；而且这被不假思索地等同于 what is 的对立面。当 ES 开始解决悖论的时候，他把这看作是最主要的错误。当否定—符号被附着到动词 "to be" 上的时候，形成的表达式并不指 being 的对立面，就像 "不大（not-large）" 的否定—符号不会迫使 "not-large" 这个表达式意指 "大（large）" 的对立面——亦即 "小（small）"——一样（257b1-c4）。在他的总结中（258e6-7），他返回到这一点。因此——我稍后将为此积攒更多的证据，因为这往往被心照不宣地否认掉——他的论证是一个由类比而来的论证。（事实上，这与随后《政治家》（277d-78e）中的那个以"*范例 / paradeigma*"之名而被解释的"模式 /pattern"有关。）借助于一个容易驾驭的对比来阐释一种令人棘手的情况：在给动词 "to be" 添加否定与在给像 "large" 这类谓词添加否定之间，做出一个对照。[1] 在对照中，被否定词项的意义并未受到质疑。被设计用来解

（接上页）对立面（contrary of what is）"的两个诉求都被 257b3-c4 和 258e6-59a1 的回答所满足。Campbell（1867: 96）正确地把 *tanantia tois ousi* 理解为预示了 256e6 处的 *tounantion tou ontos*；Cornford（1935: 212，脚注 1）曾想要把它们区分开，然后由此允许柏拉图对假的最终论述能够认可"那些与事实*相*对立的事物"。但是柏拉图的论述（263b7-12）强调了 *ontôn hetera* 这个公式，并且通过回溯 256e-57a 处的论证（其预示了"不同 /difference"和"对立 /contrariety"之间的对比）为其辩护。

[1] "每当我们言说不是（*not* being）的时候，我们并不是指 being 的某个对立面（*contrary*）；我们只是意指不同（*different*）。——怎么讲？——就像每当我们称某物不大的时候：相比于*中*，你认为我们的语言更多地在表示小吗？——当然不是。"需要指出的是，这段文字不是说"不大"意指"要么中要么小"，因此并没有借助不相容性（incompatibility）来引入一种对"not"和"different"新论述。这一段只是表明，"小"不比"中"更多地是"不大"所意指的东西。不相容性在柏拉图对假的阐释中也没有一席之地。见下文脚注 30。

释的东西是否定—符号自身（the negation-sign itself）的作用。

于是这里再次表明，柏拉图对他的困惑的诊断并不与那个共识一致。111 在解释他的诊断之前，我们只具有论证的框架，而且这一框架还需澄清两个初步要点。首先，我把柏拉图解读为，他关心向句子的成分附加否定词，而非像后来的逻辑学使得我们所惯常期待的那样，把否定词附加到整个句子之上。这一点在文本中非常清楚，无需证明。再者我也谈到了对动词"to be"的否定，而不只是像柏拉图所阐释的那样，谈论添加一个否定符号到表达式"*on*（being）"；这需要给出说明。"Being"具有大多数希腊语语词所具有的多样用法：它以一种令哲学家们苦不堪言的方式游走于分词、集合名词和抽象名词之间。但在现在的语境中，它是一个分词。柏拉图正在讨论对谓词的否定：他正在对比把某物描述为"不大（not-large）"和把事物描述为"非是（not-being）"，其各自表达什么。前面 256d11-57a6 的几行文本表明，这种分词的或谓词的用法能够被视为是代表了这个可被添加"不（not）"的动词的其他用法：把任何一个事物或一些事物描述为"非是（not-being）"，就是说它"不是（is not）"或它们"不是（are not）"。[1]

---

〔1〕 这个脚注以及随后的脚注用来陈述与 256d11-e6 相关的段落。"因此必定可能的情形是，（a）非是是（not-being to be），（b）适用于运动的情形（in the case of change），（c）而且甚至适用于所有的种（in respect of all the kinds）。因此对所有的种来说，不同一的一本性（the nature-of-difference）使得每一个种都（d）不同于是（different from being），由此使得每一个种都是非是（not-being）；于是基于相同的方式，我们一方面可以正确地把它们描述为（e）非是（not-being），另一方面——因为它们分有 being——可以正确地把它们描述为（f）是（being），说它们是（are）……因此，（g）对每一个理念来说，是（being）有多个，不是（*not-being*）在数量上无限。"以单数形式出现于（d）中的"not-being"在（e）中被用作复数形式，并且在（f）中被复数形式的 being 所回应，即它自己（以间接引语的形式）被"that they are"（转下页）

毕竟柏拉图对比的目的是要澄清关于谈论"*what is not*"或"*things that are not*"的困惑。动词在此被置于分词形式，是因为柏拉图想要与另外一个谓词"large"的否定做出一个清晰的类比，对"is"和"are"的否定才是他要设法解释清楚的东西。

而且，柏拉图感兴趣的正是对不完整用法的"...is..."的否定。因为相同的前面几行文字表明，"is/are not"和"not-being"被视为是来自"A is/are not B"形式的句子或"not being B"形式的短语的谓词残片。[1]112

（接上页）所解释；因此在这些短语中，"being"是一个代理了该动词的诸多有限用法的分词。而且，既然非是（not-being）已经在前面256d5-8的几行文本中被解释为等价于"不同于是（different from being）"，而且（d）采纳了这个等式，那么"different from being"必须他被理解成适用于任何一个可以被说成为不是（not to be）的主词。这里存在一个困难。在先前的论证中，运动（change）被证明是不同于*静止*（*rest*），不同于*不同*（*the different*）以及不同于*是*（*being*）（255e11-14，256a3-5，256d5-8）；而且在这些非同一性的证明中，非常自然地就把"是（being）"和其他词语看作是名词，亦即，诸抽象实体的名称。甚至256d-e作为这一段落的直接推论被引入，而且核心的表达式的角色很难发生巨大的改变。我将不会再继续探讨这个难题，除了指出：（1）对非同一性的证明已经存在于对*谓词*的不可替换性的展示之中（252d6-10；255a4-5；255b8-c3；关于下文给出的解读，见256c8-d7），以及（2）"being"在256d-e必定是一个谓词。也需留意的是，256d-57a的结论被说成是适用于*所有*（*all*）的理念，包括"是（being）"。需要做出简要说明。当"being"用来表示作为最大理念之一的being的时候，通常将其看作是个动名词，译为"是"；当"being"用来泛指和描述任意一个理念的时候，通常将其看作是动名词，译为"是者"。然而，欧文不仅主张此处的being是分词，而且认为分词同样可以承担前述动名词的两种功能。为遵循Owen的主张，我们以"是"译being。读者需要根据语境自行断定其具体所指。以上原则同样适用于分词"非是（not-being）"。

[1] 见脚注19。当（a）中的不是（not-being）在（g）中再次出现的时候，它被说成是——对每一个理念而言——在数目上无限，因此这显然是说每一个理念都无限地不是（is not）许多其他东西。但是（g）被看作是前面论证的结论，运动在该论证中被明确地与其他四个理念区分开；于是，关于"not-being..."或"is not..."的如此巨大范围的填充物，爱利亚的访客在哪里指出过这具有可行性呢？我认为是在（c）。（b）和（c）通常被理解为"不仅适用于运动的情形而且也适用于所有其他理念（转下页）

如此说来，如果借助亚里士多德在逻辑学（《解释篇》19b19-29，《前分析篇》51b5-10）中所采纳的那种区分方式来重述的话，那么将会更好地理解柏拉图的类比。务必谨记，否定一符号在希腊语中通常被加在动词之前，但它却能够被转移到句子的其他部分之前，并修饰这些部分。亚里士多德相应地区分了（Ⅰ）"这不一是白（this not-is white）"和（Ⅱ）"这是不一白（this is not-white）"两种形式。尚不清楚他从他的区分中得出的寓意是什么，但柏拉图的观点能够借助这个区分而被解释清楚。[1] 就像适用于亚里士多德的例子那样，我把柏拉图的类比理解为这种情况：在（Ⅰ）中，否定词修饰动词，因此引入"不是（not-being）"的概念，在（Ⅱ）中，否定词修饰形容词，因此引入了"不白（not-white）"的概念；就像在（Ⅱ）中的那样，否定词的效果不是要产生出一个意指被否定词项的对立面的表达式——称一个东西"不白"，并不是要把它置于另一个极端，亦即，黑——因此在（Ⅰ）中，说某物"不是（not is）"并不是要把它从是（being）降级到另一个极端。于是他为他的那个更强版本的结论扫清了道路。"不大（not-large）"并不更多地意指"小（small）"，其一样多地意指"中（middling）"，"不白（not-white）"并不更多地指"黑（black）"，

（接上页）的情形"。但人们可能期待相同的介词 *epi* 涵盖（b）和（c）；更为重要地是，（c）中使用的介词在几行文字之后（255a4-5）被再次重复，不是用来引入"is not"的主词，而是用来引入适用于主词的多个补足语。因此这一论证是这样的：业已证明，运动不是（*is not*）其他一些特定的种，而且补语的部分还可以推广至"所有其他的种（kinds）"，因为任意一个种（*hekaston*, *sumpanta*）与任意一个别的种之间的差异已经被确立。任何一个都"不同于 being，对其他任何一个不是 being 的种来说"。

[1] 参见 J. L. Ackrill, *Aristotle's Categories and De Interpretatione*, Oxford 1963, pp.143-4。

其一样多地指"灰"（grey）；当然，不大的东西（things that are not large）或不白的东西，就像它们可能是中的东西或灰的东西一样，它们也可能是小的东西或黑的东西。他正要引出的结论是，在某种情况中，后面这个选项是不可行的。含有动词"to be"的否定结构不仅不指对立面（这是类比被设计用来表明的东西），而且甚至也不能被应用于任何一个处于对立状态的东西。因为对柏拉图或他对话中的说话者来说，关于是（being）或是者（what is），他们无法找到任何可理解的对立面（258e6-59a1）。他强调，这不会对谈论非是者（what is not）的想法产生任何困惑。那些试图通过寻找这样的一个对立面来为这个想法辩解的人，以及同样地，那些从寻找此种对立面的失败中趁机渔利的人，他们完全误解了否定的意义。

于是，这是他的诊断中有待解释的东西：主张在 being 的对立状态中不可能有任何东西。他的意图不难理解，但有一条通达它的线索失败了。在该对话的早期，运动和静止被描述为彼此之间"对立"且"极端对立"（250a8，255a12，b1），但是在它们之间，他打算持有什么样的关系，这是富有争议的。绝大多数评论者认为，他既否认两者是同一关系，也否认它们彼此之间是可谓述的。[1] 但这些否定情况看起来不仅满足大和小的对子——它们是他在 257b6-7 给出的对立面的例子——而且也满足大和中这个对子；中是他的是"不大之物（what is not large）"——亦即，不是"大"之对立面——的例子。

在《巴门尼德》161d1-2 对大、中和小的探讨中，人们能够

---

[1] 支持者如 Grote，*Plato*³（London 1875），vol.2，444；Taylor 1961：53；相反地，Moravcsik 1962：43-7。

发现更多的阐释。113 在这里，他利用了人们所熟知的希腊人有关对立面的中间状态的观念，指出这种中间状态是一个包含两个极端物的东西。[1] 中间尺度的东西（what is middle-sized）是不大（not large），但它却通过在宽泛的意义上具有大和小的某种比例从而规避了小（smallness）。这正是他在《智者》中的观点：把不是（not-being）归属于任意一个主词（subject）——亦即，在这个语境中，使用"is not"或动词"to be"的某种否定结构描述主词——并不排斥把是（being）的某些比例归属于主词，亦即，说它"是（is）"如此这般。实际上，在 being 的情形中，否定只可适用于处于中间状态的主词，因为柏拉图的类比实际上仅仅是在接续他在前面的论证。试图把 what is not 说成是 *nothing*，一个什么都不是的主词，这种尝试已然失败（237b-39b）。因此已然证明，对最高等级的一些"种（kinds）"的样本而言，它们中的每一个必定是（is）很多事物，而且同样地，有更大数目的事物可供它们中的每一个不是（is not）（256e2-7），[2] 而且在后来，这被视为完全适用于所有话语主词（263b11-12）。因此，那些把对"is"的否定看作是引入了 being 的某个对立面的人，他们满怀希望地或好辩地尝试构建出这样一个主词：对每个谓词 F 而言，主词不是 F。这赋予我们注意到的"绝对不是（is not *in any way*）"（康福德的"完全不存在之物"看起来是不可理解的）这个表达式以正确的意义，并给出了与 ES 的这个回答的相关性：任何一个主词"以多种方式是（is），也以多种其他方式不是（not being）"（259b5-6，比较

---

〔1〕 例如，参见《理想国》478e1-5。
〔2〕 关于数目上的差异，参见下文第 127、131 页。

237b7-8，260d3）。[1] ES 已证明的东西，简言之，就是一个主词必须被识别（identified）和刻画（characterized），同样也应被区分（differentiated）；因此对柏拉图来说，这本身就是一种对"is"之不完整用法的练习。[2]

四、还原的论题

在得出临时性结论之前，还需要应对一种反驳。柏拉图或许并不希望使用一个我们从亚里士多德那里借用来的、在句子（Ⅰ）与句子（Ⅱ）之间的不同要素类比。他在 257b1-c4 的整体目标或许就是把句子（Ⅰ）干净利落地还原为句子（Ⅱ）。

这种还原虽未经论证但却十分详细地出现在了克龙比（Crombie）先生那里。"否定并不指'对立面'而是指'不同'，这一观点表明，所有陈述都断言它们的主词分有存在（existence），否定的功能就是要把主词定位于存在的某个区域，而不是被否定词项所标识出的那个区域。我们可以将这一观点陈述为：'not'在逻辑上被连字符连接到谓词的其余部分，而非系词；114 当柏拉图谈到，'not'意指其作为前缀被添加于其上的那些语词的对立面的时候，以及当

---

[1] "但如果'X not-is'以这种方式是省略的，主词当然能够展示 being 的对立面：例如，一个黑色的东西绝对—不—是（unqualifiedly-not-is）白色的。"就白色来说，黑色的东西仅具有部分的 not-being，这个部分的 not-being 表达缺乏某种性质（无论在何种程度上）；就它与任意一个谓词的关联来看，它不可能具有全部的 not-being，因为全部的 not-being 表明缺乏一切属性。

[2] 或者是对作为元音理念的"being"的一种练习，它是使得其他理念结合起来的连接词之一（253c1-2）。

他继续使用像'not large'这样的例子的时候，这是柏拉图在257c几乎要说出来的东西。"[1]还有一个用来试图做出弥补的脚注："人们不能说柏拉图实际上点明了这一点，我只是说他几乎要点明了，因为系词通常是'not'被用来作为其前缀的语之一。"[2]实际上也确实如此：特别指出的是，"not"在这个段落中确实被作为前缀添加到系词和分词（即系词的代理）两者之前。让我们此刻先搁置诸难题，关注这种对柏拉图论证的解读是怎样提供出一条绕开对等预设（PA）的道路。

那些认为柏拉图专注于"to be"的存在意义——此种意义的动词无法以可理解的方式被否定——的人，可能也会依据以下这些条件声称承认 PA。他们可能会同意，当我们被引导去期待一种对 being 和 not-being 的联合阐明（或联合遮蔽）的时候，我们期待柏拉图在肯定陈述和否定陈述中阐明同一个 being 概念；但伴随一个附带条款，他们可能主张这恰好就是他们的不可否定动词所代表的那个概念。这个附带条款是，在否定陈述中，否定符号被理解为与动词分离，从而被附加到动词的一个补足语上。把"A isn't（亦即 not-is）a greengrocer"改写为"A exists as a non-greengrocer"，因此两个预设看起来均被保留下来。确实，就柏拉图的论证来说，动词现在必须放弃它与一元谓词的关系。在否定陈述中，它必须被读作"...exists as..."，而且如若要给 PA 些口惠的话，在肯定陈述的情况中也是如此。但是我们将会发现，一元谓词一直是一个转移人们注意力的东西。把存在动词勉强接受为句法上不完整的用法，这

---

〔1〕 前引，第二卷，512。
〔2〕 Ibid.，脚注1。

种解读的确避免了这个荒谬的建议（我相信没有任何一位评论者会喜欢）：A 未能成为一位菜贩子，对 A 而言这是一种*非存在*（*non-existence*）。

还原论论题就不会这样。柏拉图设计了他的类比，准备好把否定符号附加到动词之上，但也能如他所希望的那样，也能让其解除绑定。但在考察论题的开创者之前，我们必须抢救其中正确的东西。正确且重要的是，在他引入他的类比之前的那些段落中，柏拉图一直在证明某物基于什么条件才能被描述为 "not-being"，随后他通过表明该事物不同于（*different from*）——因此不（*not*）是——其他各种各样的东西完成了他的证明。他把他的操作限定在一些特定的 "最大种" 上，或者在实践中，限定在表达这些最大种的谓词表达式上，然后在文本语境中，主要通过替换谓词表达式的实验，他证明了它们的非同一性。[1] 随后，当他从同一性的否定转向考察谓述性陈述中的假的时候，他把前面对 "非是（not-being）" 的论述构建为 "不同—于—某个 - X（difference-from-some-X）" 的基础。"泰阿泰德飞（Theaetetus flies）" 说了关于泰阿泰德的非是者（what-is-not），因为关于泰阿泰德，它所说的东西，亦即，……飞，不同于（*different from*）泰阿泰德所拥有的全部谓词——或者，用 263b 呼应 256e 的说法，不同于 "与他相关的许多东西"。[2] 115 因此，"不同—于—某个 - X" 一直是，或

---

〔1〕 参见上文脚注 19。

〔2〕 这仍然是最简的解读，无需转换 "不同（different）" 的意义，正如人们有时在 257b 所发现的那样（参见上文脚注 18）。诚然，如果它被看作是用于证实（verifying）或证伪（falsifying）诸陈述的一个原则，那么这将会使得证伪（falsification）称为一件没完没了的事情，但这不是它的功能（function）。如果 X 是不美的（X is not（转下页）

者一直包含在，柏拉图接纳任意一个主词为"非是（not-being）"时所依据的理由。

但这绝不是他打算从动词转移否定结构的理由。主词"必须被描述为与其他事物不同，因此就所有其他事物而言，它不—是（*not-is*）。因为不—是（*not-being*）它们，所以它是（is）它自身的单一自我，并且与此同时，它不—是（*not-is*）所有那些无穷无尽的其他事物"（257a1-6，在259b1-6更加强调：主词，作为所有其他事物代表，是 Being 或 What-is）。通过这样的论证，他试图表明，"not-is"需要补足语，以及在何种条件下，这个补足语可被给出。但是他从未主张通过取消他的核心动词的否定符号来解决他的问题症结。否则的话，他的论证在257a处就会结束，而非像论证实际所展现的那样，通过在257b-59b精心设计的那个类比，论证达到顶峰。而且他的论证结论也将会有所不同，会被看成是一种旨在挽救存在命题并解除它们的否定的策略，一个显然令人扫兴的结尾。

在向这个还原论论题提出更强的反驳之前，它是如何从康福德的解读版本中获得了不当支持，这是值得关注的。康福德十分正确地理解了 ES 在257b9-c3 所做的那个提醒："因此，当人们断定否定词指对立面的时候，我们并不赞同，而是仅仅承认以下这点：前缀"not"所指的东西不同于紧随（*follow*）其后的语词——或者更

（接上页）beautiful），那么 X 的所有谓词都属于在257d4-e11引入的那个"不同于美的集合（the class different-from-beautiful）"。（因为在这一段中，"美的本性（nature-of-the-beautiful）"等价于谓词"（the）beautiful"，而等价于抽象概念"beauty"，参见257a9 "the nature of the kinds" = "the kinds"，以及《理想国》429d 和《斐德罗》248c 等处的迂回说法。）

确切地说，不同于否定词之后（*after*）的那些发音语词所指称的东西"（斜体是我的标注）。然而贯穿整个文本，他用"what is not"来翻译 τὸ μὴ ὄν，颠倒了柏拉图最后两个语词的顺序。因此无辜的读者被引导认为，柏拉图一点也不关心那个位置在前的、修饰动词的否定符号，而只关心它在像（II）这样的句子中的角色。

但柏拉图对他的类比的兴趣，除了被康福德错误描述的文本之外，被更多的文本所证实。因为我们已经看到，他首先考虑了一个更强的结论："not-X"不仅不表示"X-的—对立面（contrary-of-X）"，而且在一种情况中，亦即在动词"to be"的情况中，甚至不能被应用于对立面，因为没有任何一个主词能够被可理解地贬低到一种与 being 相对立的状态。但是，如果"not-being"一直是以"being not-X"的形式被重塑，那么 being 的对立面将会有很多。发现这样的对立面将只不过是一件寻找否定词项之对立面的事情。当 *not-being* 是 *being not-large* 的时候，*being small* 就是那个被渴求的对立面。

再者，在否定 being 与否定"大（large）"与"美（beautiful）"这样的词项之间所作的这个类比，决定了接下来的论证开展（257c5-58c5）。ES 评论道，"not beautiful"和"not large"，基于某种特定的差异，各自都标识出一个真实的类（a real class）：前者标识出不同于美的东西，后者标示出不同于大的东西。[1] 他借

---

[1] 在 257e2-4，*allo ti* 通常被解读为疑问词 *nonne*，但是一个用来回答另一个问题的问题不需要这样的一个前缀（例如 257d6-7），而且这个句子并没有直接引出 257e6-7 的结论，即"not-beautiful"表示两个"是者（things-that-are）"之间的一种差异（contrast）：因此对立面（antithesis）必定是 *allo ti tôn ontôn-pros ti tôn ontôn*。再者，人们通常认为把不美（not-beautiful）"标识出来（*aphoristhen*）"的东西等（转下页）

116

此把"not X"的范围推广至无限（258a4-10）；然后他把这种推广应用于"非是（not-being）"的情形（258a11-b3）。[1]这个论证模式在他的结论中被清楚地展示出来（258b9-c3）："因此，我们必定有胆量说，非是（not-being）必然是某个拥有其自身本性的东西，就像我们已经赞同的那样，大是大，美是美，而且同样适用于不大（not-large）和不美（not-beautiful）：正是以*这种相同的*方式，非是（not-being）事实上*也*（*too*）证明是（to be），而且*也*是（is），not-being——其被视作为多种（many sorts）是者（things that are）当中的一种（*one* sort）"（参见260b7）。此处归属于种（sorts）和类（classes）的being 或 reality，将稍后讨论。我们当前跟这个论

（接上页）同于不美"与之对立（*antitethen*）"的东西，这是一个毫无意义的重复；把不美划分标识出来的东西是不美所归属的那个整个的不同（*different*）类（参见229c1-3，231b3-4，268d1-2；以及257c11 也如此）；与不美对立的东西是美（*beautiful*）。"于是，诸是者（things that are）当中的一个，从一个给定的类（即 the different）中被标识出来，进而与诸是者（the beautiful）当中的一个对立——这就是不美（not-beautiful）最终所是的东西吗？……因此不美（not-beautiful）最终表明是一个是者（thing that is）和另一个是者（thing that is）之间的一个对立。"我其实已经在谓词表达式（predicate-expression）"美的（beautiful）"和类描述（class-description）"美（the beautiful）"之间做出了转换：因为对不美（not-beautiful）来说，它的 to be 就是通过一个特定差异——亦即，与美（the beautiful）的差异——被标识出来，而且这不仅仅就是说（当然也包括说）谓词"不美（not-beautiful）"的意义是由这一差异提供的：柏拉图也认为谓词具有此应用（参见下文第130—131页）。

[1] 既然他仍然关心否定该动词的后果，我们就不会在 258b1 把 *moriou* 提供给 Campbell：这是还原论论题。类似地，在 258e2 的 *hekaston* 最好与 *morion* 一起（参见257c11：Diès 等人也如此）理解，而不是与 *on* 一起（Campbell）理解，但是在冠词和名词之间插入 *hekaston* 是一个拙劣的做法。因此我接受所有 MSS 的 *hekastou*。（Stallbaum 经常重复性地主张 Simplicius"保留了 *hekaston* 的正确解读"，这一做法是误导人的：《物理学》238.26 写有 *hekaston*，但是第一个抄本在 135.26 却具有 *hekastou*）。这里的含义是："与任何一个事物的 being 相对的异之部分（that part of the different）都是 not-being"："X is..."表达 X 的 being，而对此的否定则引入了与 X 的 being 相对的异之部分（that part of the different）。就某个补语来说，X is different-from-being...

证有关的事情是，这个论证表明柏拉图依然继续从事他的对比。他想解释在动词"to be"之前添加一个否定符号的后果，并且他仍然是在通过与否定动词可能带有的语法补足语进行类比——而非还原——来给出解释。

因此"to be"的那种不可否定的用法根本不在考虑之内，而且PA并未降级到采用这样一种用法。我们的临时性结论仍然牢靠：柏拉图对他的策略的论述直接反对两个论点——两者对这篇对话的主流观点来说非常重要。一个论点是，他想要传达出动词的一种意义，在此种意义中，动词不能被直接地或可理解地否定；另外一个论点是，他把他关于 not-being 的烦恼归因于在某种特定意义上理解动词，而不是（像他实际上所做的那样）在某种特定意义上理解否定。简言之，没有任何迹象表明，在肯定的和否定的结构之间，或在先前的困惑和随后的解释之间，核心动词的某种意义必须被放弃或修改。那么评论者们的存在动词又会怎样？柏拉图对"not-being"的阐明是一种对句法上不完整的"is"的研究，117 而且只要对否定符号的还原处理被当作是他的策略的一部分，那么就有可能把"is"解读为"exists"。但这不是他的策略的一部分；他没有提议要把否定词和它所修饰的动词分开，只是展示了否定词的附着依据，然后通过类比来阐述它的意义。而且在不给出更多论证的情况下，我推测认为，没有一个人会把这些在"not-being"方面的练习解读成这样一个尝试：试图解释运动和静止以及其他种（kinds）的非—存在（non-existence）。因此，他让他自己在这里做出详尽阐释的 being 概念，不是一个存在概念。依据对等预设（PA），他打算在肯定结构中分离出来并给予解释的"to be"，其也不可能是一个存在概念。如果吐火兽在对话中崭露头角，它将会以一种我们以之出发并且为人们所熟知的解读形式出现。是时候重新思考我们接受这种解读的最初理由：柏拉图难题中的"what is not"和"nothing"等式劝说我们相信，柏拉图在这里用"what is not"意指"不存在之物（what does not exist）"。

五、主词无（Nothing）

（a）柏拉图把"what is not"等同于"nothing"；（b）把"nothing"等同于"不存在之物（what does not exist）"。两个主张都能被推翻吗？

1. 或许太多注意力被放在了（a）上。ES 分五个阶段展现了他关于"not-being"的困惑，而且在这些阶段中，仅第一个阶段强调了"nothing"。但第一个阶段是以古老形式出现的有关假的困惑，其使用"what is not"，但却没有表明对它的使用在逻辑上是不连贯的。他借助第二个和第三个阶段的论证指明了这一逻辑不连贯，但那个时候"nothing"已经离场。因此，这个等式在它被用来给出解释的论证中并没有扮演任何角色。

这一反驳失败了，但这是由一个非常重要的区分促成的。我将通过澄清那个重要区分来讨论此种反驳。

简要且暂时地，ES 的困惑阶段大致如下；我将在后文回到支配它们的诸预设。（i）237b-7-e7 是人们熟悉的悖论的一个版本。[1]

---

〔1〕 但这个版本就已经含有了转换的种子，参见下文第 119 页。

"what is not"指nothing，因此，言说非是者＝言说无＝根本没有言说（speaking of what is not = speaking of nothing = not speaking at all）。（因此，如果说假话是言说非是者，那么就没有假言说这样的言说；但此处并未给出应用。）（ii）238a1-c11尝试谋求以 *what is not* 作为其明确的主语的结论。既然 what is not 不可能具有任何的现实属性，那么它既不可能具有任何的数，也不可能是事物的一或多，然而为了谈论或思考它，我们必须以单数或复数的形式来提及它；因此，它躲避我们的提及，也就无法被谈论和思考。因依赖内容模式（material mode），（ii）损害了它自身。（iii）238d1-239c8指出，依据（ii），（ii）的论证和结论不可能被连贯地表述出来。如果（ii）证明了什么的话，它证明了：在描述"what is not"和"what are not"时，没有引入话语的主词。因此，ES的探究不具有任何主词，恐怕要消失得无影无踪。118

剩下的两个阶段（239c9-240c6，240c7-241b3）没有为"what is not"的逻辑不连贯性提供出任何新的论证。在这两个阶段，以一种使人联想到《巴门尼德》第二部分的方式，柏拉图的策略从以哲学困惑和哲学沉默收场的否定论证转为积极地展现矛盾；这些矛盾必定被以某种方式咽进肚子，如果意义（sense）是由仿制品（counterfeits）和假（falsehoods）构成的话。[1]这些都不是我们当下关心的事务。

阶段（i）和它后面的两个阶段是什么关系？首先，以（iii）推翻（ii）的那种方式来质疑（i），这显然不是（ii）所做的工作。确

---

[1] 不同于《巴门尼德》，这些步骤在《智者》中产生了化解悖论的积极建议（241d1-242b5）。这看起来也是为《巴门尼德》得出的正确寓意。

定无疑，（ⅰ）应受到质疑：它把它的论题，亦即"what is not"代表 nothing，简单地解读为允许使用"nothing"来替换"what is not"，与此同时却继续使用这两个表达式。[1] 因此，它看起来会被指控为尝试去做其认为是不可能的事情，亦即，谈论 what is not。但是（ⅱ）也继续使用"what is not"，而且事实上把它作为一个指称表达式的角色看作是最重要的。阶段（ⅱ）主张要处理"论证之基础"[2]，这意味着，在（ⅰ）使用 *speaking of what is not* 形成它的结论的地方，（ⅱ）挑选出 *what is not* 作为它的形式主语。关于这个主语，它看起来支持了一个与（ⅰ）使用"what is not"和"nothing"等式得出的结论完全相同的结论。

但如果（ⅱ）没有质疑（ⅰ），那么它看起来也没有建立在（ⅰ）的基础之上：因此这表明阶段（ⅰ）只是在论证中被替换掉了。阶段（ⅱ）对那个重要等式缄默不语，而阶段（ⅲ）有样学样：它对"nothing"没有做任何提及，而是集中火力批评阶段（ⅱ）。结果使得（ⅱ）和（ⅲ）看起来是一个独立自存的对子，它们两者为《智者》的新难题提供了所有材料：这个难题，亦即，意义（sense）能否由"what is not"和"what are not"这些曾被天真地用作描述和讨论假（falsehood）的表达式构成。（ⅱ）把它们作为具有指称（reference）的表达式引入；但（ⅲ）却回应认为，依据阶段（ⅱ）对它们的理解，它们根本没有做出任何指称。这促使产生这一想

─────────────────

〔1〕 237e4-6 当然不是建议抛弃表达式"nothing"，而是主张：任何对 nothing 的言说根本上都不是在说话。

〔2〕 *Peri autên autou tên achên*，亦即论述（*tou logou*）之基础（参见 237e7）；泰阿泰德在 233e1-3 处没能理解 *tên archên tou rhêthentos*（论述之基础），因为他没有理解讨论的主题，亦即，一切（*panta*）。

法：那种在阶段（iii）中导致僵局的、对核心动词的处理方式，不可能通过借助（i）而获得说明。"to be"，正如对该对话的任何一种论述所展示的那样，是一个多才的麻烦制造者；在阶段（i），ES关心那个由否定动词产生的古老难题，而且人们通常认为，这是一个关于话语的非存在主语的难题。但如果在陈述新的悖论的时候，该难题被悄悄地搁置，那么我们就无需假定它或它的解决方案采用了动词的一种存在用法。如果这样一种意义转换看起来粗暴，那么反对者就有了辩护的理由。毕竟，传统解读要求柏拉图在难题和难题的解决方案之间抛弃"what is not"的存在意义。在展示难题的过程中以及在实质性难题被彻底解决之前，提议抛弃此种意义，这才是对此的一个改善。

我说过，这一反驳将有助于引入一个重要区分。它捕捉到的或者仅仅捕捉到一半的东西是，119 在（iii）中达到顶峰的论证其实已经转换了有关"speaking of what is not"的古老难题：把《智者》解读成用《泰阿泰德》的术语回答《泰阿泰德》的难题，这是一种时代错乱。甚至《欧绪德谟》和《克拉底鲁》——这两篇对话均使用了适合于这个世界的语词专门讨论了假的可能性——都在不曾追问像"what is not"这样的语言表达式是否能够连贯使用的情况下，就使用了这些（these）表达式。[1] 相比之下，《智者》从以下观点出发：当且仅当我们能够理解"what is not"和一些相关表达式的恰当用法之后，我们将会以哲学的方式理解这些表达式通常被用来解释的那些情境。当开始转向追问被理所当然地用于构建那个古老

---

[1] 不同于《欧绪德谟》，《克拉底鲁》429d 使用 *mê to on*（而非 *to mê on*）*legein*，而另一个表达式隐含在 385b10。

难题的工具的时候，这带有柏拉图的成熟标志。这足以与《巴门尼德》对"分有"的研究比肩，而且因其给出了解决方案，它又超越了那项研究。

论证第一个阶段（237e1-6）在部分上读起来像是对古老难题的一个单纯回应，这也是事实。如果"speaking of what is not"是"speaking of nothing"，那么就"根本没有言说（not speaking at all）"：为什么呢？《泰阿泰德》已经给出了一个类比（188e3-89a14）：看不见任何东西（seeing nothing）就是没有看（not seeing），听不见和触摸不到任何东西（hearing and touching nothing）就是不曾听或触（not hearing or touching）（188e2-89a14）。

除此之外，反驳失败了。不可否认，在核心表达式仍然没有受到抨击的情况下，（i）以勉强接受旧有悖论的一种版本而收场；但阶段（i）乃是以追问《智者》的问题开始，而且它给出的答案支配了接下来的几个阶段。"假设一个听众必须对问题'*what is not*'这个名称的恰当运用是什么给出一个严肃且慎重的回答的话，那么我们应该期望他把这个名称用于什么东西和什么种类的东西呢，以及他将向他的提问者指出什么样的东西呢？"（237b10-c4，在250d7-8被提起）。[1] 对此的回答，即"what is not"="nothing"，此后仅仅是在口头上消失了。显然，（ii）通过独立证明 what is not 不可能是任何事物的一或多（238a5-b5）被设计用来强调这个等式。这个难题就转变为一个有关指称的难题，当（ii）做出这样的推理的时候：既然 what is not（亦即 nothing）甚至没有给我们提供

----

[1] 一段在句法上令人困惑的文本；但意义没有问题。

出任何可以提及的东西，那么它就是无法说出口的（238b6-c10）。这一结论的不连贯性，以及最初回答的不连贯性，在随后的阶段（iii）中被揭示出来。

因此，这两个主张中的第一个站稳了脚跟。带有"nothing"的那个等式不可能被从诸难题中驱逐出去。我们必须转向第二个主张：它主张"nothing"等同于"不存在之物（what does not exist）"，或者更加准确地讲，在没有假定他的难题是与不存在之物有关的情况下，柏拉图不可能确定和解决他关于 nothing 的困惑。我们现在手头有一个区分，它将挫败第二个等式。

2. 让我们尝试调整柏拉图的一个论证来表明不存在的东西（the non-existent）与 nothing 不是一回事。如果我谈论或思考半人马，那么我不是在谈论或思考 nothing，因为那样的话我根本不是在谈论或思考。如果我告诉泰阿泰德他已起飞，那么我言说了不存在的飞行（non-existent flight），而非言说了 nothing。柏拉图在《巴门尼德》中对"is not"的讨论（160b6-161a5，于 163c2-d1 被驳斥）表明他曾考虑过一种近似的区分。120 但是作为帮助理解他在《智者》中的意图的东西，其遭到了反驳，而且有必要从两个不同的角度来区分这些反驳。广义上讲，一个是《泰阿泰德》的角度，另一个是《智者》的角度。

人们在《泰阿泰德》中发现的那个难题的形式，看起来依赖于对这一区分的消除。言说某物（speaking of something）与说出某物（saying something）没有区别，而且言说（speaking）被比作为看（seeing）或触（touching），就像语词具有内容（content）一样，以至于它们能够与现实情境发生关联（189a3-10）。在假的情形中，说话者没有触碰（touch）任何东西：在归属于泰阿泰德的飞行应该存在的地方，[1]却没有任何这样的对象可供语词命中。柏拉图关于语言的一些最初预设，从对语词——而非说话者——的考虑出发，强化了这一点。语词因被用来命名（name）世界的部分而把握世界，而且诸名称——或其他可以从多个角度被还原成基础名称的名称——只是它们所命名之物（nominees）的代理。[2]因此，最简形式的假（falsehood），例如撒谎的情境出现的时候，变得像——当斯特森（Stetson）不在那里的时候——呼叫"斯特森！"那样空洞，或者像指向真空那样没有意义。[3]这些预设在柏拉图的思想中被研究的如此频繁以致在此无需扩展，而且我认为这些预设在《智者》中被修改了一个至关重要的地方。我将在适当的时候证明（下文 pp.133-6）这一修改并没有使用"to be"的存在意义：它不需要一个存在符号。但不容忽视的事实是，柏拉图在《泰阿

---

[1] 或者也许是飞翔的泰阿泰德（the flying Theaetetus），或者是泰阿泰德在飞的事实（fact-that-Theaetetus-flies）：最初的那个困惑并未注意到这个区分，但是这个建议——即假陈述是关于某物说了"what is not"（《泰阿泰德》，188d2，9-10）——蕴含飞（the flight）才是缺失的东西。这与《泰阿泰德》190b2-4 所蕴含的东西保持一致，亦即，如果 X 是美的（beautiful），但我却称它是丑的（ugly），那么我所做的事情就是错误识别（misidentify）了这个美的*事物*（the *beautiful*）；出错的东西是谓词词语"丑的"。基于具有感知动词（虽然不带有"触/touching"，也不带有表示说话或相信的动词）的结构的力量，重新引入泰阿泰德—飞（Theaetetus-flying）的一次有趣尝试，请参见 D. R. P. Wiggins 的论文 "Sentence, Meaning, Negation, and Plato's Problem of Non-Being", in *Plato I*, ed. G. Vlastos（Garden City 1970），268-303。也参见 Furth 的讨论，前引，123-4。

[2] 例如在《泰阿泰德》201e1-202b5，以及在《克拉底鲁》391a-428e 所探讨的论题。

[3] 《克拉底鲁》429e 及下文，苏格拉底接受了"斯特森（Stetson）"的类比，并且基于这类词汇来主动论证假（falsehood）的合理性，但事实上，他对假之合理性的论证乃是通过区分做出指称（看向/looking towards，指向/pointing 等等）的条件与名称的实际用法；我将论证指出，《智者》关于假的最终论述是此种区分的一个更加复杂的版本。

泰德》中的困惑，对我们来说，看起来恰好就在于假（falsehoods）所言及之物的不存在（non-existence），因此表面上看，这就是他在那里通过短语"speaking of nothing"所要表达的东西。

现在看《智者》。如果我谈论或思考 nothing，那么我根本没有思考或说话，这是真的吗？我似乎能够在不停止说话的情况下做到前者，因为我刚才就在做这件事情：我一直在问 *nothing* 是否等同于*不存在之物*（*what does not exist*）。为了应对《泰阿泰德》的难题，我们区分了两种情况，一种是不存在任何正在被谈论的东西，另一种是正在被谈论的东西乃是一只虚构的动物或一个幻想的情境；现在我们看起来也需要区分两种情况，一种是不存在任何正在被谈论的东西，另一种是存在被谈论的某个东西，即 nothing。121让我们此刻带着柏拉图的准许假定这些区分：让我们说，我们能够谈论神秘的半人马或空想的飞行（我想柏拉图不愿否认），以及我们也能够在不停止说话的情况下谈论 nothing（我认为他会否认）。我们如何要证明这些不是一回事呢？

好吧，我们可以描述我们的半人马。它们有蹄子，没有鱼尾；它们是血肉之躯，不是锡制成的；它们是虚构的，无法在惠普斯耐德动物园里被找到。泰阿泰德的飞行也类似：如果我们要知道被我们当作假的而予以拒绝的东西是什么的话，那么它能够被描述并且事实上必须能够被描述。假设我们被要求描述我们一直在谈论的"*nothing*"：看起来没有任何描述可适用于它。它不是（例如）一匹马，因为它不可能与另一匹马相加从而产生出两匹马。"nothing"在谈话中的功能，像"nobody"和"nowhere"和"never"的功能一样，仅仅是用来表明没有任何一个它可能是的东西。这是柏拉

图为他的 *what is not* 所反复澄清的一点，当他在《理想国》（478b）和《智者》的困惑阶段（ⅰ）中把 *what is not* 与 *nothing* 等同——以及在《智者》阶段（ⅱ）强化此种等同——的时候。这看起来是一个平平常常的观点，或者就像柏拉图在《智者》中使它看起来的那样，令人惊异，实际上却不可理解。如果我们做如下思考也不会令人吃惊：像"nothing"这样的表达式被杜撰用以填补缺口，否则的话，这些缺口将通过引用任意一种或多种有问题的事物来填补。但这将会变得莫名其妙，如果我们主张：如果 Nothing 能够被作为主词谈及，那么它必须符合它被设计用来取代的那些陈述主词的规则；换言之，如果我们问柏拉图"'What is not'这个名称的应用是什么？我们应该期望人们把它用于什么或用于何种事物？"，然后随之便把 What is not 与 Nothing 等同。因为这就要求，如果 Nothing 是可说出口的，那么它就必须为它自己作为一个逻辑主词树立起既可识别又可描述的凭证：我们必须能够说它是一个某某物，以及是哪种某某物。但我们越是误把无 Nothing 作为一个这样的主词并且忽略掉它作为主词排除器的角色，我们就越会遭遇到那些由柏拉图以及在他之后的弗雷格（Frege）和奎因（Quine）所标记出的悖论。[1] 我们发现，我们自己不仅不能说它是任何事物的一个或多个，也不能说出它到底是（*is*）什么（238e5-39a2）。

柏拉图的问题为指称设置了严格条件。当他的问题应用于

---

〔1〕 *Frege*：*Translations*，Geach and Black，Oxford 1955，p.83："例如对'何时（when）?'，'何处（where）?'，'何物（what）?'这类问题来说，当它们的答案分别为'从不（never）'，'无处（nowhere）'，'无（nothing）'时，这些答案并不是一些恰当合适的答案，而是对回答的拒绝，只不过具有答案的形式罢了"。它们当然也不是拒绝，仅仅被用来表明不存在任何的答案。

Nothing 的时候，自然产生了（总之是临时的）困难。Nothing 这个词看起来无视基本词法规则：一个单数词项被构造为排斥单数指称。如果这是哲学家们曾经感兴趣的那个悖论的唯一主张的话，那么，它在很久之前就已经存储了主词的其他燃素（phlogiston）。我们能够说"Nothing"仅仅是寄生地单数形式（parasitically singular），占据了它所填充的那个缺口的尺寸；它分解为"甚至不：一个东西（not even: one thing）"。因此，如果它在语言中的角色最终不能被解释为是一种能够做出指称（reference）的名称或描述的话，那么就有更多的理由去寻求其他的解释模型。实际上，这个悖论在柏拉图的论证中没有任何独立的重要性。122 柏拉图的目标是要表明，当"what is not"被正确的理解的时候，就能（can）回答《智者》的问题。《智者》的问题无法被回答的印象源自——正是智者试图要做的事情——把"what is not"与"nothing"等同；而且我已论证表明，柏拉图随后的诊断，至少对《智者》而言，表明了他想要以何种方式理解这一等同。没有引入动词的一种特殊意义，而是引入了一种与否定动词相关的特定错误。没有把"what is not"等同于"不存在之物（what does not exist）"，而是等同于"不是任何之物的东西（what is not anything）或绝对不是的东西（what not-in-any-way is）"：一个被剔除了所有 being 的主词是不可识别的，因此就不是主词。当否定的范围已经被澄清的时候，这也变得清楚了：任何事物能够而且必须"是许多事物，同时也不是许多其他事物"。《智者》的问题的答案——让我强调原始问题：它不是通过转变动词的意义从而是一个夹带进来的冒牌货——不是"nothing"，而是"任意一个被视为是不同于其他事物的东西"。

因此，对智者的假之难题的回答（或部分回答）是，他的诊断引入了一个无法理解的词项：但不是解释者们所选中的那个词项。

这些思考证明了多少东西？我认为它们证明了，在没有把它们与有关非存在（non-existence）的难题混淆的情况下，提出有关Nothing的诸难题是可能的。这些思考还表明，《智者》的问题把这些难题带到了讨论的前面部分，以便自然地引向柏拉图所从事的对主-谓句法和连接词 "...is..." 的研究。这些思考为我所发现的那种唯一恰当的解读敞开了道路——此种解读不仅符合已被核验过的证据，而且也不会指责柏拉图草率地偏离了或者误解了他自己的策略。

而且这些思考还使得柏拉图的论证在某个特定范围内成为了一个成功的先驱，而非通过——用康福德的话讲——"清除"语词在某个结构中的一种公认意义来整脚地尝试逃避"非存在（non-existence）"难题。在他们引入（（∃x）Fx）或（（∃G）Ga）或任何表达个体存在的表达式之前，逻辑学教师常常花费大量时间来解释替换实例（substitution-instances）如何为公式（Fa）和（Ra，b）提供构成要素。在对这些基本命题的词项所提的要求中，他们也没有提到存在。柏拉图的研究远远早于形式逻辑，他关心的东西远不止公式的构造，但他的研究可被看作是对那些初始解释的最早练习。它在根本上先于，而不是依赖于，对"存在（exist）"这个困难概念的析出或构建。

在贯彻执行这一建议之前，做出一项免责声明或许是恰当的。我并不是在论证柏拉图从来没有，或在《智者》中从来没有，以这样一种方式使用动词 *einai*："存在（exist）"是它的一种自然而然的英语翻译。毫无疑问地是，他这样做了。我希望表明的东西是，核心的论证和解释将会停滞不前，如果它们被解读为含有这样一种含蓄的或明确的区分的话，亦即，把"is"的存在意义与它的其他意义分开。但到目前为止，这种解读留有许多未完成的事项。我要继续详述它看起来将要面临的主要困难，然后尽我所能解决这些困难。123

六、再次引入的存在

（1）人们可以依据接下来的理由论证证明：那个在对话的核心部分被设定的难题只有通过析出动词的一种存在用法才能获得解决。

除非他是 Peck 博士认为的、只应受到善意对待的智者，[1] 智者很可能感觉到最重要的孩子跟洗澡水一起被倒掉了。考虑更清楚地表达，他可能会抱怨说，通过证明表达式"speaking of what is not"能够携带一个可理解的指称（智者对此的解读并非如此）来拯救这个表达式，这一切都还不错。但他是如何被引导去认为——或尝试说出——假言说（false speaking）就是关于非主词（non-subject）的言说呢？当然是因为假言说所言说的东西并不存在，因为世界上恰好没有相关的东西可供假语词（false words）来表达之。

而且 ES 的困惑意识到了这种存在关切。在所有的预设和难题被详细展现出来之前，这些困惑被低估了。尤其请考虑这样一个预设，阶段（ii）基于它证明了 what is not 是 nothing，亦即不是

---

[1] A. L. Peck, "Plato and the *megista genê* of the *Sophist*: a reinterpretation", *CQ* n.s.2（1952），32-56：我的"智者"无疑是一个虚构人物，但却代表了柏拉图（与 Peck 博士一起）严肃对待并试图应对的观点。

任何事物当中的一个或多个。这一预设设定（238a7-9，c5-6，参见241b1-3）某个是的东西（something that is）不可能被附加到what is not之上，并将这解读为what is not不可能具有任何是的属性（attributes that are），例如数。除了谓述的帽架模型（hatstand model of predication）之外，这还能是什么呢：现实的帽子不可能被悬挂在不存在的帽架之上吧？

再者，阶段（iv）和（v）亟待描述。因仅能提供他声称要提供的那些事物的仿本（semblances），并且在这样做的时候，智者做出了虚假主张，为此受到指责（参见236e1-3）。他既提供也陈述what is not，而非what is。在这两种情况中，what is和what is not之间的对比可能会产生难题。阶段（iv）（239c9-40c6）讨论了仿本，而且它的语言（尤其是在240a7-b8反复出现的*alêthinon*）使得此处很自然地把动词"to be"解读为"to be real"。什么东西能够把A的仿本与A自身区别开呢？好吧，A是真实的（A is real），仿本不是（实际上"绝对不是真实的，仅是真实的*对立面*"）。然而确定无疑的是，它又真实地是它所是，一个仿本？因此，一个真实的不真（real unreal）之物打破了what is和what is not之间的不兼容性——我们在指责智者时似乎预设了此种不兼容性。阶段（v）（240c7-241b3）讨论了假（falsehoods）。假思考（false thinking）是把what is思考为不是（is not）（实际上思考为"what is的对立面"），反之亦然；但这一诊断不得不提到了what is not，就好像它具有being一样（241b1-2）。或者，为了补充那种惯常解读，它声称只是提到了具有假信念之人以为存在的、但实际上并不存在的一个事态（state of affairs）。

"to be real", "to exist"：柏拉图具有术语可以避免这样一种混淆，因为就像在阶段（iv）中一样，"real"能被转换成 *alêthinon* 这个语词，而且这个语词自然不会代理动词 "to be" 的其他用法。相反，柏拉图看起来却做了他所能做的一切来加强这一混淆，124 他使用同一个公式涵盖阶段（iv）和阶段（v）的悖论（240c3-5，241b1-2，d6-7），最终把非实在（unreality）难题还原为假的难题（264c10-d5）。这种合并，给那些相信柏拉图在他的形而上学中必须而且能够轻易地区分开实在（reality）和存在（existence）的人，带来了困难。[1] 但这并没有削弱我必须要面对的那种观点。刚才给出的那个论证图景看起来表明，论证的预设和困难并不依赖于连词 "...is..."——该连词并不明显地带有存在意义而只是充当系词或同一性符号。动词所需的意义看起来是那些在传统上与一元谓词 "...is" 相关的意义。因此显然，如果柏拉图要解决他关于 not-being 的困惑的话，他必须挑选出该动词的存在（existence）或实在（reality）用法加以考察。

从在它们之后的关于 being 的困惑中（242b-250e），也能得到相同的寓意；因为现在，已经开始讨论真实之物（real things）的数（number）和性质（nature）。我们已经看到，这一困惑的两条线路在 250e5-6 处联系起来。因此在这里，正是动词的这种相同用法需要被挑选出来，并加以澄清。

（2）接下来，人们将会论证指出，不仅柏拉图的困难而且他

---

[1] Vlastos，前文脚注 * 和脚注 3 中提到的那些文章。既然柏拉图在这里把 "to be" 和 "to be real" 混为一谈，而且既然 Vlastos 把后者看成是不同于存在（existence）的一个二元谓词，那么，我将要提出的那种解读可看成是基于他的论点的一个推论。

的积极结论，都会迫使他区分出动词的此种用法。因为（a）他显然在248e6-249b3论证支持运动的存在（或实在），并且随后（250a11-12，b9，254d10，256a1）预设了运动的存在（或实在）。而且（b），显然，首先是"不美（not-beautiful）"和"不大（not-large）"的存在（或实在），然后是"what-is-not"自身的存在（或实在）；以上都是257d12-258e5的论证主旨。最终（c）还有对假自身的解释说明（261d-263d）。他在此"认为，无论陈述是关于什么，如果它们是关于某个东西，那么它们就是关于某个存在着的东西"，这看起来就是一个常见的学说。[1]难道这不就是此种练习的寓意：假言说（speaking falsely）不是徒劳地尝试提及不存在之物（what does not exist），而是尝试提及某个确实存在的东西（something that does exist），并且把一些跟它所具有的真实属性（real properties）都不同的真实属性（real properties）归于这个存在之物？难道这不就是他满足"帽子架"预设——此预设支配了第一个困惑的阶段（ii）——的方式吗？

（3）柏拉图确实明确区分出了动词的存在用法，而且他的推理应该会迫使他认识到动词的此种用法。该观点已经通过接下来的这种方式被论证提出了。[2]

首先，他看起来准备好区分动词的两种不完整用法，在第一种用法中，动词连接了主词和谓词（例如，"this is fragile"），而在

---

〔1〕 Moravcsik 1962：41。

〔2〕 J. L. Ackrill 最为明确地提出此种观点，前引，1。Ackrill 明确指出，柏拉图想要区分出"is"的不同意义。不赞同他的结论并不意味着对他的实质性观点——柏拉图成功区分了谓述陈述与同一性陈述——完全持有异议。

另一种用法中，它标记出同一性（例如，"that is Socrates"）。引入这一区分的对话文本是由一个直接与之相关的困惑导入的（251a5-c2）。一些后学者无法理解一个事物如何能够具有多种多样的称谓，例如某人如何能够不仅被称为是一个人而且还能被称为是好的；125 对他们的困惑的通常且貌似合理的诊断是，他们把不同的谓述错误地看作是不同的且相互竞争的同一性陈述。[1] 于是在256a7-b4 做出了恰当的区分。ES 打算解释我们如何能够陈述一个事物是 F 但又不是 F（is F and yet is not F），此时借助该陈述的第一个分支，我们旨在把一种属性 F 归于这个事物，借助第二个分支，我们否认这个事物与那个归属于它的属性 F 是相同的。他的解释是，在第一种情况中，事物"分有 F"，而在第二种情况中，事物"分有不同（difference）——不同使得该事物与 F 分开"。这些表达式并非是作为对动词"to be"的分析而被明确提出；看起来做这样的推断仍旧是合理的：柏拉图把系词用法的动词看作是需要分析"分有（partaking of）..."，同一性用法的动词需要分析"分有相同而与……相同（partaking of identity relatively to... ）"，或在 ES 所讨论的同一性用法的否定形式中，需要分析"分有不同而与……不同（partaking of difference relatively to... ）"。

---

[1] 对此，以下都是不相干的："man is man"和"good is good"这些句子是否是他们对象语言（object-language）的唯一有效陈述形式，或者，这些句子是否是他们元语言（meta-language）所允许的唯一形式，其用以证明对他们的对象语言所做的某种（例如原子的）分析是正当的。他们是否已经掌握了这样的区分（参见 G. Prauss, *Platon und der logische Eleatismus*（Berlin 1966），184），这也是不相干的（即便对其他的问题来说是重要的）。他们有意或无意地在话语层面上所拒绝的东西是谓述："他们不允许任意一个东西通过分有另一个东西的特征而被称为另一个东西"（252b9-10）。

如果是这样的话，文本看起来给了我们分析或解释这个动词的第三种方式。例如在256a1，ES强调，"因分有 *being*，运动是"（*esti dia to metechein tou ontos*）。既然这个形式从未出现在先前的分析中，既然它不同于其他形式，那么，它看起来让"...is"成为一个一元谓词，按理说，它应该代表了"to be"的第三种意义。除了存在的意义，还能是什么呢？

（4）最后，在 ES 区分 being 和 difference 的 255c8-d8 处，存在的意义看起来被再次标识出来。"我想你赞同有两种方式可供我们谈论'是者（*things that are*）'：在一些情况中，我们凭其自身（*auta kath' hauta*）来如此称呼它们，在另一些情况中，我们参照它物（*pros alla*）来如此称呼它们；但'不同（the different）'只能是参照不同的东西（*pros heteron*）来如此称呼。如果'being'和'不同（difference）'不是完全不同的东西的话，情况将不会是这样；如果'不同（difference）'像'being'一样分有两种特征的话，那么不同之物的集合有时候将会包含这样一个东西：它是'不同的（different）'，但却不是因某个不同于它的东西。"人们通常认为，柏拉图在这里把 being 理解为既是"绝对的（absolute）"又是"相对的（relative）"，而"difference"只能是"相对的（relative）"；[1] 而且他所意指的东西仅仅是，虽然把一个事物描述为"不同（different）"，这一直是一种不完整的描述，其需要

---

[1] 自 Wilamowitz 以来，曾做出这样论述的学者名单，现在可参见 Frede 1967：22；他能追溯到 Campbell，前引，152。我过去的一个评论（下文 172 页注释 25）与此大意相同，而且已被——尤其是 Moravcsik 和 Runciman——用作论证的支持性证据，因此下文第 125～130 页是用来向它们表达歉意的。在前文第 104 页的脚注 * 中所提到的那篇论文中，这一评论已经被取消了。

某个进一步的指称来补全，但在把某物描述成"being"或"what is"时，其表达式的一种用法并不需要任何补全。在后面的这个用法中，关于某物（of something），人们能够说"*it is*"，而且仅此而已，因此这无疑是一种存在用法。126

据我所知，且尽我所能有力地表达出来的，正是这些考虑使得学者们无视那些出现在既有解释版本中的诸多麻烦。我现在必须要努力证明，这些考虑都是误导性的。关于前面论证的四个论点，（1）和（2）声称证明了柏拉图不得不注意到挑选出动词"to be"的一种存在意义对他的讨论的重要性。（3）和（4）声称证明了柏拉图明确地做出了这一区分。因此（3）和（4）给出了更强的论断，我要先考察它们。[1]

七、明确的区分

（*3）对表达式"partaking in being"的诉求可借助这个提示给予恰当应对：柏拉图也使用了表达式"partaking in not-being"（*metechein tou mê ontos*，260d7；*koinônein tou mê ontos*，260e2-261a1），而且他显然没有打算用这个表达式来指称非存在（non-existence）或标记出一个一元谓词。[2] 再者，在不依赖对等预设

---

[1] Frede 现在对它们进行了巧妙的争论，Frede 1967：55-9 和 12-29；但是我保留我自己的回应，将其看作是为这一具有争议的论点提供一种不同的观点。

[2] 在 *logos* 被替换成 *to legomenon* 之前，说陈述（*logos*）分有 not-being 究竟指什么，这是模糊不清的（就像 *kinêsis* 和 *stasis* 在非同一性的证明中必须被替换成 *kineitai* 和 *hestêke* 或 *kinoumenon* 和 *hestos* 一样，250c6-d2，252d6-10）。在假话中，*所说出的东西*（*What is said*），不是（*is not*）：这就是说，关于某个主词，人们在上文所解释的那种意义上（p.114，和前面的脚注30）说出了 what is not。

（PA）的情况下，相同的观点也能通过肯定表达式获得证明。例如，当它出现在《巴门尼德》中的时候，它显然没有预先设定存在意义的 being。[1] 而且（以免被看作是对《巴门尼德》的另一个狡辩）我们能够在《智者》中把这解释清楚。文本 259a6-8 已经证明了这个短语能够使用连接词"...is..."——我已断言此连接词在柏拉图探究中处于核心位置。ES 总结了他关于不同（Different）的论证：它"分有 being，而且通过这种分有，它是（is）——但它不是它所分有的那个东西，而是某个不同的东西"。后面这个句子中的动词必须由前面的句子提供，因此这个被提供的动词是一个不完整的"is"。（可以确定的是，在没有让柏拉图从事于研究对存在的否定的情况下，还原论者希望为不完整的"is"保留一种存在意义。但他们的论题依赖于转移否定词，这是一个已经讨论过的问题。）

现在思考出现于 256a1 的表达式"partaking in being"。它植根于一系列的推理之中（255e8-256e6），借助于相同的公式，这些推理的结果已被总结在 256d11-e6。这一推理被描绘在（3）中：它在于表明，对各种各样的一般词项 P 来说，基于某个附带条件，一个样本主词（在这种情况中是 Change）既能被说成是 P 也能被说成不是 P。这一附带条件是，对"This is P"的分析模式有两种不同的情况：在柏拉图的例子中，肯定陈述是谓述，而否定陈述是对同一性的否定。ES 总结道："因此在运动的情形中，以及在与所有种（kinds）的关联中，[2] 非是（not-being）必然是（is）；127 因为对所有的种来说，不同（difference）使得它们中的每一个都不同

---

〔1〕 在诸多文本出现中，请注意 141e7-14，161e3-62b8，163b6-d1，e6-64a1。

〔2〕 关于对此的解读，见前面脚注 19—20。

于是（what is），因而使之非是（what is not）。正是以同一种方式，我们能够把它们全部准确地描述为'非是（not being）'，而且我们在另一方面（因为它们分有 being）能够说它们'是（are）'并把它们描述为'是（being）'……因此"，ES 继续说道，"对每一个理念来说，是（being）是多，而非是（not-being）在数目上则是无限。"

"是（being）是多，非是（not-being）是无限"：我将会回到这一数目上的区分，但关于它，现在必须做出少许讨论。简言之，关于一个样本主词，ES 曾经论证，在谓述上，它是许多东西，但也不等同于这些东西。因此，从同一性来看，它不是（is not）那些它以谓述的方式所是（is）的东西。除此之外，从同一性的角度看，它也不是它在谓述上不（not）是的那些无限数量的东西。（贪婪是诸多不等同于运动的事物当中的一个，但它也不是运动的一个可能属性。）因此，如果"This is P"以谓述方式被理解，而"This is not P"被理解为是对同一性的否定，那么，事物所不是的、在数量上无限的东西，要远远多于事物所是的东西。ES 已经以此种方式区分了该动词的肯定出现和否定出现，这看起来足够清晰，而且稍后我将会给出理由。与此同时，这一区分并没有影响到我们的论证。ES 的结论所依赖的动词"to be"的用法是一种连接用法，散布于同一性和谓述两者之间。因此他可以正当地指出，"正是以相同的方式（*kata tauta*，亦即，通过找寻一个恰当的补足语），我们能够把它们全部都准确地描述为'非是（not-being）'和'是（being）'（因为它们分有 being）。"为了确定他的意思，ES 立刻提到了他正在讨论的任意一个理念（form）的多个是（being）和无数个非是（not-being）。他意指（正如康福德的版本所释义的那样）"每一个理念（form）所是（is）的东西有很多，而它不是（is not）的东西在数量上是无限的"。

因此，推测这一段落特意区分出了"is"的实质或存在用法，这与论证不符。在总结 256e3（或者前面 256d8-9 的几行）的讨论时，"partaking of being"这一形式并没有被用来标识这种区分。正如我们看到的，在文本 259a6-8，它也没有被这样使用。因此在文本 256a1 的那个论证的开局一步，它不可能具有这项任务。无论语词"change is"被解读为前面这个句子"change is different from rest"（255e11-12）[1]的片段，还是被解读为"change is with respect to something"（亦即，被例示，分有的反向用法：256e5，263b11-12，以及下文的第 131 页）的省略形式，在柏拉图看来，它们必然都是片段性的或省略性的。

因此，"partaking in being"并没有预先设定把绝对的 being 归属于任何一个主词。一旦此种形式出现了，柏拉图的任何一个读者都不应该对此吹毛求疵。分有被塑造成一种技术手段来应对这样一些情况：事物既有条件地是 P 也有条件地不是 P。[2]请思考"分有"在我们的语境中的用法：通过分有不同这个理念（the form of difference），每一个事物是不同（255e4-6）；通过分有相同，每一个事物是相同（256a7-8）；而且通过分有 being，每一个事物是（is）。128 依然存在的问题是，某物与什么不同，某物与什么相同，以及在一般意义上，某物是什么。

---

〔1〕参见 Frede 1967: 56-7。
〔2〕见本书第 9 章。译者：欧文论文全集（1986）第 9 章，即 A Proof in the *Peri Ideôn*。

《巴门尼德》对一（unity）的处理是一个非常明显的相似物。苏格拉底在那里（129c4-d2）解释了他自己如何既是一也是多（many）：他有很多部分，而且以这种方式，他分有多（plurality）；他是一个人，因此分有一（unity）。若认为柏拉图把这些分有看作是赋予苏格拉底某种无条件的一和多，这是荒谬的：基于这些条件，苏格拉底仍然是一个矛盾的主体，而且芝诺悖论永远不会被根除。换句话说，柏拉图没有把这一情形看成是可分析为"Socrates is one & Socrates is many & Socrates is human & Socrates has parts"。说苏格拉底是一和多，只是说出了一些省略的东西，而不是从一个更长的合取项中析出两个独立的合取支：通过限定"在什么方面和在什么关系中"，"一"和"多"才会被补全完整（《理想国》436d）。[1]类似地，对是（being）和非是（not-being）的分有也是如此这般。

（*4）支持柏拉图在存在（existence）和其他种类的being之间做出明确区分的第二个论证，可以被更加快速地解决掉。[2]在255c12-d7，他在动词"to be"的不同用法之间确实做出过一种区分；但几乎可以完全肯定地是，这些用法是动词在同一性陈述和谓述陈述中的不完整用法。

---

[1] 这增强了巴门尼德对苏格拉底是否需要人的理念（a Form of Man）的质疑，而且也使得苏格拉底更加犹豫不决（《巴门尼德》，130c1-4）：因为对这个理念的接受将（would）看起来使得苏格拉底把"我是一个人（I am one man）"分析为"我分有单一性（unity）和我分有人（humanity）"。实际上却不是这样："一（one）"和"多（many）""同（same）"和"异（different）"，"是（is）"和"不是（is not）"，它们本质上的不完整性已经在《巴门尼德》中以悖论的方式被完好地展示了出来（例如146d5-e4，147a3-8，161e3-162b8），而且对它们来说，分有的初始模式依然奏效。
[2] 参见 Frede 1967: 12-29。也可参见本文末尾的"附注"。

其一，当ES区分不同（difference）和是（being）的时候，他没有像许多评论者所解释地那样，认为把X称为"不同（different）"就是给出关于X的一种相对（relative）或不完整（incomplete）描述（pros ti）。他认为这其实是给出这样一种描述，此种描述必须永远由某个不同于X（different from X）的东西来填充（255d1，7）。相反，当我们把事物描述为"是（being）"（亦即说事物是）的时候，仅仅是在某些情况下，我们所说的东西必须被某个不是主词的事物来补全完整（pros alla，255c13）；[1]在其他情况中，事物能够被说成"凭其自身"（auta kath' hauta，255c12-13）而是。因此，正是在谓述中，动词"to be"的补足语引入了某个不同于主词的东西：关于这，ES在256a3-c10给出了一个主要论证，而且对理念论来说，这当然是一个非常重要的论点。[2]另一方面，在同一性陈述中，位于动词两侧的表达式不可能指称不同的东西；实际上，在这个语境中，它们看起来被看作是典型的"A is A"形式（254d15，257a5，259b3-4）。

其二，ES在255c-d（kath' hauto...heteron, allo）进行对比时所使用的语言，129在这个论证的一开始，就已经被引入用来标记同一性陈述和谓述陈述之间的区分。后学者的理论使得他们，有意地或无意地，[3]仅仅让前一种陈述成立，因此他们被认为是"禁止任何一个事物分有其他事物的成分，进而禁止该事

---

〔1〕 柏拉图并不打算在这里区分 heteron 和 allo（如在 Frede，12，n.1 中的 Deichgräber），这一主张不仅被 256c5-6，257a1，257b4 和 b10 予以证实，而且也被 252b10 和 c3 处的必要预期所证实。

〔2〕 这是第三人悖论（Third Man paradox）的一个前提，Alex.，*Metaph.* 84.21-85.12。

〔3〕 参见上文脚注47。

物被称为其他事物"（*mêden eôntes koinôniai pathêmatos heterou thateron/prosagoreuein*，252b9-10）；而且，在产生同一性陈述（其对陈述他们的情形至关重要）中，他们被说成是结合了表达式 *einai...chôris...tôn allôn...kath' hauto*（252c2-5）。因此，一些评论者借助《斐莱布》（51c）或《泰阿泰德》（157a-b）在 *kath' hauto* 和 *pros ti* 或 *tini* 之间所作的区分来注释我们的段落，他们由于把目光放的太远，反而带回了错误的二分。[1]

其三，正是这种解读——因为旧的解读不能——解释了 ES 为什么需要一个不同的论证（255b8-c7）来区分是（being）和*相同*（*identity*）。因为"same"和"different"一样，都是语法上不完整的谓词；使得论证无法应用于相同（*identity*）的东西是：它不被认为能够标记出不同事物之间的关系（参见 256b1）。

其四，ES 在 255c10 使用语言"I think you agree"（并不像那些接受公认解读的翻译者们所通常认为的那样，此处有必要翻译成"I think you will agree"）引入他对"to be"的不同用法区分。为什么预设他已经具有了泰阿泰德的认可呢？仅仅因为泰阿泰德刚才追随 ES 回顾后学者的理论，并且论证证明了后学者的错误（252d-254d）：谓述是可能的而且是必要的，甚至是在抽象的语境中，也需要哲学专业知识来决定什么东西能够谓述什么东西。因此泰阿泰德已经赞同：谓述和同一性一样，都是必要的。

这一区分能够被看成是源自它的文本语境，对此的诉求能够被进一步放大。就像 ES 需要区分同一性和谓述来解决掉后学者的

---

〔1〕 此处所理解的这个区分也自然地引向了亚里士多德在 *to kath' hauto legomenon* 和 *to heteron kath's heterou legomenon* 之间的区分。

困惑一样，他也需要这个区分来解释前面关于 being 的一般悖论
（249c10-250e4：见下文第 132 页）以及消除接下来的悖论（255e8-
256c10，参见 259b8-d7）。那个尚未做出的并且跟这些难题无关的
区分是：一方面是"to be"的一种完整的或存在的用法，另一方面
是"to be"的尚未分化的不完整用法包。

从这些答案中还可提取出另外一种寓意。即便从事这项有价值
且重要的工作，亦即区分带有动词"to be"的谓述性陈述和同一性
陈述，[1] 柏拉图也没有把他的工作看作是一项展示动词的不同意义
的工作。他对该动词的句法评论被用来表明：关于这个单一的、无
差异的理念，亦即 being，它的不同工作或不同结合可能性。因为
如果（*3）表明"partaking in being"这个表达式没有被用来确定
该动词的一种特定意义，130 那么，（3）引用的其他表达式也不可
能被看作是以其他意义释义该动词；对话的文本也从未声称它们
具有这样的角色（256a10-b4）。[2] 而且借助刚才所讨论的那个论
证，问题看起来已经被解决掉了。如果柏拉图认为他自己是在区分
"being"的多种意义，那么由他在 255c8-d7 的推理，他必然会总
结得出：他已设法区分开不同（difference）和属于那个名称的一
个概念，亦即一个不与其他事物相关（*not pros allo*；或采用一种

---

[1] Ackrill 1957 的论证冲击。

[2] 实际上，256a11-b4（此处推测出来的核心动词"to be"只能从前面的句子获得理解）
能够非常容易地被解读为提供了对"相同（the same）"的不同分析：在"change
（is）the same"中，它指"分有相同（Identical）这个理念"，在"change（is）not the
same"中，它指"相同（Identical）这个理念"。如果 *ouch homoiôs eirêkamen*（256a11-
12）允许转写释义，这些都是准备好的候选项，但一个通常在亚里士多德那里允许转写
释义的短语，在柏拉图这里，并不必然如此（参见下文第 136 页）。

更老的解读，*pros ti*）的 being。being 对他来说仍旧是一个单一的（unitary）概念，他直接推出他在 being 和 difference 之间的区分就是一个证据。[1]

因此，柏拉图在《智者》中没有——用肖里（Shorey）的话说——"明确区分系词的 *is* 和实质的 *is*"。尽管如此，他的论证会迫使他分离出该动词的一种存在用法吗？

八、悖论

（*1）再次思考那些支配柏拉图关于 not-being 难题的预设（236-241b），以及他对那些预设的讨论。这些悖论从多个方面都被看作是依赖于一个古老且变化多端的假设，亦即，*being* 与 *not-being* 之间没有任何联系，或者更为详细地说，what-is-not 绝不可能是（cannot be in any way）和 what-is 绝不可能不是（cannot not be in any way）（参见 241b1-2，d6-7）。可以理解地是，鉴于它的模糊性，这个假设呈现出多种形式：在（i）中，"what is not" 不可能指定（designate）任何是的东西（anything that is）（237c1-7）；在（ii）和（iii）中，一个是的属性（an attribute that is）不可能被附加到一个不是的主词（a subject that is not）之上（238a7-9，c5-6）；在（iv）中，真实不是的东西（what really is not）或者不真的东西（what is not real）在根本上应该真地是某个东西或者是某个真实的东西（240b12-c3；巴德汉（Badham）译文），这是

---

[1] 其仍然是元音形式的理念 being（前文脚注 26）；但在这里，我不可能探讨具体体现于"理念的结合（communion of forms）"或分有（*methexis*）的角色之中的概念差异。

自相矛盾的；在（ⅴ）相信 what is not 的情形中，被相信的东西（what is believed）也应该具有 being（241a3-b3），这也是自相矛盾的。此外，（ⅰ）预设了 what is not 等同于 nothing，[1] 并且（ⅳ）和（ⅴ）把 what is not 看作成是 what is 的对立面（249b5，d6-9）。

我相信人们将会赞同，柏拉图对这些核心预设的理解，必定能够从他接下来对它们的讨论中收集到。在这一点上，传统解读看起来是奇怪且矛盾的。有一个明显希望保留第二个预设的愿望，其把该预设理解为：只有存在的主词能够具有现实的属性（见第 124 页的（2c））。此外，诸预设又被看作是关于非存在（non-existence）的一组令人棘手的论断，柏拉图抛弃了这些论断，转而支持一些能够开拓出动词"to be"之不同意义的良性论断。131 但这两者都不是柏拉图的反应。他提出反驳所有预设，否认它们，证实它们的否定（参见 *ton elenchon touton kai tên apodeixin*，242a7-b5）。他直截了当地和不容置疑地把它们（尽管他还不能给予自己语词的奢华）理解为是错的。

通过表明——考虑到恰当的补足语——"what is not"和"what is"必定能够适用于相同的事物（256e2-7），而且事实上也适用于任意一个陈述的主词（263b11-12），第一个预设被证明是自相矛盾的。第三个预设，亦即"真实的（real）"和"不真实的（unreal）"不能共栖（cohabit）的这个主张，显然也能以同样的方式反驳，而且 ES 对实在（reality）难题的表述（240b9-13）看起来就是为这一方案量身定制的：仿本不是真实的原本，但它无疑是

---

[1] 参见前文脚注 7。

一个真实的仿本。[1] 他最终只是把关于非实在（unreality）的难题还原为关于假的难题（264c10-d5）。

当然，第二个预设也不是由这个一般反驳所夹带的。它和第一个预设一样，被相同的段落证明是自相矛盾的。然而，what is not（亦即 what is not not so-and-so）必须具有它的属性——亦即，"与其相关的"属性就是它的属性（256e5-6，263b11-12）。基于这些条件，显然，一种属性既能够被说成是，也能够被说成不是（both to be and not to be），属于一些主词，但不属于另一些主词：这个不完整的"is"以另外一个角色被引入（不是被转写释义），用以标识出一种与分有相反的关系。

然而，此处有一个复杂情况能够帮助解释柏拉图的论证过程。首先，一些理念（forms），例如是（being）、相同（identity）和不同（difference），能够被归属于任意一个东西。那么这些理念如何能够被说成"不是（not to be）"与任意一个主词相关呢？那好：倘若被理解为同一性的否定，它们就能。我认为这解释了为什么在讨论这些遍及一切的（all-pervasive）概念的时候，柏拉图准备好使用适用于主词的那些谓词来解释属于主词的"多个是（multiple being）"，但却转向非同一性（non-identity）来解释主词的"无数个不是（not-being）"（参见前面的第 127 页）。而且这解释了为什么当他转向飞（flying）和坐（sitting）这样的非普遍（un-pervasive）属性时，这种不对称性（asymmetry）看起来被悄悄地放弃了：这些属性的不是（not-being）被拓展至它们无法真正地谓

---

[1] Vlastos 把这看作是柏拉图有关实在（reality）的标准观点的一个要素，参见 Vlastos 1970，（前文脚注 3 和脚注 44）。

述某个特定主词的情形（263b11-12）。但是，这个隐秘的拓展不是一个失误：确定无疑的是，基于非同一性（non-identity）仍是他的分析核心，柏拉图感到他有权调整他对这些情况的分析。如果飞"与泰阿泰德无关"，那么在飞和真正属于泰阿泰德的所有属性（对他而言，这些属性"是/are"）之间，非同一性此刻仍旧成立（上文第114-15）。因此，他准备好他的理由反驳（v）使用的预设，以便从假（falsehood）中提取矛盾。那个错误地说话和错误地思考的人终究还是无矛盾地把是（being）归于非是者（what is not），或者把不是（not-being）归于是者（what is）：他把一个"与X无关的"属性——亦即一个不同于X的任意一个属性的属性——看作是X的一个属性；或者他把一个"与X相关"的属性看作是一个与X无关的属性。这看起来就是在肯定形式的假和否定形式的假之间做出的区分，而柏拉图只是专门讨论了第一类的假（263a1-d5）；132 但他的语言却暗示了，他为解决其他种类的假做好了准备（240e10-241a1；参见 *apraxian* 非—行动 /non-action 262c3）。

对于剩下的那些预设，亦即，what is not 是 *nothing*，并且是 *what is* 的对立面，没有必要再多说些什么。智者从未表明他关于非是（not-being）和假的困惑使用了一种特殊的 being 概念，或使用了不可否定的核心动词的一种意义。关于他处置不当的"is"和"not-is"，他在恰当的范围内和适当的防护措施上受到了教育。对假陈述尝试提及，但却未能提及之物的那种令人困惑的无效性的认识，才是智者在此徒劳找寻的东西。

我们此刻不容他喘息，指出随后有关是（being）的悖论（242b6-250e4）也同样地被恶意调整，用以迫使承认"exist"是

"is"的一种特殊意义。就像 ES 预测的那样，对"is"和"is not"的论述齐头并进。

对话的这个部分被设计以一个其诊断已经获得共识的悖论（250e1-2 处的难题）收场。[1] 它依赖于对同一性陈述和谓述陈述的混淆。这解释了 ES 为什么会立刻转向后学者（251a5-c6），并提议为两个难题（251c8-d2）提供答案。在通向他的难题的道路上，他已经表明，先前刻画 being（或者"what is"和"what are"）的尝试是受到不当限定的：being 是多，或只是一，或是有物质形体，或不可变化和不可感知；所有说出这些观点的人都会因为从清单目录中遗漏掉某个东西而受到指责（242c4-249d8）。因此他提出了一个看起来没有遗漏掉任何东西的建议（A）："being 是某个变化了的（changed）和不变的（unchanged）东西"（249d3-4）。他评论道，"变—不变（changed-unchanged）"的析取无疑是全面彻底的（250c12-d3），而且实际上，任何其他全面彻底的二分法都会同等地为该悖论服务。现在，他重复了一个前文用来反对多元论者的论证：being 既不是运动（change）也不是静止（rest）；它是一个不同的东西，亦即，being（250c3-4）。而且这立刻以此种形式被重述（B）："being 因其自身本质（nature）既不静止（rests）也不运动（changes）"（250c6-7）。因此（A）看起来与（B）冲突。

通常认为，（B）被从"X 不与 Y 或 Z 同一"到"X 不被 Y 或 Z 刻画表征"的一个不当转换所证明；通过区分同一性陈述和谓述，以及通过表明，对某些普遍谓词（如 being，identity，difference）

---

[1] 甚至存在此时被认为是这个引言段落的论题：上文脚注 13。

来说，与它们当中的某个谓词不同的一个主词，仍然不得不被该谓词所刻画表征，ES 紧接着阻止了这个转换。因此，这个难题作为在同一性和谓述（而非存在）方面的逻辑练习而被设定和解决。诚然，评论者们曾经希望，在柏拉图先前对 being 的旧有理论的回顾中，发现他论证过有关存在（existence）的肯定真理（positive truths）。[1] 但考虑到他在这个部分的一般策略，这样的真理仅仅是放在括号里的辅助说明（parenthetical）。133 在我看来，我怀疑柏拉图是否会把这种带有括号的学说强加给读者：为了使这些描述的省略特征从根本上是清晰的，把对 "things that are or are not" 的研究看作是对《巴门尼德》关于 "things that are one or not one" 的比较研究，这就足够。柏拉图关于 being 的诸论证，正如他把它们描述成的那个样子，是悖论的前言。柏拉图的论证所证明的东西（至多）是某些特定主张——亦即，对 F 的某个特定值而言，*to be* 只是 *to be F*——的不连贯性。这些特定主张引出了这个建议：*to be* is to *be either or both F and not-F*。于是，它们就为前文所述的难题设定了场景。

九、假的途径

（*2）在 ES 的方案中，一个属性（例如 change 或 not-being）

---

〔1〕 参见 J. Malcolm 1967。关于此，他在其中并没有发现任何可被识别出来的、该动词的存在意义；而且他强调，在这些段落中，柏拉图并不关心把动词的主要出现限定在一个语法角色上。它从副词（adverb）变成连接词（connective），然后又从这些语词变成一些未被给出任何明确补语的语词。

的 being 至少带有这样的要求：它应当确定无疑地是可识别的（identifiable）和可例示的（instantiated）。这就是说，说出"它是（it is）"就允诺了两种实现：它是 A（it is A），"有它自身的本质（nature）"，因此不是 B（参见 258b8-c3）；它是（it is），"相关于（with respect to）"其他事物 C，D...（上文第 131 页）。诸属性的任意一个主词也类似：说"它是（it is）"，就是要面对《智者》"是什么以及是何种事物"的问题。那么，那个要求任意一个陈述的主词都必须存在的条件——据说是柏拉图最后分析真陈述和假陈述（261c6-263d4）的基础——又是怎样的呢？[1]

显然，这一要求条件不可能再被看作是满足了那个"帽子架"预设——其在困惑的阶段（ii）被识别出来。ES 已经反驳了支配那个阶段的预设，而且以这样的方式表明，该预设不被理解为是有关存在的（existential）。但请思考这个分析自身。

引人注目的是，虽然柏拉图强调一个陈述必须关乎（*about*，或 *of*，或必须 *name* 或 *belong to*）某个事物，但是他没有使用动词"to be"的存在意义来展示这个事物的本质（nature）。他说，一个陈述必须是关于"某物（*something*）"（262e5），因此必定不是关于"无（*nothing*）"（263c9-11），而且他使用了一个长篇论证来解释第一个（亦即，某物）而不是第二个（亦即，无）能够作为一个陈述之主词的条件；但是，当他在这种联结中使用该动词的时候，他把主词说成是"what is 或 what is not"（262c3）。可以理解，后面这个短语（即 what is not）已经为那种共识的支持者们带

---

[1] Moravcsik 1962：41。

来了麻烦：他们曾经试图否认它适用于陈述的主词，甚至理解为，它产生了肯定断言和否定断言（assertion）之间的广义区分。[1]但文本使得他们受挫。柏拉图正在论证的东西是，任何一个陈述都需要结合主词—表达式和谓词—表达式。在没有把某个像"一只狮子（a lion）"这样的表达式和另一个不同语族中的表达式——如"跑（runs）"——结合起来的情况下，不可能宣称"what is 或 what is not 的行动（action）或非—行动（non-action）或是（being）（*oudemian praxin oud' apraxian oude ousian ontos oude mê ontos*，262c2-3）"。134 就像"action 或 non-action 或 being"刻画了谓词—表达式所贡献的东西一样，[2]"what is 或 what is not"标识出了主词—短语的贡献。[3]柏拉图既想提供"不美（the not beautiful 或 what is not beautiful）"这样的主词，也想提供"美（the beautiful 或 what is beautiful）"这样的主词。否则的话，他将会拒绝承认他自己的一些结论是真值候选项。既然如此，当那种公认解读主张柏拉图应该依据动词的存在用法挑选出主词、并将这视为是他的最重要的工作的时候，柏拉图却把连接词"is"以及它的否定置于核心位置。[4]

---

[1] Moravcsik 1962: 63, 脚注 1；尤其参见 Campbell 1867: 173。

[2] "being"不能被传统解读描述为表示存在，除非信诺柏拉图继续解释：有关存在的陈述如何能够是假的，但却是有意义的。关于整个短语，尤其参见 Apelt, *Sophista*；关于 *ousia*，见下文脚注 72。

[3] 如 Diès, "ni action, ni inaction, ni être, soit d'un être, soit d'un non-être"，以及 Taylor, "the action, inaction, or being of anything that is or not"。

[4] 261e5 处的 *ousia* 当然就是在前面论的证中被研究过的那个"being"：在前文脚注 51 被引用的那些文本证明它并不局限于存在的语境，而且它在《智者》中的其他出现也能够以同样的条件获得说明。

在这类缺乏或无视表示"存在（exist）"的表达式、并且从未尝试析出一个作为存在的"种（kind）"或"理念（form）"的概念体系内，智者的困惑最终是如何被诊断出来的，这仍然有待阐明。《泰阿泰德》在说（speaking）和看（seeing）或触（touching）之间的那个类比从未被回忆起：那仅仅是一种外部征兆（symptom）。[1]被接纳的东西是《欧绪德谟》借以开启关于假之悖论的一个假设，亦即，事物（*pragmata*）只能借助属于它们自己的表达式被谈论。ES 非常友善地以这样一种形式接受了该假设：任何一个具有真值的陈述必定属于（belong to）某个事物，亦即，属于与该陈述"有关（of）"或"相关（about）"的那个事物，也就是该陈述"命名（name）"的那个事物（*pragma*）（参见 263a4-5，262e12-13）。陈述和陈述所关乎的事物，关于它们之间的关系，我称之为"A 关系（A-relation）"，并强调柏拉图在探讨此种关系时的两个要点。第一，他举例说明了这一关系，但没有提出要分析它：他显然预设这已经被他在"对每一个事物来说，它很多地是，也很多地不是"（263a11-12）这一宣言中回忆起的、对主词—谓词关系的整体研究阐明了。第二，在文本 262e12-263a10（尤其 263a4-10）和 c5-d1 处变得清晰的东西是，他对这种关系持有一种直观上看似合理的观点：他主张"泰阿泰德坐（Theaetetus sits）"和"泰阿泰德飞（Theaetetus flies）"这两个陈述都是关于同一个事物，亦即，

---

〔1〕 这种非意向的及物动词，例如"击打（hitting）"和"踢（kicking）"，看起来同样适合传达智者在陈述和情境之间对语言联系（verbal contact）的要求。根据一种观点，（某些）感知动词（verbs of perception）对这个类比来说尤为重要；关于此种观点，见上文脚注 39。

泰阿泰德。没有任何迹象表明：它们是"关于 /about"（或"命名 /
name"，或"属于 /belong to"）坐（*sitting*）或飞（*flying*）。当然，
关于 sitting 和 flying 的陈述也是可能的，包括一些与刚才所提到
的那些陈述等效的陈述：例如，"坐是关于泰阿泰德的（Sitting is
with respect to Theaetetus）"。但从柏拉图说过的东西来看，这些
陈述看起来不是相同的陈述：它们无法被刻画成是与同一个主词相
关的（262e5-6）。[1]

　135 因此，正是这种 A 关系为智者提供了他在语词和被语词描
述的现实情境之间所要求的那种联系：语言联系（verbal contact），
或语言"所有物"（verbal "belonging"）。（这就是奥斯汀所谓的
陈述的指示性成分；这个东西常常被称为"指称 /reference"。）
智者被允许做出这样的主张：如果这种关系不成立，那么没有
真（truth）或者假（falsehood）曾经被说出（uttered）。但根据解
释，他夸大了这种关系的适用范围。它是真和假的必要条件，但
不是真的充分条件。单纯的命名（naming）——甚至连在一起的
名称串（262a9-10）——无法"实现某物"（complete the business,
perainein ti）或者获得一个真值（262b9-c7）：只有当某物*被说成
是与陈述所涉及的那个东西相关*的时候，才会实现，[2] 而且为了

---

〔1〕 这表明以下两点与柏拉图对智者难题的应对无关：（1）认为"泰阿泰德飞（Theaetetus
flies）"提到了（＝属于，具有或者关于）两个东西，而假（falsehood）则产生于一起
提到的这两个东西，它们在现实中根本不在一起；（2）寻找作为整体的假句子能够与
之发生语言联系的某个"相关物（correlate）"。对 262e5-6，262e10-263a10，c5-11 处
所坚持的观点来说，261e4-6 和 262e10-11 使用的表达式只是无伤大雅的开场。

〔2〕 263b4-5 处的 *peri* 既与 *onta hôs estin* 结合也与 *legei* 结合，这不仅被 263d1 证实，而
且也在一般意义上，被如下要求所证实：*陈述（logos）必然是 tinos 或 peri tinos*
（262e5-6，263a4）。

这，人们需要引入一个带有完全不同功能的表达式，例如 "...sits"
或 "...flies"。一旦 "what is not" 在诊断中的位置被证明合理有
效，那么正是在 A 关系中，柏拉图看起来就锁定了在智者的假
之图像当中的剩余错误。假（falsehood）显现为尝试提及某物的
失败，就像是一次不成功的触摸或倾听；因此这混淆了命名条件
（conditions for naming）和真之条件（conditions for truth）。

关于柏拉图的回应，我认为无需详述这个人们熟悉且感到满
意的论述。[1] 我的论证关注相关性关系（the relation of aboutness）
被引入的方式。毫无疑问，在对陈述结构进行更为雄心勃勃的研究
之前，这需要（而且目前正在接受）更为严格的分析；关于事物被
无矛盾地区分（differentiated）、指派（assigned）或否定（denied）
属性的方式，柏拉图的探究是一个必要的导论，而且就他的目的来
说，也是一个充分的导论。对主词应该存在的那种要求既不是必要
的导论也不是充分的导论：参考这个无法解决且毫不相干的疑问
（query），亦即，他是否想要为半人马保留位置。

"但是，要求陈述应该是关于某物（*something*）而不是关于

---

[1] 既然我暗示《智者》是革新性的，那么我就必须注意到统一论者的建议，亦即，解决
方案在《欧绪德谟》（284c）和《克拉底鲁》（385b）已经获得认可：这一方案把说真
话（true speaking）刻画为如其所是地谈论事物之所是（speaking of things that are, as
they are），把说假话（false speaking）说成是如其所不是的谈论事物之所是（speaking of
things that are, as they are not）。这一合取的前半部分在《智者》（263b4-5）中得到回应。
但是（i）对假的描述在《智者》中没有回应——可以理解地，因为它不管怎样都是模
糊不清的，而且在《欧绪德谟》284c-e，285e-286d，它的模糊不清被用来制造无法解决
的悖论。（ii）《智者》对真描述（truth-description）的回应具有一种不同的含义：《欧绪
德谟》清楚地表明 "things that are" 是陈述的主词（见 284d-e 处的例子），而在《智者》
263b4-5，它们同等清楚地是谓词；而且，谓词 "是或不是关于（is or is not with respect
to）"主词，这一意义在早些时候业已确立（256e5-6，在 263b11-12 处提起）。

无（nothing），这恰好就是要求主词应该存在；对柏拉图而言，
to be 就是 *to be something*，[1] 而且确定地是，这是一种对存在
（existence）的论述。"关于此，最后有两个评论。

我曾经尝试刻画一个概念方案，柏拉图在此方案中把"无
（nothing）"和它的孪生物"某物（something）"当作是陈述的可
能主词来研究。对这样一项关于主词—谓词结构的研究而言，136
对存在的论述既不是该研究的前提预设，也不是该研究的一部分；
这或许可能是一个进一步的结果，就像在没有存在预设的情况下，
逻辑学能够被用来产生出适用于个体存在的公式。[2] 我想，这就是
在亚里士多德的形而上学中发展形成的东西。众所周知，亚里士多
德抱怨柏拉图没有迈出这一步，忽视随之而来的对"is"的诸多意
义区分，仅仅停留在满足于他的单一（unitary）概念 being。

对等式"*to be is to be something*"来说，"to be something"的
否定形式是"not to be anything"或"to be nothing"，柏拉图认为
这是无法理解的；因为从这个等式将会得出"not to be"没有任何
意义。柏拉图不接受动词不可被直接地否定的用法。实际上，他主
张 *to be in no way at all* 是一个单纯的自相矛盾的概念；他尽可能
地论证强调，这不是对动词 *to be* 的合法否定。忽视这一点就会落
入传统论述的尴尬境地：让柏拉图从事这样一个论证，首先设置关

---

〔1〕 在 104 页的脚注 * 中被引用的那个早期段落，我使用了"*to be is to be something or other*"来描述柏拉图的理论，但基于这里给出的理由，我现在认为这个表达式是不清晰的。人们熟悉的 *einai ti* 这个习语，在《智者》（例如 246e5）的用法与柏拉图在其他对话中的用法一致。

〔2〕 J. Hintikka, "Studies in the Logic of Existence and Necessity, I: Existence", *Monist* 1（1966）55-76.

于非存在的难题，然后提议反驳这些难题所依赖的预设，最后退却让步，提议直接否定（direct negation）应当谨慎地保留给动词"to be"的其他用法。

附注（见上文脚注 56）

前面的论证（255b8-c7）区分了是（being）和相同（identity），而且既然在没有指明动词"to be"的任何一个补足语的情况下，其讨论了 being，所以该论证经常被理解为专门探讨存在（existence）。它紧接 255a4-b6 的论证，change 和 rest（C 和 R）在该论证中基于以下理由与相同（identity）和不同（difference）区分开：尽管 C 和 R 两者都能被称为相同（identical）或不同（different），但是 C 不可能说成静止（rest），R 也不能说成运动（change）。其后 being 基于以下理由与相同（identity）被区分开：C 和 R 两者能够同样地被说成"是（to be）"，但却不能被说成是相同（*tauton*）。这两个论证从头到尾都没有指明"相同（identical）"和"不同（different）"的补足语。因此在第一个论证中，把相同（identity）归于 C 和 R，被默认理解为意指 C 与 C 同一和 R 与 R 同一，与此同时在第二个论证中，这被默认地理解为是指它们*彼此*相同（the same *as each other*）。（单数的 *tauton* 在 255c1 作为联合谓词（joint predicate）的用法有助于这个转换，但它自身却是不合理的：来自动词"to be"的谓词对应物是 *on*，但它根本不可能是一个联合谓词。）这些论证所表明的东西——如果有的话——是，对某个主词来说，当"相同（the same）"和

"不同（different）"（伴有未被宣布的补足语）能够恰当地出现在对它的描述中的时候，两个表达式在描述中都不能被"运动（changing）"或（在可供替代的情况下）"静止（at rest）"替换；对一些主词来说，当"being"能够恰当地出现在对它们的联合描述（joint description）中的时候，表达式不可能被"identical"替换（再次伴有未被宣布的补足语）。显然，137 论证不会丢失它的任何力量，如果我们写道："对某个主词而言，在对它的描述中，'being'能够恰当地出现（*伴有某个未被宣布的补足语*）"；这一论证系统性地省略了补足语。

柏拉图的可理知世界？

Sarah Broadie[1] 著 樊黎[2] 译

摘要：

第一部分检验了《蒂迈欧》的创世论述中的三种角色：（a）具有理智的原因（intelligent cause），（b）经验材料（火、土等等），（c）由之而来的宇宙。我们要论证的是，要使（a）与（c）分离，（b）的存在是必不可少的；我们还将尝试解释，为何基督教的创世观念不必面对这样的问题。第二部分表明，柏拉图关于可理知模型的学说隐含着不同的解释路径；它们将导向极为不同的柏拉图式形而上学。

一

我们要探讨柏拉图《蒂迈欧》的宇宙论背后的形而上学，以及

---

[1] 莎拉·布罗迪（Sarah Broadie，1941—2021），古代哲学领域杰出学者，曾先后任职于罗格斯大学、耶鲁大学、得克萨斯大学、爱丁堡大学、普林斯顿大学，以及圣安德鲁斯大学。本文选自 "The Creation of the World", *Proceedings of the Aristotelian Society*, *Supplementary Volumes*, 2004, Vol.78（2004）, pp.65-79.

[2] 樊黎，哲学博士，同济大学人文学院讲师。

这一宇宙论与形而上学的关系。这么说暗示了宇宙论与形而上学的截然区分。在古代文本的语境中，上述区分似乎犯了时代误置的错误。但我认为我并没有犯这个错误。诚然，我们必须承认，柏拉图的用语中，没有哪个词汇可以直接译成"形而上的/形而上学的"（metaphysical）；尽管如此，他十分清楚和自觉地在变化的世界之外和之上设立了无法被经验的真实存在，这是众所周知的。将这些存在者称为"形而上的"，我并不认为这么做会歪曲柏拉图的意图。

柏拉图在许多地方，包括一些与宇宙论无关的地方都提到了这些不可经验的样式（Forms），以及与之交感的脱离身体的灵魂。然而，由于《蒂迈欧》把这一学说同对经验自然之整体的因果思考并置在一起，上述为人所熟知学说增添了更多的形而上学意义。在这篇对话中，柏拉图将经验世界称为"大全"或"这个大全"（27a4；c4；29c5；d7；41c3；37d2；92c4）；这一短语在宇宙论语境中意味着，如果经验自然能够被说明，那么它必须作为一个整体被说明。柏拉图拒绝考虑这样一种可能性：它根本不能被说明。而另一种可能性也被果断排除了，即经验之物足以解释自身、证实自身。柏拉图断定，能被感觉把握的任何事物，甚至包括能被感觉把握的事物之整体，[1] 只要它仍然属能被感觉把握的事物，就不是最终极的东西。严格地说，这样的东西不能被表述为存在的，顶多只能被表述为生成的。对柏拉图来说，它们是生成的，就意味着它们是由某个原因造成的。因此，"这个大全"作为整体是由某个原因造成的，

---

[1] 我们不清楚，柏拉图是否认为由于宇宙整体的每个部分都是"可感觉的"，因此这一整体也是"可感觉的"（这不是个好的推论），抑或当我们感觉到一部分的时候，我们以某种方式感觉到了整体，正如哪怕我们只是到访过伦敦的一部分，我们也见过伦敦一样。（古希腊语中表示感觉的动词要求分有？属格作为宾语，这一现象促使我们提出第二个观点。）

而且（我们可以补充）是作为这样一个整体而被造成的，因为柏拉图理所当然地认为，造成这一切的原因是具有理智的，因此是具有意图的能动者（28a4-c5）。

在继续讨论之前，我必须说明，当柏拉图说到"这个大全"的时候，他指的是我们周围的世界。他指的不是一个历时性的"全体"：也就是说，不是一切经验事物的整个历史。我们周围的这个世界是什么、它是如何产生的，这两个问题是一同被回答的。这个世界是一个宇宙（cosmos）——一个有秩序的复合物——，而它如何产生的故事就是在讲述一个有秩序东西是如何从预先存在的、没有秩序的经验材料中产生。柏拉图令我们看到，是一个具有理智的原因指引了上述进程。显然，当我们试图把握这一原因的本性的时候，将不会把它归为任何现存的、由物质材料构成的自然事物；因为这种事物存在，本身就需要由那种原因造成。按照类似的推理，整个自然宇宙的原因，不可能是通过一个有肢体的身体或其他类似的方式起作用的，因为这样一个身体必然属于一个已经建构好的宇宙的一部分。

对柏拉图来说，现有秩序的原因也不可能存在于这个世界由之发展而来的某种源始事物之中，例如某种与当前不同的、更加模糊和不确定的东西，或由某种聚集在一起的事物组成的东西，或由空间中散落的细小事物组成的东西，或由水、火这类我们熟悉的、但处在缺乏形式的状态中的物质材料组成的东西。因为，仅仅通过这些东西自身，如果没有一个完全不同类型的原理，即理智的赋形行动，任何这样的材料或类似物质的东西都不可能生成或造就我们周围的经验世界。柏拉图为何对这一点如此笃定？因为他的根本预设是，这个世界是所有可能的经验事物中最美、最好和最有秩序的。他告诉我们，仅仅是声称拒斥这一预设就已经是一种可怕的不虔敬（29a2-4）（更不用说当作一种真理来教授了）。显然，这一预设被视为一个必然的真理。由此可知，我们必须将宇宙的原因视为一种在产生其效力的时候始终以善与美为目标的东西，因此必须将其视为一种由于自身而产生美好事物的东西。无论我们如何设想世界的材料（或其他任何类似物质的东西）——它们当前仍旧在场、构成我们所知的世界，抑或已经转变为我们所知的世界，从而被后者取代——，柏拉图都认为，仅凭这些东西自身来造就一个尽善尽美的宇宙是不可能的；这些东西凭自身也不可能领会这样一个存在者的价值。因此，尽管在他看来，世界的物质材料在世界秩序建立之前就存在，尽管按照他的思考，世界秩序只能从那些预先存在的材料之中建立，即便如此，仍然需要一种同这些材料完全不同的种类的原因使单纯的材料转变为我们所居住的这个建成的世界。这一原因必定是理智，因为只有理智才能引向上述解释所要求的善、美和秩序（参《斐多》97b8-98b6）。

让我们做一下小结。我们看到，我们周围的经验秩序有一形而上的原因，而柏拉图关于这一原因的看法包括两个关键的因素。首先，柏拉图假定经验秩序要作为一个整体被说明，其次，他还假定这一秩序是尽善尽美的。从这两个假定中间产生了三个结果，一个肯定性的结果和两个否定性的结果。肯定性的结果是，上述形而上学原因是理智。否定性的结果是，这一原因完全不类似于任何被赋形的经验事物，也完全不类似于任何构成经验事物的物质。

上述学说为我们提供了一种尖锐对立的二元论，一边是经验世界，另一边是它的原因。让我们看看这一对立究竟是如何产生的。有三个因素，它们之间在功能上相互区分：（甲）原因；（乙）材料；（丙）作品；原因是作品的制作者，是材料的使用者，用材料制作了作品。有趣的是，正是因为在这一方案中存在被使用者使用的材料，才保证了制作者区分于它的作品。因为，假如原因不是材料的使用者，而是仅凭自身或者直接产生了作品，这种情况下自然而然的合理推论就是以下二者之一：要么这个作为原因的存在者演化为我们称之为作品的事物，从而存在一个单一、连续的存在者，所谓的原因和作品只是这一存在者的不同阶段；要么作为原因的存在者构成了作品。因此，假如原因没有使用不同于自身的材料的话，原因和作品之间的关系就以上述两种方式之一接近等同；相反，假如原因使用了与自身截然不同的材料，那么似乎存在于作品中的那些材料也令作品与原因截然不同。

原因是某种寻求好结果的具有理智的东西、而作品则是某种物质性的东西，主张这两点并不足以推出原因和作品之间的截然区分。因为，显然不是所有人都接受下面这种看法：具有理智东西，因其自身具有理智，就是非物质性的。例如，较柏拉图年长的同时代人，阿波罗尼亚的第欧根尼（Diogenes of Apollonia）就认为，世界的物质材料是气，同时他也认为气是一种寻求善的具有理智的东西（甚至就是理智本身）。在他看来这很合理。尽管阿里斯托芬（Aristophanes）在《云》中取笑了这个学说，但我们没有理由认为，哲学家们不会严肃看待它。换句话说，下面这种看法是可能：宇宙的原因是具有理智的心灵，而具有理智的心灵是一种有广延的材料。如果这种看法缺乏吸引力，这并不是因为这一假定本身——

有广延的物质可以具有理智——有什么固有的缺陷，而是由于新的范式（借用托马斯·库恩的话）转变了我们对物质的看法。这一新范式就是柏拉图的方案：理智在其中扮演的角色是使用不同于自身的物质材料，而物质的角色则是为了理智的作品而接受理智安排。当然，促使我们采用上述新方案的是下面这个事实：我们自身的经验令我们极为熟悉这样一种理智活动，即某人使用不同于自身的物质材料制作某物。不仅如此，人类经验中的这一类比凸显了下面这一关键假定：我们无法指望转变为作品的物质材料凭自身发生这一转变；因为，恰恰是因为环境不会自动产生想要的结果，人类理智才有机会起作用。同样重要的是，制造活动中的人类理智——至少就这种理智最好、最典型的例子而言——在追求和达成其结果的过程中是自主的。它指引自身。因此，如果安排不同于自身的物质材料的理智需要另一理智来安排，这种想法是荒谬的。简而言之，柏拉图的方案不仅保证了具有理智的原因和作品之间的二元对立，而且保证了具有理智的原因和物质材料之间同样尖锐的对立。并且，（我希望这一点是显而易见的，）除了一对单纯在功能上相互锁定的概念，即物质材料和具有理智的原因，柏拉图的方案不依赖其他任何东西。因此，柏拉图并不需要思考什么是或不是可分的、具有广延的或具有大小的，就足以得出理智（或具有理智的东西本身）是非物质性的。

上述观点的力量来自其希腊哲学背景。在这种文化中有一个反复出现的想法：某种具有理智的原因，要么演化成自然秩序，要么构成自然秩序，从而造成了后者。两种情况下原因和作品之间的关系都近乎等同。因此，如果从这一文化中（无论出于什么原因）产生出自然秩序及其原因之间的分离，且二者尖锐对立，那么产生出来的就很可能是一种包含三个要素的理论：原因（甲）安排物质材料（乙），使后者构成作品（丙）。在这里，尚未受安排的物质材料截然不同于它的使用者，而材料将这一性质传递给了从材料中产生的作品，使得作品也截然不同于它的原因。

然而这一逻辑令我们疑惑，因为在我们自己的文化中，关于世界起源最传统的论述是从虚无中创造的观念。这一观念植根于《创世记》。在这一受《圣经》启发的观念中，世界及其创造者之间存在着直截了当的二元对立。我们应当问，是什么让上述二元对立能够成立？因为，这里只有两种东西，世界和它的创造者。创造者截然不同于任何世间事物，但却从虚无中创造了世界，无需以不同于创造者自身的物质为中介。[1] 这些特征的结合，或许在形而上学层面并不令人感到意外，因为我们传统上认为，一位从虚无中创造的能动者与世界或任何世间事物都是彻底分离的。尽管如此，我认为柏拉图的方案让我们看到，制作者与作品之间的对立和分离，关键在于制作者使用不同于自身的物质材料；后者的援助是不可缺少的。然而，在《圣经》的创世故事里，显然不需要通过使用预先存在的物质材料来保证上帝区分于他所创造的世界，即，保证神圣原则不会被当作世界的一个较早阶段，或被当作世界的物质材料，从而与世界难分彼此。但这是如何可能的呢？更确切地说，《圣经》

---

[1] 尽管一开始就有水（《创世记》i.2），但没有任何地方暗示上帝用它创造了其余的万物。不过，在 i.20—22 及 i.24，上帝命令水"产生了"（bring forth）最初的鸟类和鱼类，命令土"产生了"陆地动物。在 ii.7（另一版本的一部分）处，上帝从预先存在的尘土中创造了人。不过这一论述是为了说明人的本性，而非一般而言创造的条件。

的叙述包含了一种仅仅包括上帝和世界的纯粹二元的观念，是什么使这种观念成为可能的呢？这两个存在者是如何确保它们的绝对分离呢？

或许答案在于，《圣经》的神学不仅假定了上帝是圣洁的、受崇拜的，而且假定世界不是圣洁的、是崇拜者的场所。相反，对柏拉图来说，经验宇宙尽管是受造物，并且是可感觉的，但它在字面意义上就是一位神。这个宇宙与用物质材料制作它的神，以及宇宙之中的各种神圣星体共享了神的名号（34a8；b4；92a5-9）。请对照下面这种看法：不言自明的是，世界的原因是圣洁的（holy）、神圣的（divine），而世界本身，哪怕在它的神圣创造者看来是"极好的"（《创世记》i.31），也是不是圣洁的和神圣的存在。在这里，原因与作品自身就决定了二者的彻底分离，而不必在其中插入一个概念，即被使用的物质，来作为二者之间的屏障——与物质截然不同的原因将其转化为一个同样与原因截然不同的作品。在希腊语境中，从论述中拿掉这个被使用的物质将导致作品与原因的同化：要么原因演化为作品，要么构成作品。但反过来，如果区分原因与作品的是前者的圣洁性，那么原因同化于作品的可能性就自动排除了。因为，圣洁的事物不可能演化为不圣洁的事物，也不可能自由地充当不圣洁事物的物质材料；这是圣洁性的必然要求。毕竟在这个世界中，除非在某些紧急情况下，自觉地使用圣洁的事物作为世俗事物的材料是一种亵渎。由此可推断，圣洁的存在将自身转变为不圣洁的存在是自我亵渎的，因此是不可能的。

二

回到《蒂迈欧》，我们立刻就能发现，上文总结的形而上学–宇宙论假定，尽管数量很少，但却产生了关于人类本性的重大后果。因为，如果人类理智与制作宇宙的理智在根本上相似的话——如果二者都配得上被称为理智，并且，如果人类理智能够通过宇宙论理解某些神圣理智的推理，它们就必然在某种意义上相似——，那么，人类理智必然在一定程度上不是自然世界的一部分，并且在同样的程度上是非物质性的。这是柏拉图宇宙论的一个形而上学后果。不过，这并非我们要讨论的；我们关心的是柏拉图宇宙论的诸形而上学支柱。

到目前为止，我们尚未发现上述形而上学支柱之间存在任何真正意义上的不一致。不过，在柏拉图笔下宇宙产生之前的形而上学处境中，有一个最为本质性的柏拉图式因素，我还没有讨论。那就是宇宙的可理知模型（model）、范式（paradigm）或样式（Form）。神圣理智就是通过观察这个样式来制造宇宙的（28e5ff.）。显然，如果宇宙是由一个非物质性的、具有理智的原因形塑物质材料而来的，那么我们必须假定，这个原因要么本身就是、要么拥有、要么接触实现其功能的任何必要条件。柏拉图假定工匠神必须参考一个可知的模型；如果是这样，那么这个模型，以及神对于这个模型的知识就是这场演出的一部分。现在，让我们来看一看演出的这一部分，尤其是可知模型。正是在这一点上，柏拉图的柏拉图主义开始陷入一摊浑水。[1]

让我们从语义含混的短语"柏拉图的可理知世界"开始思考。柏拉图认为，我们生活的这个可感觉的宇宙，我们人类也是可以理解的，因为它是依据一个理性计划建立的，而我们能够对这一计划的内容作出合理假定。将这些假定应用在经验世界上，我们能够解释这一世界的某些重要内容和特征。因此，"柏拉图的可理知世界"可以指：柏拉图的宇宙论使我们理解的经验宇宙。或者，我们也可以像柏拉图主义者那样，用这一短语表示某个仅能被理智把握的对象，一个形而上的彼岸宇宙（super-cosmos）；这个彼岸宇宙构成了一个永恒的原型，而我们的宇宙只是这个原型在时间中的复制品。我的问题是：这两种"可理知世界"，哪一种是柏拉图在《蒂迈欧》中主要试图揭示的？在这篇对话中，柏拉图究竟是提供了一种解释经验世界的宇宙论，还是以宇宙论为途径，引领我们进入一个纯粹的形而上王国。无可否认的是，当柏拉图讨论宇宙论是以形而上学为基础的。但这并不意味着，他真正要讨论的是形而上的存在者，也就是说，并不意味着他在敦促我们沿着宇宙论阶梯向上攀登，让我们把那个纯粹的彼岸宇宙及其后果当作探索和沉思的领域。

尽管许多柏拉图之后的柏拉图主义者都将《蒂迈欧》看作"通向形而上学的阶梯"，我相信现代学者一致同意，这篇对话的首要意义是为我们提供了一种关于经验世界的宇宙论。从文本本身出发

---

[1] "浑水"这一表达暗示了我们的担忧，但这些担忧之中并不包括这一永恒范式最终是否等同于工匠神或它的一部分；同样也不包括对工匠神之制作活动的"字面"解释与"非字面"解释之间的争论。

必然得出这样的看法。这一看法的主要根据有：(1)《蒂迈欧》的相关部分被预告为一种宇宙论，说明我们所处的宇宙是如何产生的，除此之外并不说明其他任何事情；(2)就上述题材指向某种自身之外的东西而言，它并未继续上升进入纯粹可理知事物之领域，而是下降陷入人类历史（实际上是伪历史）中的个别事物；[1](3)《蒂迈欧》为广泛的经验现象提供了极端丰富详尽的科学解释，远远超过"通向形而上学的阶梯"所需要的程度；我们可以公正地说，它属于"论自然"这一文体；(4)柏拉图在对话中指出，尽管他认识到在现实背后隐藏着形而上学本原，[2]但《蒂迈欧》的论述并不能揭示出这些本原（48c2-6）：这或许意味着，柏拉图并不想要把蒂迈欧的叙述当作一个探讨形而上学的入口，而是把它当作另外一种东西，即宇宙论。

在上述《蒂迈欧》的不同解释路径之间做出决定并不难，但区分这两种路径的根源却不容易。因为这些路径来自柏拉图在可理知的模型及其复制品或对应物之间建立的对立，而进一步解释这一对立的方式至少有两种。[3]

众所周知，某个柏拉图式的样式（Form）同它在世间的相关物（correlates）之间存在着相似性。按照第一种解释方式，这一

---

[1] 在《蒂迈欧》这篇对话中，宇宙论被当做一出序曲，开启一个关于史前雅典伟大军事成就的故事（27a1-b6）；《蒂迈欧》的姐妹篇《克里提亚》本应详细叙述这个故事，但后者未能完成。

[2] 可以推测，所谓的柏拉图"未成文学说"解释了这些本原；我们对此有大量证据。

[3] 关于我们接下来要论述的问题，一份有益的讨论见 D. Frede, 'Rationality and Concepts in the Timaeus', in *Rationality in Greek Thought*, M. Frede and G. Striker（eds.）（Oxford 1996），29-58，esp. 49-56。

相似性应被理解为摹仿关系（representation）。理由在于，柏拉图频繁提出以下主张：世间对象只是样式的影像，或者说是样式的阴影、倒影或幻梦。无论是在言辞中还是在其他媒介中摹仿它的模型，我们最初与摹仿物打交道都是由于我们对它所摹仿的东西（或我们认为它所摹仿的东西）感兴趣。因此，在睡梦中我们通常沉湎于梦的内容。我们观看阴影或倒影（尤其是我们自己在镜中的影像）往往是为了获得关于原型的信息。毫无疑问，部分地由于我们对原型的强烈兴趣，有时我们会认为原型自身就在场，存在或发生在我们面前或我们周围，但实际上它们不在那里，甚至根本不存在，只有摹仿的媒介真正在场。我们容易犯下双重的错误。我们将摹仿媒介的性质投射到被摹仿的原型上去而不自知，以至于我们以为原型就在（例如）"这里"，但只有媒介在"这里"。这就让我们以为，实际上只存在于摹仿媒介当中的东西是唯一真实的东西，也就是说，我们以为我们面对的只有它，而没有看到我们面对的是原型以及对原型的摹仿。媒介是透明的；我的意思是，当我们同媒介打交道的时候，我们却注意不到媒介。这一点显然促使我们犯下了上述错误。[1] 假定我们想办法纠正了上述错误，我们就不再误以为被摹仿的对象在场，也不再误以为这个对象的影像就是唯一在场的事物。这时我们会将发生在这些对象上的事情正确地"解读"为发生在它们所处的那个空间或领域之中，无论是某个远离我们的地方，还是在另一个不同的世界之中。

---

[1] 如果媒介具有糟糕的性质，例如是雾蒙蒙的或者吵闹的，那么本应被摹仿的东西就很可能不会显现在其中；在这种情况下，假如我们注意到了任何事情，我们注意到的不过是一点点媒介，并将其看作唯一真实的事物。

但即使如此，媒介依然是透明的，只要它良好地完成了工作。因此，尽管我们正确解读了摹仿物，我们仍然不会留意媒介本身，同时，与之前相比，也更不会关注其中的摹仿物，因为我们不再将它与我们感兴趣的真实存在者混淆，而是相反，实实在在地把它们用作真实存在者的记号。关键在于，如果可感觉的世界本质上只是对可理知的原型的一种摹仿，那么对待感觉世界以及存在于其中的事物的正确态度就是"看穿"它们，而不是像宇宙论者那样对它们感到好奇。我们应"看穿"摹仿物，哪怕我们相信（实际也如此），被当作可理知对象之记号的可感觉对象实际上是，也应该是被可理知对象造成的。因为，这样一种格局根本没有理由让我们对记号本身感兴趣，就像医学家观察屏幕上的闪烁，并不会因为他知道这些闪烁是病人的心跳造成的就对这些闪烁本身感兴趣一样。

可理知的模型与可感觉的对应物之间的对立可以由两种方式理解。我现在要来谈一谈第二种。按照这种理解方式，柏拉图的样式同它的可感觉的"相似者"之间的关系，就如同一种配方（recipe）或设计（design）同按照这种配方或设计制作出来的作品之间的关系。遵循这一设计的制作者当然不是想要摹仿这一设计，尽管别人或许能够从作品中推断出它的设计。通常来说，制作一个作品的目的远不是让我们推断出它的配方。例如，制作纺锤的目的是用于纺织。如果这个纺锤是按照某种设计制作出来的，这并不是为了"体现"这个设计，让设计在镜中显现，而是为了让这个纺锤与随意制造出来的纺锤相比是更好的工具，即更好地实现它的纺织功能。按照这一思路，制造经验世界的那个具有理智的原因之所以观看某个可理知的范型，是为了尽可能的制造出最好的经验系统：令他的作品合乎范型这件事，并非自身就是目的，而只不过是为了保证作品符合这类事物的优秀标准。当然，我们可能会认为，对于宇宙或经验系统来说，优秀的标准是不可能找到的，但柏拉图并不会这么胆怯。他显然认为，所有可能的经验系统中，最好的那个是一个理性的、智慧的、自足的生物，而在这一生物又为其他较低级的理性生物提供了生存的环境。[1] 我们身处的世界就是这样一种事物。那么可想而知，这个世界的存在理由（*raison d'être*）就是：以理性的方式活得好，并且让其他生活在其中的生物活得好。

柏拉图在可理知的范型和可感觉的复制品之间建立的对立蕴含了某些困难。为了进一步检验这些困难，我将讨论《蒂迈欧》的一个段落。柏拉图非同寻常地强调，由于经验世界及其制造者都是尽可能好的，因此，为了保证最好的结果，指引制作者的必定是一个永恒的范式（*paradeigma*），而非某个产生出来的范式（28c5-29c1；cf. 28a6-b2）。奇怪之处在于，柏拉图似乎暗示了，这个世界的制作者原本有可能选择一个产生出来的范式。[2] 那时候就有某个东西产生了吗？是谁、由什么材料、依据什么模型制作了它？关于这个早就被制造出来的东西，柏拉图为何没有提到更多信息？[3]

---

〔1〕 按照《蒂迈欧》的说法，哪怕是野兽也是理性生活退化而来的。与之密切相关的学说是：堕落之人的不朽理性会在死亡的时候迁居到与之相应的动物身体内（48a3-4；90e3-92c3）。

〔2〕 28c6 处的定冠词 *tōn* 尤其暗示了这一点。（对这一段落的详细解释，见 S. Broadie, 'Theodicy and Pseudo-history in the Timaeus', *Oxford Studies in Ancient Philosophy* XXI（2001），1-28，esp. 21-6。）

〔3〕 可以推想，这个早已造好的东西本身也是一个世界，否则就不能称为制作世界的范式。不过，柏拉图根本没有担心作为范式的这个世界漂浮于我们的世界之外的某个地方，从而导致两者互相妨碍；柏拉图在别处断定，我们的世界就是唯一产生出来的世界（31a2-b3；92c9）。

事实就是，这一段表面上在谈论神制作世界，而实际上柏拉图谈论的是人类的制造经验。当我们准备去制作一个什么东西的时候，一般来说可以选择这种东西的一个实例来当作我们的模型；这个实例已经存在于时空当中，或许是被我们之前的人制造出来的。柏拉图在上述段落中提醒我们，无论制作什么，只有去观看一个永恒的范式，人作为一个制作者才是最好、最接近神的（cf. 90b6-c6）。

那么，作为制作者去"观看永恒的范式"而非产生出来的范式是什么意思呢？如果这个制作者是人类，那么以下是一种符合常识的解释。与其直接复制一个已经产生在世界上的事物，无论是某人制造的纺锤，还是业已存在的政治制度，[1]那个将要制造它们的人都应该在内心中追究原理，[2]追问这种事物的本质是什么、目的是什么。他将得到某种解答；而常识告诉我们，相较于从没有被理智分析过的预先存在的同类事物着手，运用理智去寻找和得到的解答能够更好地指引制作者。因为，如果制作者仅仅是试图复制预先存在的同类事物的话，（甲）他可能把表面特征当作本质特征，把他的劳动浪费在前者上面；（乙）被当作原型的事物身上，某些特征可能在原先的环境中是合适的，而在新的环境中不合适了；制作者可能不明智地复制这些特征。

因此，在制作属于 X 类型的事物时，更好的办法是所谓的"观看永恒范式 X"，而非"观看产生出来的范式 X"。但这个说法

---

［1］ 参《理想国》472e1；500e1。《蒂迈欧》开篇的对话（17c1-19a6）是关于苏格拉底"昨天的发言"，发言的主题是理想的城邦，这个城邦同《理想国》中的那个具有许多共同特征。

［2］ 这里是在一个比较宽泛的意义上说的，即追究相关主题的原理。设计枪支的人追究弹道学和冶金学的原理，而不是追究亚核物理学的原理。

具有相当的误导性。毫无疑问，在上述两种办法中存在着某种对等或可通约性，即二者都是达成同一目的的手段，尽管一个更好一个更差。由于在这个意义上二者是可比较的，再加上之前的那个说法，会让人误以为这两种办法中涉及的对象（我们称之为"范式"的事物）在类型上是一致的，或者说它们具有某种对应关系。然而事实是，产生出来的范式与在常识性解释中被等同于永恒范式的事物之间存在着深刻的不对等。

按照常识性的理解，永恒的范式是对"什么是 X？"这一问题的正确回答。因此我将其称为"何所是"（quiddity）。如果我们认为对这一类问题的回答必然永远相同，那么我们也会认为这个"何所是"是永恒的。所以对于人类来说，制作问题上的正确指南就是某个（大体上被他完全把握的）"何所是"。可以肯定的是，对"什么是 X"这一问题的回答，除了回答了这个问题之外，再没有其他意义。可以推想，存在着一类独特的"什么是 X"问题，提出这些问题就是为了指引某个东西的产生，相应地，存在着一类独特的回答，让我们称之为实践性的"何所是"。那么关键问题就在于，除了指引相关的制作者之外，实践性的"何所是"再没有其他意义。而非永恒的范式则并非如此。二者的不对等在于：非永恒的范式除了被用作范式（即样本或范例）之外，还拥有自身的生命，例如，一个纺锤除了被当作造纺锤的范式之外，还可以用来纺织，一个政体除了被当作政体的范式之外，还可以以多种方式约束社会行动。设想一个纺锤除了是范式之外什么也不是，这是荒谬的。哪怕是色卡，除了充当色彩的样本之外，还可以起其他作用：我们可以将它们摆放成好看的图案。又如，我们可以用音叉演奏出曲调。纺锤和大部分事物也是如此，除了可以充当它们各自种类的范式之外，还可以充当许多其他的东西。

假如我们认为，范式必然是一个样本（sample），[1]那么范式自身就是相关种类的一个实例。这一实例以特定的方式被使用，即用来解释这一种类的事物是什么。[2]只有在这种语境中，它才是一个范式，并且，它必然也在其他语境中存在和起作用。现在让我们假定，我们错误地试图在观看永恒的指南和观看非永恒的指南之间找寻某种对等，于是我们让自己相信，永恒的指南同非永恒的指南没什么两样，除了一个是永恒的、一个是非永恒的，以及与此有关的，一个是可理知的、一个是可感觉的。假如这样的话，由于我们看到非永恒的指南本身是有待解释的那个种类的样本，我们就可能会做出推断：永恒的指南也是一个样本——在我们所理解的意义上是一个范式。由此出发，我们很快就会信服以下看法：永恒的范式也是它给与指引的那个种类的一个实例（所谓的"完美个体"）。这一臭名昭著的结论蕴含在柏拉图主义的某个特定方案之中。但人们尚未清楚地意识到，假如永恒和非永恒的范式是对等的，我们还会信服下面这种看法：永恒的范式——也就是碰巧被当作范式的永恒事物——自身就拥有某种丰饶的生命，不仅仅附加在它被当作范式这件事之上，而且在形而上学的意义上在先。假如我们以这种方式想象柏拉图笔下制造世界的指南，也就是说，不是将其看作

----

[1] 但我们不必这么认为，因为在希腊语中 paradeigma 并不必然是一个样本。Paradeigma 一词可以用在本身并不是一个样本的指南上面。一个很好的例子（尽管使用者自身并未意识到上述区分），见《普罗塔戈拉》（326c8，"普罗塔戈拉"这个角色说）：法律构成了良好行为的 paradeigma。

[2] 在《政治家》278b4 和 c3-4 处，充当范式的事物被表述为变成（have become）范式。

对"一个最完美的经验系统是什么?"这一问题的回答,而是看作体现上述回答的某个永恒样本,[1]那么我们就必然会主张,这一指南就像那个按照它的指引被制造出来的世界一样,是一个有生命的事物("生物本身");这样一来我们就不得不做出如下设想:在一个较低的层次上,"生物本身"看起来几乎偶然地充当了经验世界的范式;而在这一层面之上,一层一层的、各种各样的可理知事物享用着,并在其中一刻不停地、在各个方向上展开着可理知世界的生命。我认为,柏拉图在《蒂迈欧》中并没有想要向我们推销这样的看法,但他所使用的某些语言的确把我们拉向这个方向。这正是一些柏拉图主义者的取向;他们把宇宙论当作入口,通向一个奇异的、不可见的王国。受过教育的理智渴望进入它、探索它、从它本身获得享受。或许这样的理智还要放弃关心这个世界,甚至包括放弃以科学的方式解释这个世界的计划。

我认为,柏拉图谈论可理知范式的主要动力来自常识性的知觉:在制作这件事情上,比起试图直接复制一个已经存在的东西,反思制作的目的、遵循由原理出发得到的解答是更好的办法。这一立场并不会动摇柏拉图对形而上世界的信念。他仍然会是一个柏拉图主义者,尽管比起新柏拉图主义风格的彼岸现实主义者(hyperrealist),柏拉图本人会是一个较为温和的柏拉图主义者。彼

---

[1] 制作者为什么既需要一个回答,又需要一个永恒的样本?如果并非两者都需要,那么不必要的那个似乎是后者。因为,制作者也许不必考察一个永恒的样本就能够把握作品的"何所是"(他或许只需要通过分析可感觉的样本来把握它);相反,如果他要认出作为样本的永恒事物属于他要制作的这一种类,他已经在运用关于作品之"何所是"的知识了(或许我们该说他已经在运用"何所是"了?)。亚里士多德对柏拉图形而上学的一些批评与此相关。

岸现实主义向我们承诺了一个"厚"的可理智世界，这个世界包含的现实远远超过解释我们的宇宙和人类的理智事业所需要的程度。彼岸的真实存在有属于自身的法则，规定了形而上世界的等级及其增殖，而这些法则并不植根于人类经验的基准之上。在大多数时候，柏拉图都太关心我们的宇宙了；他相信在这个宇宙中，人类理智必须尽可能利用好自身。因此他无法将这个宇宙仅仅看作一个记号系统或者看作一层半透明的面纱，仿佛我们的理智应该穿过这一面纱进入某个纯粹的、远为美好的风景。但他仍会主张，对于人类提出的某些问题，正确的回答所把握的"何所是"属于客观的、永恒的真实存在，无法被还原为任何经验事物。他也仍会主张，这个世界是依据那样一种"何所是"制造出来的，而这个世界的"何所是"首先被神圣理智把握到；不过，当我们从正确的原理出发探索宇宙的时候，我们的理智多多少少也能够把握到它。因此，以下见解仍然是真正属于柏拉图哲学的信条：正如神圣的原因必然是非物质性的，人类理智也必然是非物质性的，因为后者的活动与前者的活动是类似的，而后者的某些对象也是前者的对象。

概念：古代的问题与解决方案

Christoph Helmig [1] 李琳 [2] 译

    本书是对于不同的古代和晚期古代哲学家知识论中概念的研究，第一章是一个序言。正如我在导言中所说，这本书的一个主要论题是，如果我们求助于概念的术语，很多在古代和晚期古代围绕知识的获得与本性的争论中被讨论的现象都能被更充分地描述。这一主张将在后文中被证明。

    这一章分为四部分。首先，我会给出一个对于概念之本质的一般性的导论（什么是概念？）；随后我会概述概念在古代知识论论争中的相关性；接下来是一个简短的古典时期概念获得的历史，伴随着这一历史的是相关术语的发明；最后，我会就备受争议的概念、普遍者与柏拉图式的理念之间的关系发表一些看法。在第一和第三部分，我意在给出一个对一部关于古代概念与概念获得之术语的、尚未写出的、全面的词典的序言。正如我将表明的，尤其在新

---

[1] 克里斯多芬·赫尔米格（Christoph Helmig），科隆大学哲学教授，专注于古代哲学。本文选自赫尔米格教授的代表作 *Forms and Concepts*（De Gruyter，2012）的第一章，全书将由李琳博士译出，于广西师范大学出版社出版。

[2] 李琳，科隆大学哲学系博士生。

柏拉图主义传统中，存在着一系列表达，这些表达直接取用自柏拉图、亚里士多德、斯多亚学派，或中期柏拉图主义者（无名氏）的《〈泰阿泰德〉注》，并时常在关于知识获取与概念获得的语境中重现。

一、什么是概念？

在当代关于概念的哲学争论的背景下，[1] 为了将本研究的对象区分出来，我提出一些描述在古代哲学文本中，尤其是在古代晚期柏拉图主义传统中的概念的标准。[2] 在古典时期，有一些词语被用来指称概念：*axiōma*，[3] *archē*，[4] *eidos/genos*，[5]

---

[1] 请参考，例如，Margolis/Laurence 1999a，1999b，2008 和 Swoyer 2006 的有益的研究。

[2] 最近，有一些专注于古代哲学中概念的作用和重要性的论文。请参考我在导言中所引用的文献（前文第 5 至 9 页。[译注：该码是原书页码，所指内容即导言的第二节"对新近文献的综述"]。）

[3] 忒密斯提乌斯（Themistius）《〈论灵魂〉注》（*In de anima*），104.1-2 提到了"第一原理"（*prōta axiōmata*），此外，请参考 O'Meara 2001，第 118 页和叙利亚努斯《〈形而上学〉注》（*In Met.*），89.30 及以下。亚里士多德的《形而上学》Γ 3-7 提到了这些原理（矛盾律、排中律）。叙利亚努斯，正如普罗克洛，认为真的科学原理是先天的（《〈形而上学〉注》，91.3：ἀπὸ νοῦ μὲν αἱ ἁπλούστεραι τῶν ἀξιωμάτων ἔννοιαι）。关于叙利亚努斯论这类原理，请参考 Longo 2005：141-223。

[4] 请参考亚里士多德《后分析篇》，II 19，在那里他提到了三段论的"第一原理"（*prōtai archai*），以及后文第三章，第四节。这一术语又在对《后分析篇》，II 19 的古代评注中和叙利亚努斯和普罗克洛对亚里士多德的批评中重新出现，请参考后文第五章，第一至二节。

[5] 对于新柏拉图主义者来说，灵魂的先天知识（*logoi* 或 *logoi ousiōdeis*，请参考后文第六章，第二节，第四至六小节和第七章，第一节）也可以被称为"灵魂中的理念"（*eidē en psuchēi*），请参考 Helmig 2008：46，以及注 69。根据新柏拉图主义的"一切在一切之中"（*panta en pasin*，普罗克洛《神学要义》[*Elem. Theol.*]，第 103 节，以及 Dodds [1963] 对这段文本的注释）的原理，理念存在于实在的每一层级。对于 genos 在这方面的应用，请参考阿摩尼乌斯（Ammonius）《波斐利〈导论〉注》（*In Isag.*），68.25 至 69.3。

ennoia, [1] *koinai ennoiai*, [2] *epinoia*, [3] *noēma*, [4] *ennoēma*, [5] *logos*, [6] *katholou*, [7] *katholou logoi*, [8] *koinon*, [9] *lekton*, [10] *prolēpsis*。[11] 这些

---

〔1〕 关于中期柏拉图主义和新柏拉图主义中的 *ennoia* 一词（它在柏拉图那里已经出现，例如《斐多》，73c 和《斐勒布》，59d），请参考 Dörrie/Baltes 2002b：128-130。也请参考下一条脚注。

〔2〕 关于斯多亚式的共同概念，请参考 Cherniss 1976；Gourinat 2000 和 Dyson 2009。Chiaradonna 2007 研究了阿尔基努斯、盖伦、普罗提诺和波斐利那里的这一表达。也请参考忒密斯提乌斯《〈论灵魂〉注》103.38：πόθεν γὰρ αἱ κοιναὶ ἔννοιαι；关于普罗克洛那里的共同概念的作用与功能，请参考后文第七章，第一节，第四小节。Longo 2005：182-201 研究了叙利亚努斯对这一词语的使用。

〔3〕 请参考 Barnes 2003：40，注 74，以及第 41 至 42 页关于"纯然观念"（bare notions/*psillai epinoiai*）的内容。

〔4〕 请参考《巴门尼德》，132b-c（关于理念是否是思维活动）以及后文第二章，第二节，第二小节。也请参考普罗克洛《〈巴门尼德〉注》IV 890.30-906.2（Steel）（即普罗克洛对这段文本的注释）。然而，*noēma* 这一词通常指一次思维活动（思维过程）而非一个概念。

〔5〕 在《〈巴门尼德〉注》，IV 896.13（Steel），普罗克洛将 *ennoēmata* 解释为 ἐνεργήματα ἀπὸ τῶν φαντασιῶν ἀνεγειρόμενα。在斯多亚学派的圈子里，*ennoēma* 这一词语很常见（请参考 von Arnim 的索引中的这一词语）。新柏拉图主义者通常（与 *eidos* 和 *genos* 一起）使用 *ennoēmatikos* 这一形容词来指称通过抽象获得的普遍者，或者更一般性地，心灵中的普遍者（阿摩尼乌斯《波斐利〈导论〉注》，68.25-69.3）斐洛波努斯（Philoponus）《〈范畴篇〉注》[In Cat.]，58.20。请参考后文第七章，第七节。

〔6〕 关于 *logos/logoi* 指称灵魂的先天知识（从普罗诺开始），请参考后文第四章，第三节，第二小节；第六章，第二节，第四至六小节，以及第七章，第一节。在普罗克洛那里，这些 *logoi* 被称为"本质的理性原理"（essential reason-principles/*logoi ousiōdeis*），因为它们构成了灵魂的本质（请参考 Steel［1997］）。

〔7〕 就像 *koinon*（请参考脚注 64），*katholou* 可以被用作质料中的形式或者灵魂中的普遍概念（请参考亚里士多德《后分析篇》II 19，100a16 以及 100b2）。

〔8〕 在叙利亚努斯（《〈形而上学〉注》，25.21-22；53.5 以及 88.26）和普罗克洛（《〈巴门尼德〉注》），IV 896.23［Steel］以及《〈蒂迈欧〉注》，I 32.6）中，*katholou logoi* 指普遍概念。

〔9〕 这一词通常指事物中的共同要素或质料中的形式。它也可以指灵魂中通过抽象获得的普遍者，请参考辛普里丘（Simplicius）《〈范畴篇〉注》)［In Cat.]，83.8-16。

〔10〕 关于 lekta 作为概念，请参考 Caston 1999。

〔11〕 关于斯多亚式的"前在构想"（*prolēpsis*），请参考 Sandbach 1971b 和 Gourinat 2000 以及最新的 Dyson 2009。在斯多亚学派之外，这一词语似乎并不起到重要的作用。

表达中，有一些可以被诸如 *doxastos/doxastikos*（与信念相关的）、*husterogenēs*（较晚产生的，也就是通过抽象获得的）*ousiōdēs*（本质的）或 *ennoēmatikos*（具有概念之本性的）这样的形容词所限定。[1] 后面这些形容词可以逐一地被用作名词。

在这么多种表达中，最重要的指称概念的词语无疑是 *ennoia*（*koinai ennoiai*）、*logos* 和 *katholou*。后者在广义上指称一个普遍者，在狭义上指称灵魂中的普遍者（概念）（亚里士多德，《后分析篇》II 19）。从普罗提诺开始，新柏拉图主义者们将先天知识称为 *logoi*（理性原理［reason-principles］）。*Ennoia* 这一词语可以追溯至柏拉图，通常被斯多亚学派所使用，并在中期柏拉图主义者那里作为灵魂的先天内容（拉丁语：*notio*）的指称而广泛流行。直到中世纪（例如在奥卡姆那里）我们才遇到用以指称概念的 *conceptum*（"被［心灵］持有的某物"，波埃修已经在这一含义上使用 *conceptio*）这一词语。

为了弥合希腊人的多个词语和"概念"这一单个词语之间的差异，我们必须首先澄清这一词语的含义。简单地说，我用"概念"来指称内在于心灵的（inner-mental/inner-psychic）的实体（entity），它在某种程度上是稳定的，持久的（在时间和变化中持存），客观的，可分享的和**普遍的**（universal）。因此，单一的感官印象、一次思维活动、一个判断或一个梦都不能被看作概念。然而，一次思维活动、一个判断或一个梦可能因为已经存在的概念或

---

［1］关于"较晚产生的概念"，请参考后文第五章，第二节，关于"本质的理性原理"，请参考第七章，第一节，关于形容词 *ennoēmatikos*，请参考脚注60。

前在构想（不完美的概念）而产生。[1]我们应当注意，特别是概念的稳定性和普遍性使我们能够将其与其他心灵现象，例如感知、想象和记忆区分开。我们在亚里士多德那里已经可以找到这一区分的依据：亚里士多德在《形而上学》A 1 和《后分析篇》II 19 中都主张，普遍概念（katholou）是在**许多**相似的感知、记忆以及经验的基础上产生的。

在本书中，我将专注于亚里士多德意义上的**普遍**概念，也就是说其含义是"根据其本性能够谓述多个事物"的"普遍者"（《解释篇》17a39-b4）。对于个体的概念在古代知识论论争中是不相关的，因为知识被等同为普遍知识。[2]

定义概念的一个困难是将其与信念相区分。一方面，概念构成信念。[3]另一方面，当我们改变对某物的信念，构成信念的概念往往也会改变。然而，概念似乎比信念更基本，更基础，也更稳定。[4]接下来，为了说明我在本书剩余部分如何使用"概念"这一词语，我将提出几个不同的界定概念的标准。

---

〔1〕 关于概念和前在构想的区分，请参考后文〔A-6〕。

〔2〕 当然，概念通常是普遍的这一事实并不妨碍我对个体，例如苏格拉底（柏拉图的老师〔469-399BC〕）或 Eric Robertson Dodds（一个爱尔兰古典学家和牛津大学前任希腊语钦定教授〔1893-1979〕），具有概念性的知识。按照古代的术语，对于苏格拉底，我无法具有一个 katholou 或一个 logos（在普遍概念的含义上），而是只能具有一个观念（notion/ennoia）或一个记忆中的印象（memory image/phantasma）。对这一点的进一步思考，请参考第七章，第七节。

〔3〕 Swoyer 2006：133："概念是信念、欲求、意向和许多其他思维活动的构成物。"

〔4〕 关于区分概念与信念的困难，请参考 Swoyer 2006：136："〔……〕在我们的概念中没有一个确切的点，在那里信念的又一次改变将引起旧概念的消失和新概念的产生。根据这一观点，概念变化和信念变化之间区分是无益的。"

［A-1］概念是（颇为）稳定的心灵实体

一个概念（例如，树的概念，狗的概念，正义的概念）是一个颇为稳定的心灵实体，它（1）使我们能够识别一系列可以被归在这一概念下的个别的实体／事例／行动，并（2）规定了我们使用与概念相符的词语的条件。这是每个概念都要满足的最低要求。

有一些内容值得注意：首先，如果我们谈论概念，我们通常指的是**普遍**概念或"普遍者"。[1] 其次，为了将概念与感知、记忆、信念、经验或思维过程相区分，概念应该是**稳定的**。[2] 有时，我们也区分概念和前在构想（pre-conceptions）或构想（conceptions）。这一区分意味着前在构想仅仅是概念获得过程的初始阶段。相对于概念，前在构想不够完善和清晰（不够完美）（请参考后文［A-5］），也没有充分地被反思。

将概念称为"心灵实体"是学者们通常的做法。[3] 它避免了一些困难，例如谈论抽象实体时所引起的困难，但它也带来了其他的困难。将概念称为心灵实体意味着概念位于个体灵魂或心灵中。因此，它将受限于个体的人，并成为一个"私人的"所有。然而，为了成为一个"一般性的"概念，它必须是可分享的［A-2］且与实在相关的［A-3］。

---

〔1〕 关于古代哲学中的普遍者和普遍概念，请参考 Sorabji 2006 出色的研究。

〔2〕 在柏拉图和亚里士多德那里，这种稳定性被描述为"停止"（coming to a halt）或"站定"（coming to a stand）（《美诺》，97e-98a，《斐多》，96b，《后分析篇》，II 19，100a6 和 100b2）。

〔3〕 Swoyer 2006: 133.

有人曾主张（特别是弗雷格），[1]概念不能被等同为心灵实体；相反，它们必须是词语的"含义"（在古代争论中，这和斯多亚学派的观点相近，他们预设了 *lekta*，并以相似的方式将其与词语的含义相等同）。[2]弗雷格的主张具有什么样的优点是显而易见的。因为心灵实体是主观的，也就是说，位于不同的人类心灵中，那么他们的客观性和可分享性将无法被保证。心灵实体是"主观的"，而含义却被认为是**客观的（objective）**。因此，在弗雷格的解释下，概念对应的是概念的客观**内容（contents）**。

然而，针对这一观点，人们可以提出如下的反驳。[3]心灵实体是"主观的"这一事实，并不妨碍它们是可分享的。就其位于不同的心灵中而言，概念是心灵实体，但是就其是可分享的而言，也就是说，就两个或多个人共享相同的，或至少充分相似的概念而言，它们能够是客观的。因此，概念的主观性特征并不导致概念的个别性。当然，我们需要解释概念为什么是可分享的。

　　［A-2］概念是客观的和可分享的（普遍的）

　　概念是（颇为）稳定的心灵实体。概念位于不同的心灵中，需要满足客观性和可分享性的要求。换言之，我对于猫的概念应当在一定程度上与另一个人对猫的概念一致，以便使关于猫的交流和科学讨论成为可能。

---

〔1〕 我对弗雷格的引述取用自 Margolis/Laurence 1999b: 6-8。
〔2〕 关于 *lekta* 作为"词语"的含义，请参考 Rist 1969: 152-154。Caston 1999 将 *lekta* 解释为"概念"。
〔3〕 Margolis/Laurence 1999b: 7.

在古代和晚期古代关于概念的地位与获得的争论中，我们可以发现一些解释概念的可分享性的策略。最简单的方式是主张概念的获得依赖于先天知识，而且这种知识被所有人所共享。这似乎是一种标准的新柏拉图主义式的答案，例如在叙利亚努斯或普罗克洛那里，我们就可以发现这种答案。第二种策略是假设概念获得的过程对每个人来说都以相似的方式进行。有一些解释者认为，我们在亚里士多德那里已经可以发现这种策略。这两个对概念的可分享性和客观性的论证都需要处理谬误的问题［A-6］。

当然也存在很多客观性和可分享性较弱的概念的例子（构想或前在构想）。在柏拉图早期对话（"美德对话"［Tugenddialoge］）中，我们发现，人们基于他们的生活经历、个人背景或职业而对美德、正义或虔敬具有某种构想或前在构想。苏格拉底的质询的一个目的就是揭露和消除这些概念／构想中较主观的因素，并将谈话者引向对于某种价值或美德的**客观**本质的认识。

另一个关于较主观的概念／构想的例子是儿童，他们在概念获得的过程中会经历几个不同阶段。例如，亚里士多德提到，儿童一开始会把所有男人都叫"爸爸"，并把所有女人都叫"妈妈"。[1]客观性和可分享性较弱的概念更适合被称为不完全的或不完善的概念（请参考后文［A-4］和［A-5］）。

总而言之，概念作为位于不同个体中的心灵实体，尽管需要满足客观性／可分享性的要求，也无疑具有一些个别性的因素。如果这些个别性的因素与概念的内容无关，它们就不会与可分享性的标

---

〔1〕 亚里士多德《物理学》，I 1。

准相冲突，而且在大多数人与人交流的情形中，它们可以被忽略。然而，特别是在概念获得的过程中，基于有限的经验或认识（请参考后文［A-4］），也存在概念尚不完全或完善的情形。在理想情况下，概念获得和学习的过程应该提供进一步发展不完善概念的可能性。

［A-3］概念必须与实在相关

概念只有与这个世界及其组成部分相一致，才是有用的。概念如果与实在无关，就不能向我们提供关于周围世界的任何信息。

这一标准对于任何一种概念获得理论都是基本的要求。因为如果概念是纯精神性的，且不会向我们提供关于周围世界的信息，那么它们的价值将是有限的。因此，概念不能是"纯精神性的"（purely mental）。[1] 每一种概念获得理论都应当解释，**为什么概念向我们提供关于实在的信息**。因此，这样一种理论必须也伴随着一种关于世界的理论。在亚里士多德那里，概念的获得基于如下事实：出于某种原因，我们能够提取出事物质料中的形式。而这些后来被称为 *enhula eidē* 的质料中的形式（enmattered forms），构成了个别可感物的**本质（essence）**（请参考［A-5］）[2]。因此，亚里士多德理论的一个重要的假定是，所有的人或所有的马或所有的狗共有**相同的**质料中的形式（《后分析篇》，II 19，100a3-9）。对于新柏拉图主义

---

［1］ Swoyer 2006: 133.

［2］ 关于亚里士多德的概念获得理论，请参考后文第三章，第四节。

者来说，我的概念与我们周围的世界的连接基于如下事实：我们的（大多数）概念是超验理念的摹本或影像。因为超验理念同时也是感知世界的本体论原理，那么通过我们的（先天）概念认识世界就是通过世界的原因认识世界。[1]

[A-4] 概念构造与学习

在概念的构造中，我们会遇到不完全的概念或具有较强个别性、较弱客观性的概念这类现象。通过学习，我们能够发展或阐明我们的概念，使其变得更加完善、普遍和客观。

"对概念的掌握有程度的区分。"[2] 为了确定一个概念是否完全／完善，需要一个我们能够作为判断依据的标准（请参考 [A-5]）。然而，这一标准可能会随着语境变化而变化。我们可以区分日常概念，即那些使我们能够以一种较为宽松的方式讨论现象的概念，和完善的科学概念，即那些最大限度地满足客观性／可分享性要求的概念（请参考 [A-2]）。当下研究的范围并不局限于严格意义上的科学概念，而是区分几种概念（请参考 [A-7]）。

[A-5] 概念掌握的程度（完全和不完全概念）与"本质"的重要性

"概念构造"这一词已经包含概念可以被构造、发展和完善化的意味。然而，这种发展预设了完全概念和不完全概念的

---

〔1〕 这（译者注：即认识事物的原因）是亚里士多德对知识的要求，请参考《后分析篇》，I2。
〔2〕 Swoyer 2006: 135.

存在，也就是那些作为对某物的完善的心灵表征的概念和那些仅在一定程度上表征事物的概念。换言之，概念可以根据其掌握"本质"的能力被衡量。

当代对于概念和概念构造的研究与在认知心理学和发展心理学所开展的工作密切相关。"对于某个人来说，具有一个概念意味着什么？"这一问题是在经验性研究的背景下被讨论的。在古典时期和中世纪，却是非常不同的情形。柏拉图，亚里士多德，中期柏拉图主义者和新柏拉图主义者都认为，特定种类的事物（实体［substances］）具有本质（essence/ousia），且这一本质可以被认识。"本质"被等同为"事物之（真实）所是"或事物真正的**本性（nature）**。柏拉图预设，这些本质独立于它们的感性例示而存在，而且独立于心灵实体。这些本质（ousiai）又被称为理念（eidē, ideai）。

在亚里士多德那里，本质的本体论地位就变得有争议了。一方面，他批评柏拉图对理念的预设和他对理念和个别可感物的"分离"（separation/chrōrismos）。另一方面，他经常讨论质料中的形式（forms/eidē）。根据某种特定的观点，这些形式对于亚里士多德来说（作为通过抽象获得的普遍者）是科学和哲学的研究对象，因此它们必须是永恒且不变的。哲学的目的正在于认识事物的这些本质。后来的像笛卡尔一样的哲学家依然保持着"本质"（essence/substantia）的观念，而有些哲学家，特别是英国经验论者，则试图放弃"本质"。

在这一背景喜爱，我们可以理解，在古代哲学中讨论完全和不完全概念为什么是重要的。每当某人发现了或意识到了某物的本质，我们就可以说他具有一个完全概念。如果我们完全掌握了 x 的本质或本性，我们就具有一个对 x 的完全概念。一旦我预设本质存在且能够被认识，我就有了一个衡量概念的完全性／不完全性的适宜的标准。

总的来看，古代关于概念构造的看法是目的论的，因为概念构造朝向一个特定的终点。在古代的争论中，像科学进步这种问题并不扮演任何角色。这与当代对概念的完全性或不完全性的讨论相比，是一个重要的差异。如果我是一个相信科学进步的自然科学家，我就会不愿承认存在对某物的完全知识（即一个完全概念）。[1]

[A-6] 概念构造与谬误

概念构造，即获得对某物的充分概念的过程，自然会包含谬误。对已有概念的应用也是如此。出现谬误的原因有多种，例如，有缺陷的感知，错误的或有缺陷的概念以及错误的判断。

与无知和谬误相关的问题对于任一种概念／概念构造理论都是挑战性的。[2]根据我们的意图，简要叙述谬误在概念构造中出现的三个主要原因就足够了。[3]首先，我们可能具有一个关于某物的错误的或发展得不充分的概念，从而谬误产生自概念的本性；其次，尽管我们对此对象具有一个正确的概念，感知给予我们的信息也许

---

[1] 关于科学进步改变我们对某物的看法／概念，一个很好的例子是爱因斯坦之前和之后的时空理论。
[2] 请参考 Margolis/Laurence 1999b: 21-23，34-35，47-48，55-56。
[3] 关于这个三重区分，请参考 Delcomminette 2003。

使我们无法正确地识别一个被给予的对象，原因可能是对象距离太远或者感官存在缺陷等等；最后，尽管我们具有一个关于某物的正确的概念，而且我们的感知也并不受到阻碍，我们的将感知与我们已有概念相连的判断却是错误的，当我们不清醒时或我们的判断能力受损（由于疾病等等）时情况就是如此。后两种谬误并不涉及概念获得本身，而是涉及对感知的判断，而这些感知又逐一地依赖于概念。

很明显，古代的每一种关于知识获得的理论都试图说明我们如何避免谬误。我们需要一个**真理的标准（criterion of truth）**，一个知识的范式/规范示例，使我们能够判断真假。[1]例如，在亚里士多德那里，承担这一功能的是无误地把握对象的理智（《后分析篇》，II 19，100^{b}5-14）。在斯多亚学派那里，"认知的印象"（*cataleptic phantasia*）负责正确地理解某物。[2]伊壁鸠鲁宣称，"所有的感知都是真的"。[3]在柏拉图主义传统中，我们似乎无法在把握超验理念的过程中犯错。因为我们要么把握了它们，要么没有，不存在错误地把握地把握它们的可能。对于回忆是否允许谬误这一难题，柏拉图主义者们只做了不充分的回应。然而，这一问题对柏拉图主义的概念构造理论的发展无疑是至关重要的。[4]

最后，在概念获得过程中可能发生谬误的事实似乎进一步支撑了"完全"和"不完全"概念的区分（A-5）：

---

[1] 关于真理的标准，请参考 Striker 1974 和 1990 以及 Huby/Neal 1989 所编的书。

[2] 关于"认知的印象"作为真理的标准，请参考后文第七章，第二节，第三小节，部分 i 中的简短评论以及 M. Frede 1999。

[3] 对此，请参考 Striker 1977；Taylor 1980；Asmis 1984 以及 Sedley 1989。

[4] 关于回忆和谬误，请参考后文第二章，第七节，第二小节和第七章，第六节。

"从无知和谬误加以论证，使我们有充分的理由认为，我们能够具有某个概念，尽管不能表达其应用的充分条件。"[1]

[A-7] 概念的不同种类

我们可以通过概念的起源或其内容与功能来划分概念。前一种划分方式更基本，它起源于通过经验获得的概念与通过回忆获得的（或先天的）概念之间的重要区分。后一种划分方式区分了使我们能够识别对象的概念（事实性概念 [factual concepts]）和带给我们关于事物本质或本性的知识的概念 [请参考 A-5]。

我们可以在研究文献中发现通过经验获得的概念与通过回忆获得的概念（有时也被称为柏拉图式的和亚里士多德式的概念）之间的区分。[2]这一区分并不像看上去那样是某种时代误置，因为它可以被追溯到新柏拉图主义者的对比柏拉图和亚里士多德（有时是漫步派）的知识获得理论的篇章。[3]然而，需要特别强调这一事实：新柏拉图主义者们并不将亚里士多德的知识获得理论看作是**仅仅**经验式的。[4]因为这会与亚里士多德自己的说法，即感知就其自身并不产生知识（《后分析篇》，I 31）产生矛盾。毋宁说，新柏拉图主义者们强调，在亚里士多德对知识获得的解释中，感知比在柏拉图那

---

[1] Margolis/Laurence 1999b: 22.

[2] 请参考，例如，Sorabji 2006 和后文第五章，第二节。

[3] 请参考，例如，Helmig 2007c, 2009 和 2010。

[4] 关于亚里士多德的经验主义，请参考前文第 1 至 5 页，以及最近的 Herzberg 2010。

里扮演着更重要的角色。请思考，比如，下面这段出自奥林匹奥多罗斯（Olympiodorus）《〈斐多〉注》（*Commentary on the Phaedo/ In Phaedonem*）中的文本：

> "我们不能赞同漫步派的观点，他们将感知看作知识的起源（或原因，*archē*），因为较低的事物不能是较高的事物的本源或原因。如果我们坚持一般意义上感知是知识起源的说法，我们会说它不是动力因意义上的起源，而是就其激发灵魂中潜在知识的发展以唤醒心灵中对普遍者之回忆的功能以及作为使者或传令官的角色而言，它才是知识的起源。"[1]

这段文本对比了漫步派的感知是知识的**原因**的观点和柏拉图主义的感知仅仅是回忆的触发因素的观点。这一对比还可以被描述为抽象主义者（亚里士多德，阿弗罗狄西亚的亚历山大［Alexander of Aphrodisias］）与"抽象"理论的批评者（叙利亚努斯，普罗克洛）之间的对比。有一些新柏拉图主义者的文本将亚里士多德成为抽象主义者。[2]我们看到，叙利亚努斯和普罗克洛认为通过抽象获得的普遍者（被称为 *husterogenē*）在完善性和价值上甚至不如可

---

[1] 奥林匹奥多罗斯，《〈斐多〉注》，§ 4, 8（L. G. Westerink 译）：Πρὸς δὲ τὸ δεύτερόν φαμεν ὅτι οὐ πεισόμεθα τῷ Περιπάτῳ λέγοντι ἀρχὴν ἐπιστήμης τὴν αἴσθησιν· οὐδέποτε γὰρ τὰ χείρω καὶ δεύτερα ἀρχαὶ ἤ αἴτιά εἰσι τῶν κρειττόνων. εἰ δὲ δεῖ καὶ ταῖς ἐγκυκλίοις ἐξηγήσεσι πείθεσθαι καὶ ἀρχὴν εἰπεῖν τὴν αἴσθησιν τῆς ἐπιστήμης，λέξομεν αὐτὴν ἀρχὴν οὐχ ὡς ποιητικήν，ἀλλ᾽ ὡς ἐρεθίζουσαν τὴν ἡμετέραν ψυχὴν εἰς ἀνάμνησιν τῶν καθόλου καὶ τὰ ἀγγέλου καὶ κήρυκος ποιοῦσαν，κινοῦσαν τὴν ἡμετέραν ψυχὴν εἰς προβολὴν τῶν ἐπιστημῶν.

[2] 这在叙利亚努斯对亚里士多德《形而上学》最后两卷的注释中最为显著。

感物。[1]

我们在普罗克洛那里还可以找到一个相似的区分。普罗克洛在他的《柏拉图〈蒂迈欧〉注》中明确区分了告诉我们事物"如何"(that/*hoti*)的事实性概念和揭示某物本质(*dihoti*-"为何"[because])的概念。他将前者与信念的能力相连,而将后者归在推论理性(discursive reasoning/*dianoia*)的能力下。[2]换言之,我们具有两种概念,一使我们能够识别或辨认某些对象,另一种使我们能够对某些现象给出科学的(或因果的)解释。这样的区分可以被追溯至柏拉图,并被他的学生亚里士多德(特别是在其《后分析篇》中)所发展。根据亚里士多德,第一种概念使我们能够说某物存在(事实性概念)。第二种概念则使我们能够对现象给出解释(说出其**原因**)。根据亚里士多德和柏拉图,后者是科学知识的要求。概念构造不仅要描述第一种概念的获得,也要描述从第一种概念到第二种概念的发展。这一区分对我们的整个探究都是至关重要的。

让我来举例说明。某个人也许能认出一匹马,因为他从别人那里了解到,这只动物被称为马。然而,这个人并不必然知道马的本质或本性,获得"马"这个词并不意味着能够给出马的定义或认识马的本质。类似地,我们也可以思考专家和外行的知识之间的区分。总之,"无论如何,专家和外行赏画的方式不同"这一点已经

---

[1] 关于 *husterogenes* 这一词,以及普罗克洛那里的两种"*husterogenes*—概念"(通过抽象获得的和通过回忆获得的),请参考第五章,第二节。

[2] 普罗克洛,《〈蒂迈欧〉注》,I 248.11-13, 18-20; I 251.6-7。关于两种概念的区分,请参考后文第六章,第二节,第四小节和第七章,第三节,第六小节。

是自明之理了。[1]

附录：概念与柏拉图和亚里士多德的一致性

我们已经给出了柏拉图式概念和亚里士多德式概念的专业区分［A-7］，但就柏拉图主义者们是否在他们的知识获得理论中结合了柏拉图与亚里士多德的两种进路这一问题，仍然存在争议。学者通常这一所谓的事实来证明（新）柏拉图主义者中的融合倾向。

学者们通常主张，新柏拉图主义者们融合了柏拉图和亚里士多德的概念构造理论。正如我在导言中所说明的，这种观点是有误的（即便在阿尔基努斯和波斐利的案例中，也是如此）。持融合观点的学者们通常主张，知识的获得以亚里士多德式概念为开端，随后亚里士多德式概念被转化为柏拉图式概念。有一种仍然被广泛承认的解读认为，我们可以通过回忆理论使经验性概念更加完善。需要说明的是，与这种解释相反，我们几乎没有新柏拉图主义者们持这种观点的文本依据。[2] 正相反，比如普罗克洛和他的老师叙利亚努斯，他们批评"抽象"理论，且认为经验性概念不能被完善化。在《〈巴门尼德〉注》，IV 893.15-18（Steel）中，普罗克洛明确表明，想象力的对象，即被存储在想象中的感官印象，不能被完善化：

---

[1] 第欧根尼·拉尔修《明哲言行录》，7.51（=SVF，2.61）。请参考 Annas 1992：81（关于斯多亚学派）："不同的人面对相同的对象会持有不同的感知信念，因为他们持有不同的思想，而这些思想表明了他们对表象中所予的不同程度的理解。"

[2] 请参考 Lautner 2009：382-383（关于赫米阿斯和叙利亚努斯）。请注意，波斐利的《托勒密〈和声学〉注》，14.2（在那里他使用了 akriboō）不能被用作这种观点的依据，因为波斐利在那里表明，想象力使记忆中的印象与其感官对应物相似；请参考后文第四章，第二节，第七小节。

"通过感知获得的概念是想象力的对象［……］而且它需要在灵魂中保持它起初被接收时的状态，以便它不会变成错误的或不存在的；但它不能变得更加完善或更值得重视。"[1]

这段文本明确排除了想象力的对象被完善化、从而比感知更完善的可能。[2]此外，叙利亚努斯强调了像亚历山大这样的漫步派和他自己关于概念获得的观点对立。

"根据阿弗罗狄西亚的亚历山大，它（即灵魂）为自身制造思考的对象（然而这些对象并不就其自身是可思考的），然后徒劳地与它们打交道。"[3]

这一段落的语境和它强烈的论辩口吻说明，叙利亚努斯批评亚历山大的观点，认为我们不能将被储存在想象中的感官印象转化为思考的对象（noēton）。[4]叙利亚努斯的文本再一次为我们反驳想象力

---

[1]《〈巴门尼德〉注》，IV 893.15-18（Steel）: τὸ γὰρ ἐκ τῶν αἰσθητῶν λαμβανόμενον φάντασμά ἐστι καὶ οὐ δοξαστόν, καὶ τοιοῦτον ὀφείλει μένειν ἔνδον, οἷον ἐλήφθη τὴν ἀρχήν, ἵνα μὴ ψεῦδος ἦ καὶ τὸ μὴ ὄν, ἀλλ' οὐχὶ τελειότερον γίγνεσθαι καὶ σεμνότερον.

[2] 在叙利亚努斯的《〈形而上学〉注》，96.6-10 中，我们可以发现一个类似的段落：ὅλως δὲ ἀναμιμνήσκεσθαι μὲν ἀπὸ τῶν αἰσθητῶν συγχωρητέον ἡμῖν τὴν διάνοιαν, μόρφωμα δὲ ἀπ' αὐτῶν εἰσδέχεσθαι μὴ οὐδὲ θεμιτὸν ἦ λέγειν· ἄχρι γὰρ φαντασίας χωρεῖν δύναται τὰ δι' αἰσθήσεως εἰς ἡμᾶς εἴδη παραπεμπόμενα, ἃ δὴ καὶ ἐν αὐτῇ τῇ φαντασίᾳ ἄτομα μένειν ἐθέλει καὶ τοιαῦτα οἷα εἰσελήλυθεν.

[3] 叙利亚努斯《〈形而上学〉注》，96.17-19（Dillon/O' Meara［2006］译）: καθάπερ φησὶν ὁ Ἀφροδισιεὺς Ἀλέξανδρος, νοητὰ ἄττα ἑαυτῇ ἀναπλάσασα, οὐκ ὄντα τῇ οἰκείᾳ φύσει νοητά, περὶ αὐτὰ ταῦτα μάτην ἐσκιαμάχει.

[4] 关于亚历山大的概念获得理论，请参考后文第四章，第二节，第一至三小节。

的对象能够被完善化并作为可靠概念这一观点提供了依据。

二、概念在古代知识论论争中的相关性

尽管在对古代和晚期古代哲学的学术研究中，讨论概念（以及概念构造）已是司空见惯，学者们却往往忽视了概念在古代知识论论争中的相关性或重要性的问题。比如，人们也许会问，在对古代文本的阐释中引入概念的语言是否是一种时代误置？古代可以指称"概念"的词语有很多（请参考第一章，第一节），并且"*conceptum*"或"*conceptio*"一词出现得较晚（中世纪早期），这难道不使我们怀疑我们是否能够在古代哲学家中发现一种对概念的统一看法？而且，*ennoiai*、*epinoiai*、*ennoēmata*、*logoi*、*katholou*和*prolēpsis*是否足够相似，以至于我们有理由将它们统称为概念？

尽管在认知和知识理论上存在巨大差异，古代的哲学流派似乎都对心灵实体抱有兴趣。我用"心灵实体"指称那些居于灵魂或心灵中的、在我们的认知过程中起到重要作用的实体。柏拉图几次提到心灵实体，并强调它们在我们认知过程中的重要作用，尤其是在《蒂迈欧》以及这篇对话对人类灵魂构造的描述中。[1] 此外，柏拉图的《泰阿泰德》（185a-186b）中著名的"共同项"（*koina*）不太可能指称超验理念，因为柏拉图是否预设过"非存在"的理念似乎尚且存疑。因此，学者们将这些"共同项"解释为概念。[2] 最终，

---

[1] 请参考 D. Frede 1996，她在这一角度下详尽地讨论了"共同概念"（common concepts）。

[2] 请参考 Sedley 2004，他认为这些"共同项"还不是柏拉图式的理念（第115页）。他有一次将其看作概念（第107页）。

学者们也认为《智者》中对"假"与"非存在"的讨论处理的是概念。[1]这些简短的评论已经说明，学者们已经通过诉诸概念来解释柏拉图著作中的关键篇章或问题。

和柏拉图一致，亚里士多德承认，工匠在制造产品之前对该产品已经有了一个内在的构想（一个心灵中的 *logos*）（《形而上学》Z 7，1032^{b}1）。此外，在《形而上学》和《后分析篇》中，亚里士多德都试图解释普遍者（*ta katholou*）如何在灵魂中产生。在古代评注传统中，亚里士多德的《范畴篇》已经被看作与通过思想（*noēmata*）指称事物（*pragmata*）的语词相关的论著。因为语言预设了概念（*ennoiai*）。[2]接下来，我们在斯多亚知识论中找到关于心灵实体如何被阐明（即被进一步发展）的讨论。在斯多亚学派的贡献的基础上，中期柏拉图主义者建构出一套关于学习的灵魂学说术语，试图把握柏拉图回忆说的灵魂学说的方面。最后，新柏拉图主义者认为谓述与概念、而非与纯然语词相关。[3]因为前者实在性更高，且是后者的原因。[4]此外，"柏拉图式的普遍者"后来演变为三重区分："事物之先"（*ante res*）、"事物之中"（*in rebus*）和"事物之后"（*post res*）的普遍者，在这三重区分中，概念是"多之上的普遍者"（*epi tois pollois*，*post res*）。

鉴于古代不同知识论进路的这一共同基础，让我们回到前文所讨论的七个标准〔A1-7〕。这七个标准所概述的对概念的粗糙看法

---

〔1〕 请参考 De Rijk 1986。

〔2〕 阿摩尼乌斯，《〈范畴篇〉注》（*In Cat.*），9.17-25。

〔3〕 这种观点来自亚里士多德《解释篇》16a3-4，在那里语词被定义为"灵魂之感受的象征"。Sorabji 2004c: 205-211 讨论了对这段文本的古代解释。

〔4〕 请参考阿摩尼乌斯《〈解释篇〉注》（*In De Int.*）18.6-7。

似乎已经足够包含古代丰富的词语所指称的广泛现象。有趣的是，我们会发现，新柏拉图主义，尤其是普罗克洛的知识论，将很多其他古代哲学流派的观点相结合，以给出一种可以回应一些紧迫的哲学挑战的概念理论。

标准［A-1］意在将概念与其他较不稳定的灵魂现象（比如感知、记忆和信念）相区分。概念的定义是"（颇为）稳定的心灵实体"，这一定义与古代对知识论现象的讨论方式一致，因为自柏拉图和亚里士多德以来，我们要获得的知识或普遍者（*katholou*—普遍概念）就被认为在灵魂中**"站定"**（**to come to a stand**）。[1]在这一传统的另一端，新柏拉图主义者将作为灵魂本质的概念（*logoi*）看作人类灵魂学说中的固定（permanent）要素。然而，普遍存在的关于概念（*logoi*）的学说（我们在普罗提诺那里首次发现这种学说［第四章，第三节］）的确指出了古代和现代概念理论的一个重要差异。在现代争论中，概念是构成我们的心灵与世界的接合点的心灵实体，柏拉图主义者则将 *logoi* 看作可感世界的本体论原理。

标准［A-2］主张，概念应是客观的和可分享的（普遍的）。柏拉图可能是第一个意识到知识的客观原理的必要性的人。柏拉图以他的理念论首次反驳了认知的相对主义。在柏拉图主义传统中，关于"回忆"的灵魂学说解释了为什么不同的人回忆相同的理念，并因此分享相同的概念。在《后分析篇》II 19 中，亚里士多德似乎预设概念的获得（也就是三段论的"第一原理"［*prōtai archai*］或普遍者的获得）对每个人来说都以相同的方式进行。这符合灵魂

---

［1］ 这一点符合柏拉图与亚里士多德的观点，请参考前文脚注 73。

的本性（请参考《后分析篇》II 19，100ª13-14）和整个过程基于"事物之中的特性"（内在形式[1]）的事实。显而易见，具有丰富的可分享的概念是语言、交谈和科学研究的前提。

标准［A-3］强调，我们对周围世界的知识应当与这个世界相一致。在柏拉图主义传统中，这样的一致性得到了保证，因为可感物通过它们的可理知的**原理（Forms 或 *logoi*）**被认识。在亚里士多德式针对普遍者（普遍知识）的归纳和斯多亚式对"前在构想"（*ennoiai*）的阐明中，知识的获得最终建立在感知和个别可感物的基础上。古代讨论的特征似乎是，我们的知识与我们周围世界的一致性被看作是理所应当的，且几乎不会被人们所质疑。例如，在柏拉图主义者对知识获得的经验性模式的批评中，以及在关于一些特定的普遍概念（普遍者），比如"山羊-雄鹿"或"金山"是否是纯精神性的（**纯然概念**，*psillai ennoiai/epinoiai*）的讨论中，我们可以发现古典时期的相关争论。

标准［A-4］和［A-5］对于处理建立在概念基础上的古代知识论文本至关重要，因为对前在构想和概念构造的关注使我们能够对**学习过程（process of learning）**给出更充分的描述，从而使这种描述能够包括对作为科学知识中不完善要素的心灵实体的古代讨论。作为古代对概念构造的关注的示例，柏拉图的早期对话（或者一般意义上的柏拉图对话）显示了概念或前在构想如何被纠正和进一步发展。这种解释方法在中期柏拉图主义时期首次被提出（在无名氏的《柏拉图〈泰阿泰德〉注》中），随后被普罗克洛系统化

---

[1] 在本书中，虽然"理念"和"形式"对应的英文单词都为"forms"，但为了区分柏拉图哲学中的理念和亚里士多德哲学中的形式，故采取不同的中文翻译。——译者注

（在其对《阿尔卡比亚德》和《巴门尼德》的注中）。对于柏拉图主义者来说，这种进路包含了对柏拉图回忆说和苏格拉底的助产术的系统化。根据这种观点，一篇哲学对话的目的在于阐明概念或前在构想，以便充分掌握灵魂的先天知识。

特别是希腊化时期的心灵哲学预设了概念的发展。当时，哲学家们谈论那些必须被阐明才能成为客观普遍概念的心灵实体（*ennoiai*，*prolēpsis*），即前在构想。追随着无名氏的《柏拉图〈泰阿泰德〉注》，普罗克洛接纳了这种说法，并将其与柏拉图式回忆相结合。根据这种观点，前在构想无非就是我们对先天知识的模糊不清的意识。

标准［A-6］处理谬误。解释谬误的一个很好的方式是将其与错误的、不清晰的（未被阐明的）或不完全的概念相联系。在一个试图取消概念的知识论框架中，人类精神发展的不同阶段的"谬误"现象会显得更加难以理解。因为如果我们假设认知主体至少部分地对他的谬误负责，那么这些谬误必须在某种程度上依赖于他的认知状态或他的概念体系。

标准［A-7］就起源、功能或内容考虑概念。它对比了认为普遍者最终源于感知的理论（亚里士多德、斯多亚学派、伊壁鸠鲁学派、阿弗罗狄西亚的亚历山大）和主张先天普遍知识的理论（柏拉图、中期柏拉图主义者和新柏拉图主义者）。在我的研究中，这一差异被表述为柏拉图式（通过回忆获得的）概念和亚里士多德式（通过抽象 [F] 获得的）概念之间的区分。[1] 我这样做是为了将两种

――――――――――

[1] 请参考前文第一章，第二节（A-7）。

知识论传统包含在一个观念，即"概念"之内。

通过总结标准［A-5］、［A-6］和［A-7］的含义，我们发现，如果我们预设概念（心灵实体）在灵魂中的存在，那么我们最好通过不同种类的概念（使我们能够辨认可感对象的概念以及提供关于事物的知识的概念），以及通过进一步发展或阐释概念的过程（将不完善的概念或前在构想转化为完全概念）来解释认知的进步。

通过回顾第一章，第一节中提出的不同标准，我得出，概念在古代知识论争论中是一个持续存在的关注点。当然，在古代和晚期古代文本中，我们找不到一个统一的术语去指称我称之为"概念"的一系列心灵实体。哲学家们并没有用一个总括的概念去指称所有这些心灵实体，以免我们把"在灵魂中"或"在心灵中"这样非常概括的表述也包括进去。而且我们不完全清楚为什么会如此。但我们可以明确地看出，至少普罗克洛已经意识到比如 *ennoia*、*logos*、*eidos* 和 *katholou* 之间的关联和（就内容和功能而言的）区别。这些古代词语的共性在于它们都指称心灵实体（灵魂中的实体）。此外，它们都在灵魂的认知功能或认知发展中起到重要的作用。通过将这些心灵实体看作概念，我们可以更容易地比较这些心灵实体，并发现它们之间的共性和差异。无疑，一个通用的术语不能使我们误以为古代对心灵实体的观念之间不存在任何差异。相反，我们可以通过引入不同种类和不同层级的概念（请特别参考标准［A-5］和［A-7］）来解释它们之间的显著差异。

因此，我们似乎应当将知识理论建立在当代统一的关于概念的术语之上，而不是使用种类繁多的古代词语。因为我在前文已经表明，"概念"对于广泛存在的心灵实体现象来说是一个合适的词语。

本研究的一个核心目的就是证明"概念"在古代知识论论争中的重要性，并说明，在柏拉图主义的知识论传统中，对所有知识论现象的讨论都被包含进或被指涉到对概念的讨论。[1] 在新柏拉图主义哲学中，因为灵魂的 *logoi* 等同于概念，所以概念的语言无处不在。比如，在普罗克洛那里，我们可以发现关于概念、概念获得和概念发展的复杂术语表（第七章，第三节）。普罗克洛区分了多种概念（第七章，第三节，第六小节）。

我再举最后一个例子，来说明概念在柏拉图主义传统中的重要性。它涉及围绕着关于理念的知识的诸多难题。柏拉图研究专家认为，我们只能拥有关于理念的知识，却不能拥有关于它们的信念。如果我们认为柏拉图（和亚里士多德）通过认知对象来定义知识，那么这种说法就是合理的。但是，这种解释会使得理念仅仅与某种专业知识（较高层次的学习）相关。[2] 然而，对于晚期柏拉图主义者来说，理念（先天知识）被看作是我们所有认知过程的基础。通过灵魂中的概念（它们被看作理念的影像），我们能解释信念如何事实上能以理念为对象，以及认识理念的过程如何能被认为是**渐进的（gradual）**（而非从无知向智慧的突然转变）。[3] 我认为我们应该坚持后一种观点，因为从扬布里柯开始，知识就被看作是由认知主体，而非认知对象来决定的。[4]

---

[1] 至少就灵魂的推论过程而言是这样。在本研究中，我并不处理与新柏拉图主义的"理智"（intellect/*nous*）理论相关的诸多问题。

[2] 这是 Scott 1995 的论点。

[3] 关于信念在普罗克洛知识论中的核心作用，请参考后文第六章。

[4] 对此，请参考后文第六章，第二节，第四小节（结尾部分）。

三、古代关于概念获得的不同模式

在古典时期，我们可以找出两种主要的概念获得的模式（参考上文［A-7］）。一般来说，这两种模式与两种理论相符：一种是亚里士多德（比如在《后分析篇》最后一章中所描述的），漫步派（如泰奥弗拉斯托斯［Theophrastus］或阿弗罗狄西亚的亚历山大）以及斯多亚学派和伊壁鸠鲁学派的更经验性的理论，另一种则是柏拉图的理论。对于后者来说，概念获得是**回忆（recollection）**，也就是对先天知识的重新获得（*anamnēsis*）。对回忆的激发要么通过感知，要么通过与专业老师的哲学交谈。人们常常将后一种知识获得的方式与苏格拉底的助产术相联系。

通常来说，描述两种概念获得方式的语言都是非常技术化的。接下来，对于古希腊哲学传统的概念构造，我将给出一个简短，或许不那么完备的术语表。[1]

"抽象"（abstraction/to abstract）是对古希腊单词 *aphairesis/aphairein* 的翻译。后者的字面意思是"从某物中拿走某物"。亚里士多德用 *aphairein* 和 *aphairesis* 来指"从某物中拿走**质料（matter）**"。在后文中，我们将这种抽象称为"**抽象 M**"（对质料的抽离）。它是 *aphairesis/aphairein* 在亚里士多德那里的通常用法。

---

[1] 就我所知，还没有人试图收集过相关的词汇。我们可以在 Philippe 1948，De Strycker 1955，Morrison 1985，Happ 1971: 615-649，Mueller 1990，Detel 1993b: 189-232，Detel 2005 和 Porro 2007 那里找到有用的资料。就柏拉图主义传统而言，Sorabji 2006 和 2010 的研究是非常有价值的。

有些人认为，亚里士多德还了解另一种不太明显的对该词的用法，即"从质料中抽象出形式"（"抽象^F"—对形式的抽象）。然而，学者们对此给出的文本位置（《形而上学》Θ 6，1048^{a}32-33）并非决定性的，而且我认为这种说法更合理，即亚里士多德并不认为赫尔墨斯雕像（即雕像的形式）是从质料中抽象得来的。[1] 如果这是正确的，那么就我所知，对形式的抽象首次出现在亚历山大的《论理智》（De intellectu）中。[2]

"抽象^F"与现代对抽象的用法差不多是一致的。通常情况下，亚里士多德将数学或几何学对象看作"抽象的结果"（ta ex aphaireseōs）。[3] 与此相反，物理对象被认为是"通过增添"（from addition/ek prostheseōs）所得的结果。[4] 目前，我们不会涉及关于亚里士多德的"分离"概念的错综复杂的问题。[5] 目前，对我们来说很重要的是，chōrizein 既可以被用作 aphairein（在"抽象^M"

---

[1] 我完全同意 Beere 2009：172，注 8 对这段文本的提议。也请参考后文第三章，第二节，第三小节，脚注 50。

[2] 我们可以在亚历山大《论理智》（De intellectu），110.19 和 111.16 那里发现对 aphairein 的这种用法。波斐利在其《托勒密〈和声学〉注》中，使用了 chōrizein（11.31）apospān（"扯掉"[tear off]，13.22）以及 analambanein（14.20-21），而忒密斯提乌斯的《〈论灵魂〉注》中却提到"（将普遍者从质料中）切出"（cutting out/apotemnein）。叙利亚努斯的《〈形而上学〉注》，137.1 中使用了"除去"（strip of/aposulan）一词。

[3] Guthrie 1981：105 讨论了一种亚里士多德式的"对形式的抽象"，Spruit 1994：45 主张，对于亚里士多德来说，"思维的对象是本质，它们位于灵魂中，是从它们的具体例示中抽象得到的普遍者"。

[4] 请参考《论天》（De caelo）Γ 3，299a15-17：[…] τὰ μὲν ἐξ ἀφαιρέρεως λέγεσθαι, τὰ μαθηματικά, τὰ δὲ φυσικὰ ἐκ προσθέσεως。然而，需要说明的是，在亚里士多德那里，"增添"（prosthesis）并不限于物理对象。同样，"抽象"（aphairesis）也不限于数学对象。请参考 De Rijk 2002a：648："这两个词[即 aphairesis 和 prosthesis]分别指[……]对思想内容进行提取或增添的语义学过程。"

[5] 请参考后文第三章，第二节，第四小节。

的意义上）的同义词，也可以指思想中的分离。[1]后面这种含义接近于"抽象^F"。正如我们通常注意到的，在亚里士多德那里，*aphairein/aphairesis* 被限定在数学或几何学对象，而当下的用法却将其与一般意义上的普遍概念相联系。我们在亚历山大那里已经可以发现这一倾向。

尽管亚里士多德的"抽离"概念通常被用于数学或几何学对象，亚里士多德那里的获得普遍概念的过程却被称为**"归纳"**（induction/*epagōgē*/*epagein*）。在《后分析篇》，II 19 中，亚里士多德详细描述了对普遍物的归纳是如何进行的。[2]一般而言，归纳从许多相似的个别物开始，并最终导向一个普遍概念。

除了抽象和归纳外，还有第三种概念获得的方式，即**"收集"**（collection），也就是说，从一系列个别物中**"收集"**（to gather together）一个普遍概念。英语单词"collection"来自拉丁语"*collectio*"，波埃修（Boethius）用它指"从相似的个别物中收集一个普遍概念"。[3]然而，需要注意的是，穆尔贝克的威廉（William of Moerbeke）（十三世纪）就已经用 *colligere*（De Libera［1999］，第 231 页）来翻译指称"收集"的希腊文术语，如 *kephalaioun* 和 *sunhathroizein*。

某种意义上，我们可以将归纳解释为收集，因为它也以一系列个别可感物开始。这两种方法（收集和归纳）有着轻微的差别："归纳"的希腊语 *epagein* 包含个别物**"被列举"**（adduced）的意

---

〔1〕 当表达这种含义时，它通常与 *tōi logōi* 或类似的表达同时出现，请参考后文第三章，第二节，第三至四小节。

〔2〕 关于亚里士多德的归纳，请参考后文第三章，第三节。

〔3〕 请参考 De Libera 1999: 224 及以下。

思，[1] 而在收集的过程中，它们则 **"被聚集"**（assembled）。然而对于像 *episunagein* 这样的、用于描述收集过程的动词，[2] 归纳和收集几乎是重叠的。以下这一事实也证实了这一点：较晚的哲学家（如忒密斯提乌斯）在其解释亚里士多德式的归纳（《后分析篇》，II 19）时，会使用与收集相关的语言。

关于我们如何描述"抽象 ^M"与归纳/收集的关系，这是一个相当复杂的问题。因为这一点似乎很明显：为了得到一个普遍概念，仅仅将相似的个别物聚集起来是不够的。如果我们假设，收集的目的仅仅是收集这些个别物的**共同元素（common element）**（质料中的形式），那么将质料抽走（"抽象 ^M"）似乎就是一个前提条件。因此，Alain de Libera 提议，将亚里士多德式的归纳称为"通过抽象进行的归纳"（induction abtractive），并将亚里士多德式的抽象（*aphairesis*）成为"数学性的抽象"（abstration mathématique）。[3] 然而，在这里我不会深入讨论这一问题，稍后我会在我对亚里士多德知识论的分析中回到这一点。[4]

现在，让我们暂且回到**"收集"**的概念。这种概念获得模式的经典文本（*locus classicus*）是柏拉图的《斐德罗》249b-c，在那里我们可以找到 *sunhairein* 这个词。[5] 通过这一篇章，我们也能意识到，收集代表一种"从多朝向一"（*ek pollōn eis hen*）的运动。在较晚的哲学流派中，哲学家们用不同的词语表达收集，比

---

[1] 对此，请参考后文第三章，第三节，第三小节。

[2] 伪斐洛波努斯（Pseudo-Philoponus），《〈后分析篇〉注》（*In An. Post.*），436.8。

[3] De Libera 2004.

[4] 请参考后文第三章，第二节，第六小节。

[5] 然而，请注意，柏拉图在这一语境中提到了回忆，请参考后文第二章，第五节。

如斯多亚学派（在那里这一概念尤其重要），亚里士多德的注家以及新柏拉图主义者们所用的词语：[1] *hathroisis/hathroizein*，[2] *sunhathroizein*，[3] *sunagein*，[4] *episunagein*，[5] *sunhairein*，[6] *sunageirein*，[7] *sullegein*，[8] *kephalaiousthai/kephalaiōma*，[9]

---

[1] 对于接下来的内容，我从 Sorabji 2004a: 174 和 2006: 115 及注 24 中受益颇多。

[2] 普罗克洛，《欧几里得〈几何原本〉注》，12.6-7 和 14.1，辛普里丘，《〈物理学〉注》（*In Phys.*），1075.7-8，以及尤斯特拉提乌斯（Eustratius）《〈后分析篇〉注》（*In Anal. Post*），266.19（对于 *sunhathroizein* 及其同源词，请参考下一条脚注）。请注意，在斯多亚学派那里，*hathroisma* 很重要。克律西波斯（Chrysippus）将技艺（*technē*）称为 *hathroisma katalēpseōn*（SVF，2.23.21-22［= 塞克斯都·恩皮里丘（Sextus Empiricus）《反数学家》（*Adv. Math.*），VII 372］）和 ἄθροισμα ἐννοιῶν καὶ προλήψεων（SVF，2.228.23-24［= 盖伦（Galen），《论希波克拉底与柏拉图的学说》（*De Hipp. et Plat. Plac.*），V 3（160）］）。我们可以斐洛波努斯《〈物理学〉注》（*In Phys.*），12.15 那里发现一个对 *hathroisma* 的相似用法。

[3] 忒密斯提乌斯，《〈论灵魂〉注》，4.2 和 56.21；扬布里柯，《论一般的数学科学》（*Comm. math.*），20.8-9；赫米阿斯，《柏拉图〈斐德罗〉注》，171.10 和 15；伪辛普里丘（Pseudo-Simplicius），《〈论灵魂〉注》（*In de anima*），269.39；伪斐洛波努斯，《〈论灵魂〉注》（*In de anima*），515.27。关于 *sunhathroizein*，请参考 De Libera 1999: 229 及以下，第 233 页，注 80。在《欧几里得〈几何原本〉注》，15.17 中，普罗克洛用了 *sunhathroismos* 这一名词，而阿摩尼乌斯《〈范畴篇〉注》，49.9 则（与 *sunagōgē* 一起）用了 *sunhathroisis*。

[4] 赫米阿斯，《柏拉图〈斐德罗〉注》，171.19（Couvreur）和辛普里丘，《〈物理学〉注》，1075.4-5 和 11。

[5] 伪斐洛波努斯，《〈后分析篇〉注》，436.8。

[6] 柏拉图，《斐德罗》，249b-c。

[7] 忒密斯提乌斯，《〈后分析篇〉注》（*In An. Post.*），64.26-27（*sunageirein to katholou*）。

[8] 斐洛波努斯，《〈物理学〉注》，12.24。

[9] 在亚历山大的《〈论题篇〉注》（*In top.*），1.18 中，我们能发现对 *kephalaiousthai* 这一动词及其同源词在知识论语境下最早的运用。另外，也请参考亚历山大《〈形而上学〉注》（*In metaph.*），5.2（*sunkephalaiōsis*）。也请参考普罗提诺《九章集》，VI 5［23］1.10 中的相似词语（*sunkephalaiousthai*）。感谢 Guy Guldentops（科隆）使我注意到后面这一文本。然而，需要注意，普罗提诺《九章集》，VI 2［43］5.12 中将灵魂称为一个 *kephalaion tōn logōn*。忒密斯提乌斯在他对《后分析篇》II 19 的注解（《〈后分析篇〉注》，64.15-16；也请参考 3.33）中使用了这一动词作为对归纳的阐述：λέγεται ἐπαγωγὴ πᾶς ὁ ἐκ τῶν κατὰ μέρος τὸ καθόλου κεφαλαιούμενος λόγος。在普罗克洛的《〈巴门尼德〉注》，II 731.15（Steel）中，*kephalaiōma* 被用来指称"从个别可感物中收集得到的普遍者"。

sunkephalaiōsis[1]。我们需要注意，在柏拉图主义的知识论传统中，收集的概念比抽象的概念更重要（因为《斐德罗》249b-c）。然而，在二手文献中，收集一个普遍概念的过程常常被称为抽象。这有时会引发困惑。

正如我们所见，针对普遍概念的获得，存在一个固定的术语表。目前，我们已经区分出三种方法，即**抽象**，**归纳**和**收集**。我们可以说，"抽象"（*aphairesis*）起源于亚里士多德，它与被称为"'抽象'的结果"（*ta ex aphaireseōs*）的、心灵中的数学／几何学对象相关。普遍概念的获得被亚里士多德称为"归纳"（*epagōgē*，《后分析篇》II 19）。在柏拉图主义传统中，收集的概念（从相似的个别物中收集一个普遍概念）可以被追溯到《斐德罗》249b-c。正如我们所见，归纳和收集有很多共同点，而且我建议将归纳看作收集的一种。这一点被亚里士多德的注家们所证实：他们在对《后分析篇》的最后一章的注解中诉诸于收集的概念。[2]在斯多亚学派那里，收集在概念获得过程中也起了作用。除其他外，这一点我们可以从以下这一事实看出：灵魂被称为*athroisma*，即感知印象的**聚集物**（conglomeration）（*SVF*，2.228）。

在这三种概念获得方式之外，我们还需加上**柏拉图式的回忆**（**Platonic recollection**）。[3]柏拉图是第一个主张所有知识都是回忆

---

〔1〕　请参考上一条脚注。泰奥弗拉斯托斯的残篇 301A（Fortenbaugh 及其他）曾使用过这一名词〔＝塞克斯都·恩皮里丘《反数学家》，VII 223-224〕）。我从 Chase 2010：397，注 50 那里获知这段文本。

〔2〕　请参考，比如，忒密斯提乌斯《〈后分析篇〉注》64.26-27。

〔3〕　我在这里加上了"柏拉图式的"，是为了将这种回忆与亚里士多德在《论记忆》（*De memoria*）中所讨论的那种回忆相区分。关于后一种回忆的概念，请参考 Sorabji 2004，King 2004 和 King 2009：90-103。

（recollection/*anamnēsis*）的人。根据柏拉图，回忆的过程被感知所激发或引发。柏拉图用 *anakinein*（《美诺》85c）这样的动词来表达这种激发。在柏拉图主义传统中，先天知识和回忆对于知识的获得是基本性的。灵魂的先天知识通常被称为 *logoi* 或 *eidē*，回忆的过程常常被和（对先天知识的）*probolē*（"给出"[putting forth/adavancing]）联系在一起。[1]

除了获得普遍概念的不同方式外，古代哲学家们也思考了**概念发展（concept development）**的过程。在柏拉图最早的那些对话中，我们已经可以发现这一点。从中期柏拉图主义者无名氏的《〈泰阿泰德〉注》开始，我们可以发现一种倾向，这种倾向将柏拉图的对话解释为对先天概念之发展过程的说明。主要的想法是，概念构成从前在构想开始，也就是说，那些很大程度上是不清晰的概念（*sunkechumena*），甚至是错误的前提，且这些前提或概念随着对话的进行而被纠正和阐明。总的来看，我们可以区分出两个阶段。第一阶段在于清除对话者错误的前在构想（苏格拉底式的反诘[*elenchos*]），而在第二阶段，不清晰的或不完全的概念**被阐明（articulated**[*diathroun*，阐明的过程被称为 *diarthrōsis*]）。我们在斯多亚学派的文本中已经可以发现对概念或前在构想的阐明，在那里，概念或前在构想常常被称为 *ennoiai*。在柏拉图主义的框架中，写作《〈泰阿泰德〉注》的中期柏拉图主义者首次将阐明与回忆相联系。而且这一点被普鲁塔克，波斐利，普罗克洛和达玛士基乌斯等柏拉图主义者所继承。在普罗克洛那里，阐明的目的在于从

---

[1] 关于新柏拉图主义中的"给出"（*probolē*），请参考后文第七章，第二节，第四小节。

前在构想向识别灵魂中的 *logoi*（即灵魂中的先天知识）转折。某种意义上，阐明的过程在柏拉图那里已经被暗示，因为柏拉图认为回忆包含多个阶段。[1]

讨论完概念获得的词汇表和古典时期论概念的阐明，区分完两种主要的概念获得方式，即抽象 / 收集（归纳属于收集）和回忆，让我们现在思考这一问题：我们**如何**能够进行抽象 / 收集？正如我在导言中所说，学者们通常区分柏拉图式的或先天的概念和亚里士多德式的、通过经验获得的概念。[2]而且，通常有人主张，我们可以在晚期柏拉图主义传统中发现融合柏拉图和亚里士多德的倾向，这种倾向主张柏拉图式的和亚里士多德式的概念在概念获得的过程中被结合起来了。这种观点可以被表述为：对概念的获得以亚里士多德式的概念开始，而这些通过经验获得的概念仅仅是概念获得的第一阶段；渐渐地，我们最终能够回忆并获得柏拉图式的概念。

随后，我会主张这种观点就许多柏拉图主义者（如叙利亚努斯，普罗克洛及其他）而言是站不住脚的。[3]在他们的概念获得理论中，源自感知的概念在概念获得的过程中并不起任何作用。相反，他们用很多论证来批评这样一种概念获得方式。这一批评的背景使他们坚信，只有具有先天知识，我们才能获得可靠的概念。

有人主张，对抽象主义的批评只涉及抽象本身（*aphairesis*），而收集则不受这一批评的影响。然而，这种观点并不完全正确。

---

〔1〕 关于柏拉图哲学中的回忆，请参考后文第二章（尤其是第二章，第三至五节）。
〔2〕 请参考前文第一章，第二节〔A-7〕。
〔3〕 接下来，除了叙利亚努斯和普罗克洛，我还将讨论阿尔基努斯、普罗提诺、波斐利，以及亚历山大里亚的赫米阿斯。

一些新柏拉图主义者们所批评的不是某种概念获得的**方式**（**method**），他们批评的是之前的哲学家（如亚里士多德，斯多亚学派和漫步派）主张概念**来源**（**originate**）于感知和个别可感物的事实。因此，我们发现，像普罗克洛和赫米阿斯这样的柏拉图主义者在他们对柏拉图《斐德罗》249b-c 的解释中在积极的意义上使用收集的概念，而普罗克洛又在他的《欧几里得〈几何原本〉注》中批评了收集的概念。我们也许会问，为什么会这样，答案是：对于这些柏拉图主义者来说，只有在先天知识理论的背景下，收集才能被合理地解释。

学者们还提出了一个相关的问题。回忆在何时开始？有一些学者，最著名的是我们已经提到过的 Dominic Scott，认为回忆只涉及较高层次的学习。[1] 这种观点与对柏拉图和亚里士多德的融合主义解释一致：融合主义的解释认为，概念获得的第一阶段仅仅包括知识的经验性获得。然而，正如我们将看到的，叙利亚努斯和普罗克洛等柏拉图主义者主张，甚至识别对象也以先天知识为最终基础。

在我对古典时期概念获得的不同种类／方式进行总结之前，我要简单提一下古代概念获得理论的另一个很重要的方面，也就是**理智的作用**（**the role of intellect**）。当与柏拉图的先天知识理论相比时，亚里士多德往往被称为一个经验主义者。然而，后者明确地主张："感知并不导向知识"（《后分析篇》，I 31）。此外，尽管在《后分析篇》II 19 中，我们可以发现亚里士多德对通过归纳

---

[1] 请参考 Scott 1995 以及导论（第 4 至 5 页）。

（*epagōgē*）获得概念的最详细的描述，然而最终"无误地"把握概念的却是理智（《后分析篇》II 19，100b5-17）。因此，理智在知识获得中发挥着重要的作用。

古代注家对亚里士多德哲学中的理智（*nous*）给出了不同的解释。[1] 根据亚里士多德在《论灵魂》III 5 中所说的内容，古代注家们讨论的问题包括：主动理智时人类灵魂的一部分还是应该被看作与神圣理智同一。阿弗罗狄西亚的亚历山大认为，在抽象的过程中，理智能够使质料中的形式（*enhula eidē*）成为思想的现实对象（*noēta*）。[2] 但是理智是如何做到这一点的？一些哲学家认为，因为潜在的事物只能被已经现实存在的事物所实现（亚里士多德《形而上学》Θ 8，1049b24-25），所有的形式／思想的对象都必然被包含在理智的行动中。这一点当然和知识获得的经验主义进路存在很大差异。然而，亚里士多德或亚历山大与叙利亚努斯或普罗克洛的观点的区别在于，对于前者，感知起着更重要的作用，因为概念的获得最终建立在个别可感物的基础上。

总之，我建议按照如下方式来划分古代概念获得的不同理论：首先，我们将主张概念最终**来源（originate）**于感知的哲学家和将其理论建立在先天知识（回忆）之上的哲学家区分开。对于后一类哲学家，感知只是回忆过程的触发点。我们又可以将前一类哲学家分为那些主张彻底的经验理论的（斯多亚学派，伊壁鸠鲁）和那些

---

[1] 关于对亚里士多德主动理智（*nous poiētikos*）的古代解释，请参考，比如 Kurfess 1911；Hamelin 1953；Schroeder 1981 和 1982；Todd/Schroeder 1990；Blumenthal 1996：151-170。

[2] 请参考后文第四章，第二节，第四小节。

主张理智在概念获得中起重要作用的（亚里士多德和亚历山大）。正如之前所说，我认为并没有哪个柏拉图主义者在概念获得理论上综合了亚里士多德的和柏拉图的进路，或者，不仅接受柏拉图式的，也接受亚里士多德式的概念。我将就阿尔基努斯，波斐利，叙利亚努斯，普罗克洛和赫米阿斯来证明这一点。

四、理念与概念，以及有争议的概念

作为对这一章的总结，我将回答两个彼此有微弱关联的问题，即 1. 柏拉图式的理念如何与概念相联系；2. 我们如何获得那些"有争议的"（*problematic*）概念。正如即将显明的，对于柏拉图主义者们来说，这两个问题至少在一定程度上是相关的。首先，柏拉图式的理念如何与心灵中的概念相联系，这一问题是复杂的。大多数当代的柏拉图学者都赞同：1. 理念不是（纯粹的）心灵概念；2. 并非所有的概念都要求超验理念。对于第一个主张，我们可以在柏拉图的著作中找到一些论证。[1] 然而，需要注意，在古典时期就已经有哲学家将柏拉图式的理念看作纯然概念。[2] 为了使第二个主张是有意义的，我们需要对它给以解释。如果我们说"并非所有的概念都要求超验理念"，我们便对概念，理念及二者的关系有所言说。为了主张"并非所有的概念都要求超验理念"，我们必须预设，我们已经知道概念域的范围和理念域的范围，以及二者的范围并不

---

〔1〕 请参考，比如，Cherniss 1944：214-216，Lafrance 1984 和 Helmig 2007a：305-308。

〔2〕 普罗克洛，《〈巴门尼德〉注》，IV 899.10.（Steel）。也请参考 Helmig 2007a：306-307 以及关于斯彪西波（Speusippus）和安提斯梯尼（Antisthenes）的进一步的参考文献。

相等。

　　关于什么事物对应理念的问题，柏拉图自己已经回答过，尤其是在《巴门尼德》130b-e。这个问题在晚期柏拉图主义者那里多少获得了解决，正如叙利亚努斯《〈形而上学〉注》和普罗克洛《〈巴门尼德〉注》所显示的那样。[1] 根据这两位新柏拉图主义者，除其他外（inter alia），反自然的事物（包括恶的事物），部分和个体都没有对应的理念。另一方面，没人会严肃地质疑这一点：我们对反自然的事物，部分和个体（比如，作为某个种的一员）具有普遍知识。

　　如果我们认为，对于叙利亚努斯和普罗克洛这样的新柏拉图主义者来说，概念获得即是回忆，且概念因回忆而产生，那么严格来说，那些并不对应理念的概念并非通过回忆获得。因此，那些并不对应理念的概念是**有争议的**（problematic），因为我们不清楚我们如何能够获得它们。

　　上面这个问题还可以被表述为：柏拉图是否认为每个一般性词语都对应一个理念？我们在上文已经提到，这一问题的答案取决于理念域的范围。比如对于"非存在"这个词语，柏拉图不太可能预设一个"非存在"的理念。我们认为，对于恶的理念也是如此。这样一来，我们就会明白为什么理念和概念的关系问题和对有争议概念的讨论在柏拉图主义传统中是互相交织的。

　　我们如何能够获得有争议的概念这一问题依然存在。这类概念不仅出现在柏拉图主义者的表述中。在伊壁鸠鲁主义者和斯多亚

---

[1] 请参考 Dörrie/Baltes 1998：70-78，336-350，以及 D' Hoine 2006a，2006b［二篇都与人造物的理念相关］，2009，2010a 和 2010b 的诸多贡献。

学派的更经验性的理论中，我们也遇到了相似的难题。这两个学派都需要处理以下这一问题：我们如何获得那些我们无法感知的事物的概念。著名的例子有对神、虚空和原子的概念。希腊化时期的哲学流派用不同的方法来解决这一难题。也许其中最重要的是推导（inference/*metabasis*）的方式，也就是，从明显的转向不明显的。[1] 我们可以在以下的文本中知道它是如何进行的：

> "一般而言，所有被思考的事物通过两种方式被思考：要么通过清晰的印象，要么通过从清晰的事物出发的推导（*metabasis*）。而推导的方式又分为三种：通过相似（*homoiōtikos*），或通过组合（*episunthetikōs*），或通过类比（*analogistikōs*）。白色，黑色，甜和苦都通过清晰的印象而被思考；从清晰的事物出发，通过相似的推导，比如从苏格拉底自身到类似苏格拉底的事物；通过组合的推导，比如从马和人到'人马'，或者说，通过组合马和人的肢体，我们想象一个既不是人，也不是马，而是二者组合物的'人马'；那些通过类比（*analogistikōs*）被推导的事物又以两种方式被类比地推导，有时通过增加（*auxētikōs*），有时通过减少（*meiōtikōs*）：比如，从普通人——'我们现在所见的可朽者'——通过增加，我们思考克里克洛波斯，'相比于吃谷物的人，他更像被森林覆盖的山峰'（荷马，《奥德修斯》IX 191）以及通过减少，我们思考我们尚未通过感官印象感知过的

---

[1] 关于"从明显的转向不明显的"，请参考 Allen 2001 和 Tuominen 2007: 254-272。

矮人。"[1]

有趣的是，新柏拉图主义者们用了相似的方式来解释那些不对应超验理念的概念的起源。[2]关键的问题是：人们如何能够回忆他们没有感知过的（不可见的）事物？质料的概念和非存在的概念都是明显的例子。为了解决这一难题，柏拉图主义者们诉诸了（比如说）推导的方式。为了解释那些不能被感知的事物的概念如何存在，柏拉图主义者们还运用了从对立面的知识进行论证的方式。这种方式可以追溯到柏拉图和亚里士多德，但也在希腊化时期广泛传播。这种论证方式主张，对某物的知识包含了对该物的对立面的知识。比如"善—恶"或"依从自然的—反自然的"等等。

确定了我的研究范围并说明与古代多样词语相容的"概念"的诸多细节后，让我们开始探究柏拉图主义传统中的概念构造，首先，让我们回到柏拉图自己。

---

[1] 塞克斯都·恩皮里丘《反数学家》，III 40-42，R. G. Bury 译：καθόλου τε πᾶν τὸ νοούμενον κατὰ δύο τοὺς πρώτους ἐπινοεῖται τρόπους· ἢ γὰρ κατὰ περίπτωσιν ἐναργῆ ἢ κατὰ τὴν ἀπὸ τῶν ἐναργῶν μετάβασιν, καὶ ταύτην τρισσήν· ἢ γὰρ ὁμοιωτικῶς ἢ ἐπισυνθετικῶς ἢ ἀναλογιστικῶς. ἀλλὰ κατὰ μὲν περιπτωτικὴν ἐνάργειαν νοεῖται τὸ λευκὸν καὶ τὸ μέλαν καὶ γλυκὺ καὶ πικρόν, κατὰ δὲ τὴν ἀπὸ τῶν ἐναργῶν μετάβασιν ὁμοιωτικῶς μὲν νοεῖται καθάπερ ἀπὸ τῆς Σωκράτους εἰκόνος Σωκράτης αὐτός, ἐπισυνθετικῶς δὲ καθάπερ ἀπὸ ἵππου καὶ ἀνθρώπου ἱπποκένταυρος· ἵππεια γὰρ καὶ βρότεια μίξαντες μέλη ἐφαντασιώθημεν τὸν μήτε ἄνθρωπον μήτε ἵππον ἀλλ' ἐξ ἀμφοτέρων σύνθετον ἱπποκένταυρον. ἀναλογιστικῶς δέ τι νοεῖται πάλιν κατὰ δύο τρόπους, ὁτὲ μὲν αὐξητικῶς ὁτὲ δὲ μειωτικῶς, οἷον ἀπὸ τῶν κοινῶν ἀνθρώπων, οἷοι νῦν βροτοί εἰσιν, παραυξητικῶς μὲν ἐνοήσαμεν Κύκλωπα, ὃς οὐκ ἐῴκει ἀνδρί γε σιτοφάγῳ ἀλλὰ ῥίῳ ὑλήεντι, μειωτικῶς δὲ τὸν πυγμαῖον ἄνθρωπον, ὃς οὐχ ὑπέπεσεν ἡμῖν περιπτωτικῶς.

[2] 请参考后文第七章，第三节，第七小节关于"有争议的概念"的内容。

亚里士多德和柏拉图论神之为 Nous 和善[1]

Stephen Menn[2]　窦安振[3] 译

一

　　亚里士多德把他的神之为第一不被动动者（unmoved mover）的理论当成其形而上学的——因而也就是其整个思辨哲学的——王冠。他显然认为它是一项重要的成就。然而，一直以来，该理论都特别难以理解。我们很难找到通往亚里士多德神学的突破口：显然不可能从他关于第一动者必然不被运动的论证开始。因为这个证明是为着该结论而提出的，而非相反。那么，亚里士多德是如何想到

---

〔1〕 这篇文章是我的专著——*Plato on God as Nous*（即将在 *Journal of the History of Philosophy* 专著丛书中出版的续篇），但也独立成篇。我愿在此感谢 Charles Brittain 和 Joseph di Filippo 对这篇论文的有益评论。本文所有古希腊语译文均出自本人。本文选自 *The Review of Metaphysics*，Vol.45，No.3（Mar.，1992），pp.543-573。〔译注：1. 文中出现的希腊文术语除第一次出现外不翻译，以贴合原作者如此处理它们的意愿；2. 文中出现的文献不翻译，以方便读者检索；3. 文中以大写字母开头的术语第一次出现时用汉译加小括号内的英文形式呈现。〕

〔2〕 斯蒂芬·门恩（Stephen Menn），麦吉尔大学哲学教授，主要研究古代哲学与中世纪哲学，以及数学哲学。

〔3〕 窦安振，西南民族大学哲学系讲师。

这一结论的，为什么他希望它是正确的？

最有希望的思路是比较亚里士多德的神学和其前辈们的理论，特别是和柏拉图相比较。一个粗浅的学术共识认为，亚里士多德关于神的理论有点柏拉图的味道：这并不是说柏拉图自己也相信某个神圣存在是运动的第一个不被动本原，而是说亚里士多德在构建其理论并为之论证时，有意识地采纳并修改了柏拉图的立场，以此用一个重构了的柏拉图主义来代替柏拉图的立场。耶格尔（Werner Jaeger）就认为亚里士多德关于神之为第一不被动动者的理论是当他还处于半-柏拉图主义者（semi-Platonist）时期提出的，并且，该理论也是在学园的讨论中成型的。与此相反，阿尼姆（Hans von Arnim）则认为该理论属于亚里士多德一生中更晚的一个时期，也就是当他与学园相竞争而建立了自己的学校时。然而，两人都同意543，亚里士多德的理论出于对柏拉图立场的一系列修改，以及，亚里士多德想用它替代柏拉图神学，而后者在亚里士多德和其他人的批判下已遭破坏[1]。

然而不明确的是，我们应该把亚里士多德的神学与哪一个"柏拉图神学"相对比。耶格尔曾建议说，亚里士多德的神作为超感觉的（suprasensible）知识对象在某种意义上替代了柏拉图的诸型相〔译注：这里及以下，单纯为了概念区分，我把 Form（s）译作"型相"，把 Idea（s）译作"理念"〕；但通常作为对比的是柏拉图在《法》卷 10 中关于灵魂的讨论。柏拉图在那里论证说，每一运

---

〔1〕 Werner Jaeger, *Aristotle：Fundamentals of the History of his Development*, trans. Richard Robinson（Oxford：Clarendon Press，1948），章 6 和章 8；Hans von Arnim, *Die Entstehung der Gotteslehre des Aristoteles*（Sitzungsberichte der Akademie der Wissenschaften in Wien，Vienna，1931）.关于此争议的一个描述，参考：W. K. C. Guthrie, *"The Development of Aristotle's Theology,"* I and II，Classical Quarterly 27（1933）：162-71；和 28（1934）：90-8.

动都源于一个动者，若（正如他假定的）动者不可能无限回退，那么，第一动者必然是由自己而非它者发动的。柏拉图把这一运动的自-动来源等同于灵魂，并且认为，在人类的和兽类的灵魂之上，还存在着一个或更多神圣灵魂维持着诸天体的运动，因而也就是掌管着宇宙。正如索尔姆森（Friedrich Solmsen）及其他人所言，亚里士多德从《自然学》卷8就开始了这一论证，但一直在修改它：亚里士多德称，第一动者不需要自己被动，因为它根本不需要被动就能发动它者[1]。亚里士多德实际上同意柏拉图的说法，即每一个被它者发动的东西必然最终被一个自我-发动者发动，但他又论证说，每一个自我-发动者都可以分解为一个不被发动但发动它者的部分，和一个被前者发动的部分。这样，亚里士多德就把柏拉图对自我-被动［译注：self-moved，即被自我发动］的第一动者的论证改造成对不被动的第一动者的论证。由此，柏拉图的一个或多个神圣灵魂就被天体的一个或多个不被动动者代替。

虽然这一进路显然就《自然学》卷8的论证说对了什么，而且，虽然由此还获得了一些成果544，但我并不认为由这一进路可以充分地理解亚里士多德关于神的理论，并且我认为它理解错了应该拿柏拉图哲学中的什么来作比较。拿柏拉图的什么做对比是合适的，取决于我们如何理解亚里士多德在《形而上学》卷12章7、9、10及相应篇章所讨论的那个存在：若我们把这一存在理解为"不被动动者"，那把它看作是柏拉图自我-被动动者的修正物

---

[1]　参考 Friedrich Solmsen, *Aristotle's System of the Physical World*（Ithaca：Cornell University Press, 1960), 222-49, "The Unmoved Mover" 一章。索尔姆森说"对他（亚里士多德）自己的理论而言，唯一真正关键的先驱显然是柏拉图的宇宙-灵魂的运动"（第247页）。

似乎就自然而然了。虽然它可以为我们讲述一些亚里士多德关于不被动动者理论的情况，但基于两个原因，它不会告诉我们《形而上学》卷12章7、9、10所涉及对象的任何关键之处。首先，"不被动动者"或"第一动者"这一组相关描述并不透露符合这些描述的对象的本质。其次，实在是有太多不被动的动者了。当亚里士多德在《自然学》卷8批评且修改柏拉图《法》卷10的论证时，他下结论说，诸灵魂只是不被动的动者而非自我-发动者。故而，相应于柏拉图的大量、多样的自我-被动动者（神圣的、人的或兽类的灵魂），亚里士多德则有大量、多样的不被动动者，它们每一个都发起着某一或某些因果链。从运动到运动发起者的论证足以通达诸灵魂，但却不足以通达那个独一的"天空和自然依赖于它的"（1072b13-14）第一本原，后者也正是亚里士多德所寻求的。即使在《自然学》卷8，当亚里士多德希望发现这个第一原理时，他也没有诉诸动者不可无限回退的论证，而是用了另一个完全不同的论证，即需要一个单一的永恒本原来规范无限的不被动动者（《自然学》8.6）。为了理解亚里士多德的第一本原学说（而非他关于不被动动者的一般学说），我们必须知道亚里士多德如何理解这一本原的特定的本质，而不是满足于一般的或相关的描述[1]。我将论证，一旦正确地做到了这一点，同样采取一种类似于耶格尔、冯-阿尼姆或索尔姆森的思路，我们却能对亚里士多德在其神学中所做的事

----

[1] 在下文中我将只讨论第一本原（被称为 nous 或善），不涉及其他不被动动者，即（a）诸灵魂和（b）诸非赤道平面天体运动的动者。后者既不被称作是"灵魂"，也不被叫做 nous；它们的地位是众所周知的难题，虽然对此我有一些观点，但在此文中我会尽量避免提及。

情产生更深刻、更精确的理解。

我们可以首先追问亚里士多德是如何命名其第一本原的，这些名字不能像"不被动动者"或"第一本原"545，而应该指出其本质[1]。亚里士多德有时用"神"（theos）或更经常地用形容词"神圣的"（theios）来形容这一存在。这些名称虽然不只是关联的描述，但它们包含的内容太少，几乎没有真正的用处。基于这一原因，亚里士多德并不重视它们：第一本原是位神或某神圣的东西，但后者也可以用来称呼诸星辰、奥林匹斯神和赫拉克利特。即使奥林匹斯神并不真地存在，这些存在之可以被称为是 theoi[2]这一事实也表明 theos 并不传达关于第一本原的任何精确的信息。确实能传达这一本原之本质的两个名称是善（agathon，tagathon）和 nous[3]。这些名字似乎也并不能比"神"或"不被动动者"传达更多的有关本质的信息，因为它们的外延似乎也一样宽泛：如果 nous 可以指理性灵魂，那么它们的数目就和人一样多，就更别提善的事物了。正如亚里士多德在《尼各马可伦理学》1.6 和《优德谟伦理学》1.8 所述，"善"可以谓述所有范畴。然而，我们很容易就可以指明，亚里士多德把"善"（the Good）和 nous 当做神之本质的

---

〔1〕 这里我使用的是一种常见的神学用语：一些神的名字命名了神的本质，而其他名字命名的则是神的属性或神施展于其他事物的行为。在伊斯兰教（我最为熟悉的传统）中，人们最常认为"神"（God）、"真理"（Truth）和"必然存在"命名的是本质；而"永存者"（Living）、"知晓者"（Knowing）、"强力者"（Powful）及"强意者"（Willing）命名的是神的属性；"创造者"（Creator）、"主人"（Lord）、"生育者"（Life-giver）命名的是其行为。知道神是怎样的比知道其做了什么更困难也更有价值，但知道神是什么（当然，名字并不能自动地传达它们所代表的知识）又比前两者更困难更有价值。

〔2〕 theos 的复数。——译注

〔3〕 我将对 nous 一词不作翻译；后面我将讨论它在英文中的同义词可能是什么。

名称。另一方面，柏拉图也把"善"当做最高神圣本原的名称；并且柏拉图也用 nous 命名（另）一位神——即自然世界之秩序的本原。柏拉图在《斐利布》中说"所有智慧的人都同意 nous 是天地之王"（28c6-8），而这个 nous 又被等同于《蒂迈欧》中的德穆革（demiurge）[1]。在此文中，我将试图指出亚里士多德是如何采纳、批判并修改了柏拉图的"善"作为第一神圣本原的理论和 nous546 作为较次的神圣本原的理论，以及他又是如何用他那既是 nous 又是"善"的神圣本原理论替代了柏拉图的神学。接下来我先对"善"作一些评论，然后转而讨论 nous，因为对它的讨论相对更简单些；但在讨论 nous 时，我会尝试指明亚里士多德是如何把 nous 关联于"善"的。

二

《形而上学》12.10 的一开始，"善"就被指为是神的一个名字：

> 我们现在必须研究宇宙是以何种方式拥有善和至善的，是作为分离的和就其自身的（itself-by-itself）东西 *kechōrismenon ti kai auto kath' hauto*，还是作为宇宙自己的秩序。抑或像一支军队一样，同时以这两种方式？因为善 *to eu*：一切为军队是其

---

[1] 我在 "Plato on God as Nous" 一书中就此问题长篇论述过，这里我将借鉴此书的以下结论。正如我在那里论证过，柏拉图试图把《蒂迈欧》中的德穆革塑造为一个真实的存在，并把它等同于《斐利布》和《法》卷 12 中的 nous；柏拉图可能会用神话的方式述说关于它的一些事情，但这并不使得它成为"神话角色"。

应是负责的东西取决于秩序、也取决于将领，且更 *mallon* 取决于后者：因为他并非因秩序而是善的，但秩序因他才是善的。（1075a11-15）

也就是说，虽然宇宙的秩序（像一支军队的秩序）是善的，但善在一种更强的意义上（*mallon*）属于某种就其自身分离存在的东西（就像这支军队的将领）。宇宙之所以是善的是因为它具有善，这首先意味着它所拥有的善是独立存在的第一本原，其次，它由此而具有了好的秩序。当亚里士多德问善是不是"作为分离的和就其自身的东西"时，他显然是在有意地使用柏拉图的术语来问是否存在某个首要的、分离的"善-自身"（Good-itself），通过分有它，其他东西才在一种较弱的意义上也是善的；并且他的意思是承认柏拉图是对的。包含这一断言的语句开头部分显得犹疑，但这只是亚里士多德用笔的典型特征，并非真地犹疑。正如该章其余部分所表明的，亚里士多德肯定地断言第一本原就是善-自身，且他特别急切地为此断言辩护，以反对斯波西彪（Speusippus），后者"甚至并不把善和恶当作本原"，然而实际上，"在所有事物中善尤其是个本原"（1075a36-7）。在这里，亚里士多德只是把《形而上学》1.2 的计划实现了出来，在那里，他说，智慧应该以"所为的东西"（for-the-sake-of-which）为对象，而"这就是每一事物的善，普遍地说，一切本性中的至善"（982b6-7）。547

在此有必要澄清一个误解。有人可能会想，若亚里士多德在《形而上学》12.10 中认同柏拉图"善"分离存在的观点，那他就与自己通常的理论相违背了。他不是在其他地方一概地批判柏拉图设置就其自身分离存在的东西吗，他不是（在《尼各马可伦理学》1.6和《优德谟伦理学》1.8）专门用这一批判针对柏拉图关于"善-自身"的设定吗？我们对这两个问题的回答都是否定的。对于那些在亚里士多德看来不能离开质料而存在的东西（比如，诸动物和诸数目），亚里士多德批判柏拉图把它们分离开；但他并不认为这一批判适用于善[1]。在《尼各马可伦理学》1.6和《优德谟伦理学》1.8，亚里士多德批判柏拉图设置"善之理念"（Idea of the Good），但这一短语并不必然等同于"善-自身"。至少在《优德谟伦理学》的文本中，亚里士多德明确地区分了这两种表述。《优德谟伦理学》1.8的一开始，亚里士多德问及"至善"（to ariston），接着，他把它等同于"善-自身"（auto to agathon）（正如在《形而上学》12.10中他问及 ta agathon kai to ariston 那样，这里的 kai 是阐释性的，即"善，也就是，至善"）。他解释说，"善-自身"意味着"它既是善的事物中首要的，又因它的存在而是其他事物之为善的原因"（《优德谟伦理学》1217b4-5）[2]。但是，亚里士多德称，存

---

[1] 在《优德谟伦理学》1218a34，亚里士多德的确说他针对善之理念所提出的反驳论证也给善-自身带来了 aporiai（译注：困难），事实确实如此；但是，如果亚里士多德能表明存在某个不是善之理念的"善-自身"，且它不受针对善之理念的那些反驳论证的影响，那他也就解决了那些 aporiai。就我所知，亚里士多德并未在其他地方对"善-自身"表达过怀疑。引人注目的是，《形而上学》9.9 否认恶存在于 para ta pragmata（译注：诸事物之外）（1051a17-18），但并未针对善做这样的判断。

[2] auto to agathon 的这些标准令人想到柏拉图在《大希庇亚》289d7-8（和289d2-4）对 auto to kalon（译注：美自身）提出的标准：我们必须回答"什么是 kalon，当它加在其他所有事物上时，后者就变得可爱且显得美了"。希庇亚所提供的 auto to kalon 的选项全都由于不完全是 kala［译注：美的］（因而在某个方面上是 aischra［译注：丑的］）或由于不能使它们居于其中的事物变 kalon 而被否定。对于柏拉图来说，似乎一个事物不必非得是抽象的、普遍的 X-ness 才可以成为 auto to X；所以，无怪乎亚氏会利用这种可能性。

在三种关于这个善-自身是何物的观点，他拒斥其中两者而接受第三者："显然我们所寻求的善-自身就不是（i）善之理念，也不是（ii）一般属性 548 也就是内在于所有善的事物之中的善……毋宁说，（iii）那所为的东西是至善的且是居于其下的善的事物的原因和所有善的事物中最首要的，所以它就是善-自身"（1218b7-12）。柏拉图的问题不是设置了一个善-自身，也不是使它分离存在，而是把它等同于善的理念而非目的因。

亚里士多德（无疑不公正地）假定善之理念——如果存在的话——只是"如果某人要把一般性质分离出去"（1218a9），进而通过设置一个这一性质的"永恒且分离的"实例（1218a12-13）所产生的结果。亚里士多德反对说并不存在善之理念，不仅因为"善"这个概念是多义的，还因为即使意义单一的普遍词项也不具有相应的理念。即使存在善之理念，亚里士多德称它也不会是善-自身，因为它将不过是另一个善的事物罢了，并且"它并不会因为永恒而更善"[1]。这样，它也就不会符合那两个标准，即作为所有事物中的至善，以及，是其他一切事物所具有的削弱了的善的本原。亚里士多德通过指明以下一点来证明这一论断，"白了好几天的东西不比只白了一天的东西更白"（《优德谟伦理学》1218a13-14；另参考《尼各马可伦理学》1096b4-5）。这是亚里士多德对柏拉图在《斐利布》中所说"一小点纯粹的白色比一大片混合的白色更白"（53b4-5）的刻意戏仿。正如柏拉图所认识到的，我们不可能通过在空间上延展常见的善（或白）来发现至善（或至白），同样地，

---

[1]《尼各马可伦理学》1096b3-4。《优德谟伦理学》1.8 手稿中与之相对应的一段显然脱落掉了；我与其尝试重构这一段，不如直接引用《尼各马可伦理学》相应段落。

柏拉图也不可能通过使常见的善在时间上延续甚或使之永恒来发现至善。为了发现至善，亚里士多德的建议是去寻求用于衡量其他诸善的那个所为的东西，正如锻炼通过所为的健康而被衡量，而不是通过分离或永恒化一般性质。如果存在某个终极的目的因，它就会符合作为至善且是其他事物之善的原因的标准。

至此，我不想再继续深究是否存在某个符合这些标准的目的因。我想指明的仅是，亚里士多德区分了在假设"善-自身"549 和"善之理念"是一回事的情况下"善-自身"必然是什么及"善之理念"会是什么；亚里士多德加入了柏拉图寻求善-自身的事业，但拒斥了后者对善之理念的设定。善-自身必然比其他善的事物更善（mallon agathon），这意味着它不可能只是量上更有价值，而是必然在更强的意义上是善的，因为其他事物通过它且依据它而变得善。亚里士多德认为，善之理念的存在实际上与善-自身的存在并不相容，因为只有在善之理念和其他一切善的事物是同名同义地善的情况下才可能存在善之理念。但如果有一个善-自身，则善必然是 pros hen[1] 多义的。既然善是 pros hen 多义的，那我们就有可能回应上面提及的反驳，即"善"不能命名神性事物的本质，因为除了神还有很多事物也是善的——它们确实是善的，但不是在神之为善的意义上是善的。只有神才在神是善的这一"善"的意义上是善的。

但这并不能让我们对亚里士多德如何理解神有更深的理解，因

---

〔1〕关联于一地。亚里士多德在《形而上学》4.2 说"虽然'是'以多种方式被述说，但却关联于一个（pros hen）、某个单一的本性地，而不是同名异义地"（1030a33-34）。pros hen 字面意思是"关联于一地"，英译一般取"in relation to one"；中译一般取"核心含义"。为便于理解文意，这里取直译。——译注

为我们还没有解释这种只能谓述一个单一存在的特殊意义上的善。在《尼各马可伦理学》1.6 和《优德谟伦理学》1.8，亚里士多德在论证不存在善之理念因为善并不同义时，给出了善以多种方式被述说的一个列表：

> 善以多种方式被述说，和是的方式一样多。因为是（正如在其他地方所作区分）有时指实体，有时指质、量或时间，也可以指运动和被动，善也适用于所有这些情况，在实体如 nous 和神 ho nous kai ho theos，在质如正义，在量如适度，在时间如良机，在运动如教和被教。所以正如是在所有这些情况中并非某一个东西，善也不是。（《优德谟伦理学》1217b26-34；参考《尼各马可伦理学》1096a23-29）

然而，是和善的含义都不是随机多义的：是首要地谓述实体或一个事物所是，其次，参照这一首要的含义，是也谓述其他范畴。善也有同样的模式：一个就其本质而言为善的实体，其善显然不可能派生于它具有一个善的质或它在正确的时间处于正确的地方。毋宁说，如果善的谓述确实是"关联于一地"，那正义和适度的善最终也将派生于 550 实体之善[1]。然而，相比于理解一个实体如何具

---

[1] 可能会有人反对说，《尼各马可伦理学》1096b27 上下暗示"善"是类比地而非"关联于一地"被述说。我认为两者必然都是正确的。亚里士多德对一切善的事物都通过关联于实体之善而为善的证明计划是在《优德谟伦理学》的最后这几句话中实现的：神是所为的那个 hou 译注：亚里士多德用 to hou heneka（即"那所为的东西"）表示目的因，hou 是关系代词。目的因，是作为目标而所为的东西，其他一切事物由于关联于神而是善的。但是，亚里士多德的意思不是说，这些东西因对某个内在（转下页）

努斯：希腊罗马哲学研究 | 第 4 辑

有正义这种质方面的善，我们更难理解它如何就其本质而言是善的；但这种困难非常自然，因为我们一般可接触到的实体都不是就其所是而言是善的，而只是因为具有各种善的属性而是善的[1]。为了解释一个实体如何可能本质上善，亚里士多德推出了 ho nous kai ho theos。这似乎穷尽了实体上的善，就像适度穷尽了质上的善。为了理解第一本原如何就是善-自身，或是首要意义上的善，我们必须首先理解第一本原是 nous 意味着什么。

三

在《优德谟伦理学》1217b31 处的短语 ho nous kai ho theos 相应的《尼各马可伦理学》1096a24-25 处的 ho theos kai ho nous 中，kai 是解释性的，连接的是同一个东西的两个名称，而不是两个东西。一些注释者曾试图 551 把这里的 nous 解释为人的心灵，但这是不可能的。人的心灵就像身体一样，根据其所具有的性质，既可能是善的也可能是坏的，比如"正义"（《优德谟伦理学》1217b32）

（接上页）地是善的事物有用而外在地拥有它们的善：亚里士多德似乎认为这种情况只适用于关系范畴［"有用" to chrēsimon 是 pros ti 范畴（译注：即关系范畴）的善；《尼各马可伦理学》1096a26］，不适用于质或量，因此也不适用于健康或诸德性。善的情形可以比之健康的情形，后者可以类比地谓述一个人或一匹马，"关联于一地"谓述一个动物或一顿饭，但同时"关联于一地"和类比地谓述一个动物和一个心脏或一个肝脏。心脏或肝脏就像饭一样因其有助于动物的健康而是健康的；但与饭不同的是，它是内在地助益。说一个心脏的健康之于这个心脏的关系就像一个动物的健康之于这个动物是正确的（即它是那类事物的质料恰当地受到形式配置时所具有的正常功能）。但我们不可能在任何严肃的意义上说一顿饭的健康之于饭就像一个动物的健康之于动物。

[1] 一切存在就其是存在而言就是善的这种学术观点源于新柏拉图主义者（经由奥古斯丁和波修斯的发展），作为对亚里士多德的阐释则是不准确的。

或"德性"(《尼各马可伦理学》1096a25）就被列为质的而非实体的善。如果 nous 是人的心灵，那它不可能被称为是实体的善。实际上，类似于 ho nous kai ho theos 或 ho theos kai ho nous 这样的短语必然是指涉第一本原的标准方式。我们在《政治学》1287a28 看到了 ho theos kai ho nous；在塞奥弗拉斯特的《形而上学》7b22-23 看到了 ho nous kai ho theos；在亚里士多德的《形而上学》1075b11 看到 to agathon kai ho nous。西塞罗《论神性》中的伊壁鸠鲁主义者在 1.13.33 说，亚里士多德在他的《论哲学》卷 3 除了把其他事物称为神之外，还"把所有神都归于 mens"，mens 显然翻译的是希腊文 nous。另外，亚里士多德的《论祈祷》所留存的唯一残篇称"ho theos 要么是 nous 或是某种超越 nous 的东西 ē kai epekeina ti tou nou"[1]，在这里亚里士多德可能接受前一观点而把后一观点归

---

[1] 辛普里丘（Simplicius）《〈论天〉注》(*In De Caelo*) 485，21—22 引用了这一残篇。一些手稿没有 kai 这个字，但这不甚紧要。我们没有原因怀疑其真实性；其他一些古代作者提到过《论祈祷》，但没人引用过它。这句话所表达的意思并不契合辛普里丘自己的想法，这极大地证实了这一残篇的真实性：辛普里丘想要亚里士多德承认存在某种"超越 nous 和 ousia"的东西（辛普里丘，第 20 行；另参考，16 行附近字里行间）。但是，亚里士多德要说的只是一些人认为神是 nous，另一些人认为有一个超越 nous 的更高的神，而无论双方哪个对都与《论祈祷》中那个特定的论证无关。（亚里士多德似乎像柏拉图在《法》中那样论证说，人们不可能通过祈祷或献祭通达神，祈祷的功能是使我们与神同化而非改变他们对我们的态度。）但辛普里丘以下说法肯定是正确的，亚里士多德的短语 epekeina tou nou［译注：超越 nous 的东西］刻意地指涉了柏拉图的 epekeina tēs ousias［译注：超越实体的东西］（与彻尼斯 Harold F. Cherniss, *Aristotle's Criticism of Plato and the Academy*. Baltimore：Johns Hopkins Press，1944. 第 592 页和第 609 页的观点冲突，彻尼斯把这里的 nous 解释为人的心灵，把 epekeina tou nou 的东西解释为神圣的 noēsis noēseōs［译注：思想的思想］)。epekeina 是一个相当不常见的词：它在柏拉图著作中仅出现过 3 次：《理想国》中 2 次、《斐多》中 1 次，在后者那里拼作 ep' ekeina。在柏拉图的作品中，它唯一一次不带冠词地出现是在《理想国》中描绘善。该词显然又在亚里士多德那里出现了 4 次，但从未在形而上学的意义上使用过。即使我们除却内容上的契合——也就是说，唯一一个可能超越 nous 的至高神就是柏拉图的善，而亚里士多德（与柏拉图相冲突）则希望把它等同与 nous——亚里士多德的用语也不可避免地让人想起柏拉图的短语。

于柏拉图（epekeina tou nou 让人联想到《理想国》509b9 把善形容为 epekeina552tēs ousias）。从这些以及其他文本来看，nous 是命名一个神圣本原的标准方式，亚里士多德（虽然并非所有人）认为这一本原是最高本原。当两个名字同时给出时，它们各自用来肯定另一者的含义：ho theos kai ho nous 的意思是"神，我的意思不是城邦神而是 nous"；ho nous kai ho theos 的意思是"nous，我的意思不是人的心灵而是神"。

亚里士多德表达第一本原之所是的方式就是说它是 nous。故而为了理解他对第一本原之本质的构思，我们必须理解亚里士多德用以指第一本原的 nous 的含义。亚里士多德的意思并不是说神只是 nous 的诸多个例中的一个，即使说它是那个首要的、至高的个例。虽然神也是实体中首要的、至高的个例，但亚里士多德并不会把第一本原说成是 hē ousia kai ho theos。神只可能在以下方式上被称作 nous，即在 nous 的那个含义上只有神才可以被称为 nous；当然，我们也可以正确地说，在神被称作善的这种善的特殊含义上，神也是唯一善的存在；但亚里士多德*解释*这一含义的善的方式是说，这是 nous 据以被称为善的那一含义。如此看来，nous 这个词可以不加限定地、绝对地指某个特别的神圣存在者（当然，在其他语境下这个词可能有其他含义）。《形而上学》12.9 的开头几句漂亮地把这个问题提了出来：

> 关于 nous 的理论 ta peri ton noun 具有一些 aporiai。因为它似乎是那些为我们所见的事物中最神圣的；但它 nous 何以这样以至于如此也就是最神圣却具有困难。（1074b15-17）

罗斯（Ross）把第一句话译成"神圣思想（divine thought）的本性具有某些困难"，这确实是亚里士多德的意思；但"神圣"一词却在原希腊文中无对应。罗斯的翻译可能是说思想只是为神所有的东西，或退一步讲，若神是思想，那就是说除了神圣思想外还可能有其他思想。实际上，亚里士多德独自地——不加任何指涉神圣的词——用 ta peri ton noun 指一种叫做"noetics"的特定的科学研究，也就是关于名为 nous 的神圣存在的研究。亚里士多德在这里——至少在论证的这个点上——假定他的受众知道一个被称为 nous 的存在，并且假定它是 553 他们所能设想到的最高的存在。然而，他还假定他们对于如何进一步描绘它还没有一致的想法，所以他才着手讨论这个进一步的问题。从始至终，nous 都被假定为专指神。

那么，nous 的含义应该是什么，才能使得只有一个 nous，使得它成为某种神圣的东西，并使得它不只是某个具有善的品质的东西而是一个不言而喻的实体性善？到此为止，我都没有翻译 nous，相对于该词的含义而言这是一个颇为微妙的问题。译者在面对这个词的时候通常会不知所措，他们经常被迫用好几个英文单词翻译它[1]。语法上讲，nous 源于动词 noein，后者的含义和"想"（to think）一样宽泛，但是，更准确地说，它经常指理智地觉察或直观到什么[2]。然而，即使我们确定了 noein 的相关含义，单靠这点

---

[1] 即使在亚里士多德用 nous 称呼神的文本中，罗斯的翻译也至少有"reason""thought""mind"——有时候大写有时候小写。其他作者会用"intellect"和"intelligence"；在非神学语境中，除了以上这些还添上"intuition""comprehension""sense""attention"及其他译法。

[2] 《理想国》的"日喻"中使用的就是 noein 的这层含义，nous 在灵魂中就像 opsis〔译注：视觉〕在身体中；而在"线喻"中，noēsis 被指为最高类别的认知，是对可知存在的直接把捉。

也不足以确定派生词 nous 的含义：nous 有时指当某人 noei 某物时发生的行为，但也有很多时候它指的不是行为，而是以某种方式关联于动词 noein 的某种东西。当它指一个行为时，我们可以把它译作"思想"（thought）或"直觉"（intuition）；但在其他情况下翻译就比较困难。如果我们像其他译者那样把这些情形中的 nous 译成"心灵"（mind）或"理智"（intellect），我们的意思就是用 nous 指我们用来 noei 的东西，即理性灵魂或灵魂中的理性部分或能力。但事实上，虽然 nous 有这一层含义，但相当地不常见，故而"心灵"或"理性"这种翻译一直会引起严重的误解。你和我各有一个心灵（mind），我们两个就有两个心灵（minds），但要说我们有两个 nouses 就是极不寻常的[1]。554

当 nous 不指行为时，它有两个其他含义，每一个都比"理性灵魂"更常见。有时 nous 指一个人 noei 时的内在对象，即他的思想、意图或计划；习语 noun prosechein（把一个人的思想或注意力

---

[1] 该词的复数形式极为不常见，以至于我们根本不清楚在古典时期它的主格复数应该是 noi 还是 noes。就我所知，在帝国时期之前 nous 的复数只出现过一次，即在埃德蒙兹（Edmonds）本的阿里斯托芬残篇 471 中，在那里，它以宾格形式出现——并且它的意思也不是"心灵"（minds）。文中阿里斯托芬是在为自己辩护，他说，他虽然取笑了欧里庇得斯，但他在自己的作品中也模仿欧里庇得斯。阿里斯托芬称他使用了欧里庇得斯的格言体，但又说，"我在 tous nous agoraious 方面说得比他少"。这里的 nous 指的是类似于欧里庇得斯的道德观点之类的东西，即其韵文中相对于文体的理智内容。根据纳克（Nauck）本的欧里庇得斯残篇 1114 中的材料（但为纳克质疑），短语 agoraios nous 是欧里庇得斯的，agoraios 的意思类似于"粗俗的"。若是如此，我们就可以把复数形式的 nous 在前帝国时期的一次出现归于阿里斯托芬对欧里庇得斯用语的戏仿。LSJ（《古希腊词典》[A Greek Lexicon]）从斐洛 1.86 引用了一次主格复数，但我并没有在那里找到。搜索 TLG（译注：Thesaurus Linguae Graecae，是加利福尼亚大学创建的旨在搜集从荷马到 1453 年间所有古希腊语文本的电子数据库）的结果表明在普罗提诺之前没有出现过主格复数，而普罗提诺同时使用 noes 和 noi。

转向某物）和 kata noun einai tini（符合某人的欲望或计划）使用的就是这一含义。但 nous 更经常地指当一个人理性地行为或思考时所具有的东西，即理性的习惯或德性，基本与 phronēsis 同义。使用该义的习语有 noun echein 和 noun ktasthai——拥有或获取理性，是或变得理性。在这种意义上，nous 应该译成"理性"（reason）或"理智"（intelligence）；译成"心灵"则会造成严重的误解。

我在一部独立的专著[1]中已经论证过，亚里士多德之前的那些把 nous 当做统治宇宙的神圣本原的哲学家认为 nous 是德性而不是"心灵"。有大量的证据表明柏拉图也是在这个意义上使用 nous 的。我还论证过，当柏拉图的前辈们——特别是阿那克萨戈拉——把 nous 当做一个本原时也把 nous 理解成德性。柏拉图在《斐利布》中宣称"所有智慧之士都同意 nous 于我们而言是天地之王"（28c6-8）。"智慧之士"立即让人想到阿那克萨戈拉，《斐多》称他把 nous 当做所有事物的安排者（diakosmōn）（97c1-2）。但柏拉图也把其他前苏格拉底时期的哲学家（尤其是巴门尼德和阿波罗尼亚的第欧根尼［Diogenes of Apollonia］）解释成阿那克萨戈拉的同道。既然柏拉图希望 555 寻求关于有形自然的智慧，那他自己也试图把 nous 当成自然宇宙的统治者。就在《斐利布》中（28c8-30e8），苏氏和普罗塔库斯偏离主题讨论了宇宙论，肯定了他们前辈们的理论（noun panta diakosmein 28e3）。另外，《法》卷 12 中

---

[1] Menn, *"Plato on God as Nous"*。除了那里的引证，还可以注意第欧根尼·拉尔修（Diogenes Laertius）关于麦加拉的欧克里德（Euclid of Megara）的报告："他断言，虽然善是一个东西，但被呼以多个名字：有时被叫做 phronēsis，有时是神，有时是 nous 或其他名字"；见第欧根尼·拉尔修 2.106。

雅典异乡客称一些当时的思想家——这必然是指柏拉图和他学园中的同僚——重操旧有的理论称"nous 是天空内所有事物的安排者 diakekosmēkōs"（967b5-6），并补充了一个有关天体灵魂的理论。这正是柏拉图所做的事情，不只是在《斐利布》中，更是在《蒂迈欧》中：他就 nous 可能会如何以天体灵魂为工具安排自然世界（diakosmōn...ouranon《蒂迈欧》37d5-6）给出了一个详细的猜测性解释。

我在这里想说的是，在所有这些对话中，nous 都不同于灵魂或理性灵魂，且显然与《法》和《蒂迈欧》中的诸灵魂不同[1]；相反，作为自然世界之原因和安排者的 nous 是理性德性。故而，《斐利布》中的贤哲们无差异地说 nous 是王（28c7）；以及"一个奇妙的协调性的 nous 和 phronēsis 在统治"（28d8-9）；或存在着一个原因"安排和协调年、季、月，它极为正确地被称作是 sophia 和 nous"（30c5-7）。nous 显然被等同于 phronēsis 和 sophia，而它们显然又都是德性。虽然柏拉图称 nous 不可能在任何不具有灵魂的东西中生成或存在（《斐利布》30c9-10；《蒂迈欧》30b3；《智者》249a4-8），但这并不意味着 nous 自身就是理性灵魂；也不是说 nous 不能分离于灵魂而独立地存在。故而，《斐利布》30c9-10 说"sophia 和 nous 绝不可能离开灵魂而生成"，正是适用于 sophia 的这同一原理，同时也适用于 nous。柏拉图并不是说 sophia 和 nous 是灵魂，或这些德性离开了灵魂就不存在（柏拉图当然相信这些德性独立地、就其自身地存在）；他的意思是除了灵魂，没有什么能

---

[1]《法》966d6 附近区分了灵魂理论和 nous 理论，并在 897b1-2 提及一个灵魂"把 nous 作为其同伴"；《蒂迈欧》中的德穆革则创造了灵魂。

分有 sophia 和 nous。556

柏拉图以下面的方式表达了同一个意思，他说"唯一一个能具有 nous 的存在，是灵魂"（《蒂迈欧》46d5-6），以及，除了灵魂没有什么能具有 nous（《智者》249a4-8）。正如我已经说过的，习语"获得 nous"和"具有 nous"的意思是变得理性或是理性的，也就是获得或拥有理性德性。《蒂迈欧》中的德穆革，作为理性（Reason）自身，希望创造一个尽可能像他或分有他的世界；这就是为什么他要赋予这个世界一个灵魂，因为他认识到只有灵魂才能具有或分有理性（《蒂迈欧》30a2-c1）。

柏拉图把 nous 统治宇宙理论的提出归功于他的前辈们，包括阿那克萨戈拉；但他在《法》卷 12 中告诉我们，这同一些哲学家又陷入困境，因为他们没有认识到天体是有灵魂的，或说灵魂先于身体。（柏拉图断言只有灵魂能分有 nous 的目的正是要指明，如果我们想要实现阿那克萨戈拉的 nous 统治宇宙的计划，我们就必须拒斥阿那克萨戈拉对机械因果论的依赖，并以赋予灵魂一个宇宙角色取而代之）。很清楚，柏拉图并不认为阿那克萨戈拉相信统治宇宙的 nous 是宇宙的理性灵魂，甚或是某个类似于宇宙的理性灵魂的东西所具有的德性。它只是一个德性，独立存在且以某种方式统治宇宙。我已经论证过柏拉图在这点上正确地阐释了阿那克萨戈拉[1]。阿那克萨戈拉把类似于"是热的"或"是金色的"这类谓语分析为"在自身中分有或拥有一份热"或"在自身中拥有一份金"，这里的"热"和"金"指的是细碎的、分散于宇宙中的大量元素

---

[1] 参考 Menn，"*Plato on God as Nous*"，章 5。

体，它们或多或少地存在于其他物体中。相似地，"是理性的"这一谓语在一般日常的希腊语中就表达为"分有 nous"或"在自身中有一份 nous"。这样，nous 德性就像金或者热一样，是一种大量的弥散于宇宙中的元素体，动物和宇宙体（而非灵魂）因它的存在而呈现出一种被理性地安排的样子。

当然，柏拉图相信 nous 是一种非质料实体，灵魂"分有"它的方式与物理性地在其自身中具有 557 一些它的碎粒的方式极为不同。然而，柏拉图与阿那克萨戈拉在 nous 本性上的分歧只是他与阿那克萨戈拉之间的普遍性分歧的一部分——他们在什么是，比如，金-自身或热-自身以及对它们的分有意味着什么等方面都有分歧。柏拉图和阿那克萨戈拉以不同的方式相信 nous（即，当一个人 noun echei、当他理性地行为时具有的东西）是一种独存的实体，它通过存在于其他事物中统治宇宙。当柏拉图说"所有智慧的人都同意 nous 或 noun 和 sophia，或 nous 和 phronēsis 是天地之王"时，他归给他的前辈们的正是这种观点，这种观点也正是他自己赞成的[1]。

亚里士多德显然跟随柏拉图走上了这同一条道。像柏拉图一样，亚里士多德和"所有智慧之士"一道宣称：nous 是天地之王，它直接统治着诸天，后者又掌管着月下世界的事物。像柏拉

---

[1] 说某人会设置一种这类抽象物作为神似乎很奇怪，但希腊人确实会承认很多神圣的抽象物，甚至有时会为之建立庙宇。在阿里斯托芬的《蛙》892 行，欧里庇得斯向一个名为 sunesis——即"睿智"——的神祈祷，这里，阿里斯托芬很可能只是在报告一件滑稽的事实而不是为了搞笑而扭曲事实；埃斯基涅斯（Aeschines）在他的演讲《驳克提西丰》的结尾，向"大地、太阳、德性、sunesis 和我们靠它区别高贵和低贱的 paideia［译注：教育］"祈祷。所以，说德性是神没什么困难。

图一样，亚里士多德先是赞扬阿那克萨戈拉，与更狭隘的质料主义哲学家相比，他提出把 nous 当做本原："当某人说 nous 作为秩序（order）kosmos 和有序（orderliness）taxis 的原因既存在于动物中又存在于自然中时，相比于他之前的那些任意地（at random）说话的前辈们，他似乎就是一个清醒的人"（《形而上学》984b15-18）[1]。就像柏拉图一样，亚里士多德抓住了阿那克萨戈拉 panta diekosmēse nous 这一断言，把它当成阿那克萨戈拉整个哲学的纲领。亚里士多德认为，相对于其前辈们，阿那克萨戈拉在往前推进，因为在其前辈们只设定了 558 质料因的地方他设定了一个动力因（生成因 984b12，运动由之开始的那类原因 984b21-22），并且，他还设定了秩序因，即"事物以好地、美地方式被安排"（tou eu kai kalōs ta men echein）（984b11-12；参考：b21-22）的原因。阿那克萨戈拉的 nous 既能引发运动也能带来秩序，但对 nous 而言最为恰当的能力是带来好的秩序。其他事物也能引发运动，虽然它们的运动朝向的是无序而非有序，但 nous——正因为它是 nous——是"宇宙秩序和一切有序的原因"。

故而，在亚里士多德看来，阿那克萨戈拉的 nous 和恩培多克勒的 philia [译注：爱] 差不多是一回事，因为恩培多克勒说（或应该说过 985a4-5），philia 是诸善的原因、neikos [译注：争端，争吵的起因] 是诸恶的原因。因此，也可以说恩培多克勒是把善

---

[1] 这句话很难准确地翻译。亚里士多德在说阿那克萨戈拉的前辈们"任意地"（eikēi）说话时用了某种双关。柏拉图曾要求人们做出选择，即把宇宙统治者的角色赋予 nous 和 phronēsis，还是托付给"无理性和任意的能力（tēn tou alogou kai eikē（i）dunamin）"；《斐利布》28d6-7。当阿那克萨戈拉说宇宙的统治者是理性时，他是在理性地说；而他的前辈们只付诸无理性的、任意的质料因，故而是在任意地说。

（同时也有恶，与阿那克萨戈拉不同）当作本原，"如果确实一个单独的事物是一切善的原因就是善-自身 auto tagathon"（985a9-10）。亚里士多德由此总结说"那些说到 nous 和 philia 的人把它们设定为善的原因"（988b8-9）[1]。在这里，nous 和 philia 显然不是理性灵魂（否则它们为何总是产生好的结果？），而是贯穿于这个宇宙中的德性或善之本原[2]。559

---

[1] 在与此相对应的《形而上学》1075bl-11 和 1091b8-12，恩培多克勒和阿那克萨戈拉显然是一块被提及且被关联到一起的。

[2] 亚里士多德在《论灵魂》1.2 中确实说阿那克萨戈拉把 nous 等同于灵魂；但亚里士多德连自己都说服不了。在这个问题上，阿那克萨戈拉"不是很明确"；《论灵魂》404b1。他"似乎说灵魂和 nous 不同……但他把它们当成一个东西来使用"；405a13-15。亚里士多德试图弄明白就灵魂问题阿那克萨戈拉都说了什么；但关于这个主题，亚里士多德似乎在阿那克萨戈拉的作品中什么都没发现，因而他只是做猜测（在现存的残篇中肯定没有）。亚里士多德对阿那克萨戈拉差不多等同 nous 和灵魂的论证是"当他说 nous 发动一切时，他赋予了这同一本原以认知和运动 kinein 的能力"；《论灵魂》405a17-18。nous 是认知本原，灵魂是运动本原，所以阿那克萨戈拉肯定等同了灵魂和 nous。亚里士多德在 404b1-6 给出了这一论证的一个更加完整的版本："关于这些灵魂和 nous 阿那克萨戈拉说得不甚清楚。因为他在多处说 nous 是美地和正确地完成之事的原因 to aition，但在另外一些地方他说它 touton 是灵魂，因为他说它存在于一切生物中，无论大小、贵贱。但 nous 作为 phronēsisho ge kata phronēsin legomenos nous 似乎并不相同地存在于一切生物中；甚至都不是存在于所有人中。"这一文本就亚里士多德在阿那克萨戈拉那里发现了什么，以及就亚里士多德阐释文本时的诸多预设透露了很多信息。一个必须注意的关键点是，前一句 404b3 中的 touton 毫不含糊地指阳性的 ton noun，而非中性的 to aition（哈佛译本弄错了这一点以至于做了相反的阐释）。阿那克萨戈拉经常说 nous 是以美地和正确地方式完成之事的原因，这就表明，他是在严格的意义上使用 nous 来指德性。但是接下来，亚里士多德控诉道，他似乎又掉过头去在"灵魂"的意义上使用 nous：他说 nous 甚至存在于蠕虫一类的东西中，这显然不适用于"在 phronēsis 意义上的 nous"，因为连大多数的人都不具有这种德性。然而，很显然阿那克萨戈拉确实从头到尾都用 nous 指一个东西，他认为它以不同的密度存在于宇宙的不同部分——虽然不是哪里都有——使得它们在不同程度上受制于理性控制。但 nous 从不指灵魂，即使阿那克萨戈拉说在蠕虫中也有少量的纯粹理性能力，这也不应该被删掉。如果阿那克萨戈拉确实在什么地方说过 nous 和灵魂是同一个东西，那他的意思应该和阿波罗尼亚的第欧根尼以下说法的意思一样，后者说（残篇 4），（转下页）

亚里士多德称赞阿那克萨戈拉通过 nous 和善进行解释的计划。接着，就像柏拉图，亚里士多德当然也批评阿那克萨戈拉并未完成他自己的计划，因为他"没有使用"nous（《形而上学》985a17；参考：《斐多》98b9）且重新诉诸质料因："阿那克萨戈拉把 nous 用作一种产生宇宙的设置 mēchanē，每当他对于某物基于何种原因 aitia 而是必然的不知所措时，他就把 nous 拖进去，否则他就把任何不是 nous 的东西作为原因解释事物的生成"（985a18-21）[1]。560 还有一个与之相联系的指控，即阿那克萨戈拉和恩培多克勒虽然设定了作为善的 nous 或 philia，但不把它们用作善因，因为"他们并不说任何事物的存在或生成是因为它们，而说它们是运动的起源"（988b9-11）。

（接上页）气对于动物而言既是灵魂又是 noēsis，即这同一个本原的存在既是生命运动的原因又是智性的原因（第欧根尼是从没有气的后果出发进行论证的）。在一个并非很严肃的语境（《克拉底鲁》400a8 上下）中，柏拉图说，阿那克萨戈拉使"nous 和灵魂命令、掌控 echein 所有其他事物的本性"，这意味着阿那克萨戈拉等同了 nous 和灵魂。但在这里，nous（如往常一样地）和 diakosmein 关联，而灵魂和 echein 关联。这种关联又是用来论证 psuchē 这个字是 phusechē——"自然-掌控"——的简化。这句话可能根本就没有阿那克萨戈拉的东西支撑（柏拉图拿来他惯用的词组 noun panta diakosmein，加进去 psuchē、echein 和 phusis 几个字，来潜移默化地引人他所建议的 psuchē 词源）。若有，那它的意思就是，同一个实体既在事物中引入了秩序又把它们掌控住，前者是 nous 的特有功能，后者则是灵魂的特有功能。

[1] 这里的意思是，阿那克萨戈拉使用 nous 的方式就像悲剧作家使用 deus ex machina（译注：直译就是"机关上来的神"。在古希腊戏剧表演中，神的饰演者一般会从一个机关上降到舞台，神的出现常用来解决矛盾、终结戏剧。）：每当他们不知所措时（就用它来救场）。这也是柏拉图所说的悲剧作家会做的事情（《克拉底鲁》425d5-6），在那里，他把这种行为与哲学家们在解释第一批名称的出现时可能试图引入神来解释的做法相比较。虽然柏拉图似乎并未使用这一对比来攻击阿那克萨戈拉，然而，亚里士多德的抱怨让人联想到了《斐多》。（柏拉图把苏格拉底对人类蠢行的评判比之戏剧结尾时"机关上来的神"的宣言，《克里托丰》407a6-8，但这似乎与这里的讨论不相关。与《克里托丰》这里的对比相似的文段也在《智者》216c2 附近、特别是 c5-6 有所隐含）

亚里士多德使人联想到《斐多》中苏格拉底的失望，他"从未想到，阿那克萨戈拉一边说诸天体由 nous 统治，却又为它们引入其他解释 aitia，而不是说它们之所以应该是它们所是乃是因为这样对它们最好"（《斐多》98a6-b1）。所以亚里士多德，像《蒂迈欧》中的柏拉图，着手比阿那克萨戈拉自己更好地实现其计划，即从nous 出发解释自然世界的秩序，不引用质料因，除非把它们当成nous 为其自身的目的而采用的 sunaitia［译注："伴随因"］，始终不放弃按至善进行解释的计划。

就像阿那克萨戈拉和柏拉图一样，亚里士多德把 nous 设定为独立存在的实体、是自然世界的最终运动因、秩序因和善因：亚里士多德赞扬阿那克萨戈拉，因为后者把 nous 设想为是不受影响的、非混合的，只有这样它才能运动和主宰这个世界（《自然学》256b24-27）。nous 就其自身地存在，其最关键的意思是，它与那些只是*有 nous* 的东西是分离的：在亚里士多德那里没有任何地方存在些微暗示表明第一本原是灵魂，即那种可能*有 nous* 的东西[1]。

---

[1] 为了避免引起困惑，我应该提醒注意我用这个断言所意指的一个争议性命题，以及另一个我并未用这个断言意指的命题，后者也是我认为不正确的。我确实想说，亚里士多德在其生平创作的任何阶段，都从未把第一本原——nous——等同于灵魂。冯·阿尼姆试图在《论哲学》残篇、《论天》的一些段落中寻求这种等同，但这种努力往往好了说就是不受文本支持，甚至经常直接与文本冲突。再者，一旦我们意识到柏拉图那统治宇宙的 nous 不是灵魂，冯·阿尼姆支持这一立场的理由（以显示出亚里士多德逐渐地脱离了柏拉图主义）也就立刻崩塌了。另一方面，我并不是想说，亚里士多德——不管其生平创作的哪个阶段——认为诸天体没有灵魂；而是说这些灵魂并不等同于第一本原。亚里士多德在《论哲学》和《论天》明确地断言，诸天体是有灵魂的；人们一直以为《论天》2.1 说的是它们没有灵魂，实际上并没有说这样的话，而且，在《形而上学》卷 12，亚里士多德说诸天有欲求，这也就预设了它们有灵魂。放在历史的语境中，说亚里士多德拒斥天体具有灵魂是非常离奇的——该理论在当时并没有任何荒谬和反动之处（相反于现在或泰 Thomas Taylor, 1758—1835, 新柏拉图（转下页）

相反，亚里士多德坚持说 561 它的 ousia 是 nous，也就是说，nous 是其所是而非它具有的东西。他甚至会称它的本质是 noēsis，以此来毫不含糊地表明第一本原不是一种灵魂性官能，后者严格地讲只能说具有（而不是）nous，或者，如果在某种意义上可以说它是 nous，意思则是它在一定程度上具有 noēsis。准确地说，第一本原是 noēsis 自身，它可以为灵魂性官能具有（参考：《形而上学》1074b17-22，28-9）[1]。

然而，若让我们接受，亚里士多德像柏拉图那样认为 nous 这一德性（亚里士多德在《尼各马可伦理学》6.6 中未讨论其本性就承认了这一点）就是第一本原这一显然的结论，却有些困难。本原意义上的 nous 是独立存在的实体；而有人可能会想，亚里士多德并不会认为这样的德性是独立存在的实体。当然，柏拉图确实会这么理解德性，但那是出于他关于型相的理论。正如诸事物通过分有诸独立的型相而具有其他谓项——通过分有热-自身、金-自身或三-自身而是热的、金的或三——同样地，它们也通过分有诸德性而成为有德性的——通过分有正义-自身而是正义的，分有理性-

---

（接上页）主义者支持这一观点的时候），也只有伊壁鸠鲁拒斥这一观点，他还连天文科学一块抛弃了。认为亚里士多德拒斥这一理论的观点似乎源于（i）试图把亚里士多德弄得符合近代科学常识的错误尝试；和（ii）难以理解亚里士多德如何可能既称 nous 导致天体旋转，又称一个不同于 nous 的灵魂导致天体旋转。然而，他同时坚持以上两个命题并不比坚持以下说法更困难，亚里士多德说，既是技艺家的灵魂导致了技艺品的产生，同时又是技艺导致了技艺品的产生。

[1] 虽然我在这里不能深入讨论此问题，但是显而易见的是，《论灵魂》3.5 中的 nous——它是《论灵魂》3.4 灵魂的 nous 成为 energia 的原因——是严格意义上的 nous，也就是神。虽然我不会直接地提及《论灵魂》，但我希望我在下面对亚里士多德关于神之为 nous 思想的评论，能够使得亚历山大（译注：指 Alexander of Aphrodisias，活跃于 2—3 世纪的亚里士多德注疏者）对《论灵魂》3.5 的神学解释更好理解、更容易被接受。

自身而是理性的。但是亚里士多德并不相信有型相，至少在它们被认为是独立存在的情况不会相信，并且，亚里士多德也不接受柏拉图解释谓项的方式。亚里士多德并不认为事物是通过分有独立存在的热-自身、金-自身或三-自身而是热的、金的或三，所以，他必然562 也会否认人是通过分有一个独立存在的智性-自身而是有智性的。

我认为这是对亚里士多德的一种误解（可能也是对柏拉图的误解）。于亚里士多德而言，正像对于柏拉图那样，"显然存在着某个永恒的、不动的实体，分离于诸可感者"（《形而上学》1073a3-5），并且，亚里士多德也愿意专门地用柏拉图的术语把它描绘为"某种分离地、就其自身地东西"（1075a12-13）。亚里士多德确实拒斥很多诸如"X 独立地、就其自身地存在"这样的柏拉图式的断言，比如"存在着一个热-自身、金-自身和三-自身，分离于诸热的、金的和是三的事物"等。但他无意于否决所有这类断言，因为（正如我们已经看到的）他承认存在着一个善-自身分离于其他诸多善的事物而存在。因此，认为亚里士多德有意全盘否决柏拉图对谓项的分离是错误的。亚里士多德对分离的态度取决于要被分离谓项的本质。亚里士多德着意关注的不是避免分离，而是避免把那些只适用于不可分离于质料的东西的谓项用于神圣的、非质料实体。亚里士多德频繁地指责柏拉图主义者不恰当地把不可朽的事物混同于可朽的事物。他论争性地指出，他们之所以这样做是由于他们缺乏与分离实体的真正接触，从而被迫地根据下界事物来描绘它们，因为他们只知道下界的事物。我简单地引用其中两个关键文本：

型相理论在很多地方都有问题，但最荒谬的是宣称，在天界内的诸事物外还有其他自然物，又说它们和可感物一样，除了前者是永恒而后者是可朽的。因为他们说存在着人-自身、马-自身和健康-自身，此外别无他物，其说法正如有人说存在着神，但却是人形的 anthrōpoeideis：因为那些人诗人设定的诸神不过是永恒的人，而这些人柏拉图主义者设定的型相也不过是永恒的可感物。（《形而上学》997b5-12）

那些提及型相的人，一方面正确地说到它们是分离的，如果它们确实是实体的话；但另一方面又不正确，因为他们说多上之一（one-over-many）是个型相。原因是他们不能解释这类实体是什么，即这个在个别的、可感的事物之上的不朽的东西：所以他们就把它们与可朽事物（因为我们知道这些事物）归为相同种类或型相，eidos，通过在可朽事物上加"自身"便得到人-自身、马-自身 563。但是，即使我们从未见过群星，（我相信）超越于我们所知事物之上依然会有永恒实体；在这里也是一样，即使我们不知道它们是什么，依然毫无疑问的是它们必然存在。（《形而上学》1040b27-1041a3）[1]

---

[1] 这一文本解释起来尤其棘手。"即使我们从未见过群星"的意思是"即使我们从未脱离洞穴"。（西塞罗《论神性》2.27.95 记载了一个残篇，其中有一个亚里士多德版本的洞穴喻，其强调群星是沉思的至高对象，穴居人则与之隔离。）亚里士多德暗示的是，虽然柏拉图主义者已经认识到我们其实是生活在可感世界的一个洞穴中，但当他们认为他们已经找到了出去的路时，只不过是在愚弄自己：实际上，他们"从未见过群星"且依然待在洞穴中，虽然他们已然相信，他们在下面见过的一些东西真的就是上面的永恒事物。在《形而上学》卷 7 语境中，亚里士多德说这些话是为了给人以慰藉：即使我们不可能通过观看型相一窥"群星"（分离的非质料实体），但毫无疑问确实存在着这类实体，并且我们也可能会发现另一个通往它们的路。这就是亚里士多德在《形而上学》卷 12 要去做的。

这些以及其他一些文本清晰地表明，亚里士多德愿意奉行柏拉图对分离的可知实体的探索，而作为共同的探索者，他指责他的柏拉图哲学同行太急于把某些并非真实的东西作为他们的研究对象，即接受一个伪装成分离实体的可感事物。亚里士多德把柏拉图攻击荷马、赫西俄德以及其他人的那些批判——他们对神圣事物采取拟人化的或其他与神不相称的表述——转用到柏拉图自己身上。但这并不总是导致亚里士多德否定有某个分离存在的神圣 X-自身，其他诸多 X 由于它而成为较弱意义上的 X：这取决于 X 是不是那种本质上依赖于质料的谓项，还是像"善"那样，是也能谓述无质料事物的谓项——在一种不同的但最强的意义上。但是，亚里士多德总是否定这个分离的 X-自身是 X 的型相或理念。就像针对善我们已经看到的那样，亚里士多德认为 X 的理念（虽没有理由相信，但假如存在这一东西）不过是谓项 X 的一个永恒的、分离存在的实例；"白了好几天的东西不比只白了一天的东西更白"（《优德谟伦理学》1218a13-14）。对于一个给定的谓项 X，如果有一个分离的 X-自身 564，那它必然是在比其他诸 X 更高、更首要的方式上是 X，所以我就不能仅通过从诸多是 X 的一般事物中抽离出 X-ness 来获取或通达它的知识。故而，举例来说，如果存在一个分离的正义-自身或智慧-自身，那它们肯定是正义的或智慧的，但它们又必然（不只在量上）比正义、智慧的人更正义、更智慧，也比一个人品质上的或行为上的正义、智慧更正义、更智慧。因此，如果确实有一个正义-自身，它也不可能是正义的一个理念。

如果存在一个分离的马-自身，我们很难想象它会是什么，除非作为一个不死的马，也就是在亚里士多德所批驳的那种"理念"

意义上的马的理念。当然，我们可能会说，马之理念所是的马与一般可感的马所是的马不同且更高级。然而，亚里士多德会——非常合理地——驳斥说，我们这样说并没有什么意义，我们不可能真正地接触到它，因而也就不可能真正的认识这个据称只适用于永恒的马-自身的、更高意义上的马性。从亚里士多德的立场看，有一个更好地探索永恒的正义-自身或审慎-自身的方法。显然，"正义"和"审慎"一般用来谓述人，指的是性质，而性质比质料性的实体（如一匹马）更不可能分离存在。故而如果有一个分离的正义-自身或审慎-自身，它们就应该不是性质而是实体。但是只要我们试图在正义的、审慎的人中寻求正义、审慎的本质，我们就必然陷入质的范畴；我们有另一条更可靠的路去寻求正义-自身。

对于亚里士多德来说，伦理、理智德性是 hexeis，这意味着它们不仅是习惯或状态，还是所具有，即它们蕴含着具有着什么。一个人因具有正义而是正义的，具有 nous 而是理智的，具有几何学或特定的几何学原理、diagrammata[1]而是几何学者[2]。这种对德性的分析 565 并不假定任何关于心灵所拥有之物为何的理论。亚里士多德用"X 具有 Y"（或等价的"Y 在 X 中""Y 属于 X"）这一短语描述极为广泛的相关关系：其中，X 以某种方式稳定地与 Y 相

---

〔1〕 几何学图形。——译注

〔2〕 关于亚里士多德把德性分析为具有（having），参考我的论文 *"The Origins of Aristotle's Concept of Energeia：Energeia and Dunamis,"* Ancient Philosophy，forthcoming. 〔译注：已于 1994 年发表〕亚里士多德的分析源于柏拉图的《泰阿泰德》和《欧绪德谟》，两者虽使用了不同的术语，但都区分了只是具有某物（比如一点知识）和实际地使用。正如我在上面引用的文章中指出的那样，区分具有和使用是亚里士多德区分 hexis 和 energeia 的起点。在《劝勉》等早期的一些作品中，亚里士多德频繁地使用 chrēsis——即"使用"，但在稍后的作品中他则会说 energeia。

关联，使得 X 能使用、实施（chrēsthai）Y 或依据（energein kata）Y 而行为。不管正义是什么，我们通过具有正义而是正义的：如果最终表明我们之所以正义是因为与某种分离的实体存在具有关系，那这一实体就会是正义-自身。相反，如果我们之所以能实施正义只是因为和某种不能分离于质料的状况具有一种关系，那就不存在分离的正义-自身。

实际上，亚里士多德认为一些德性分离存在，一些则否；或更准确地说，他认为 nous 分离地存在，其他不同于 nous 的德性则全都不能分离于质料[1]。但是即使只有一个德性是独立存在的，也足以证明亚里士多德并不认同任何普遍性的原则，以表明德性不能分离于拥有这些德性的灵魂（即，生物体的型相）。而且，亚里士多德原则上并不拒斥柏拉图对诸德性的分离，而是想要对它们进行严格的检验，由之，不同的德性会面临不同的命运。相比于问亚里士多德怎么可能同意 nous 德性分离存在（因为这本质上并不是什么难题），我们更应该问他为什么认为其他德性不能分离于质料存在。既然我在这里关心的问题是肃清一个反对意见——该意见反对以下观点，即亚里士多德同柏拉图、阿那克萨戈拉一道把统治一切事物的 nous 理解成理性德性而非灵魂或心灵——所以我不会深入地探讨该问题。但是，下面我将引用一个文本，虽然它并不能准确地 566 阐明或解决德性是否可能分离存在的问题，但确实能帮助指明

---

[1] 这并非必然意味着只有一个分离存在的德性，因为 nous 也许可能是一个德性类，包含几个相互有别的特定德性。我猜这最终可以解释非赤道平面天体的运动因的地位问题：它们是使天体灵魂运动各自球体的技艺或理智德性。对此我在这里不做讨论，但是，本文接下来会假定 nous 是一个特定的德性。

亚里士多德对柏拉图分离德性的批判和对他分离可感实体型相的批判之间的联系。正如《形而上学》997b5-12 所指明的，亚里士多德认为设定一个永恒的人-自身或马-自身就是给神圣事物以人型化的或兽型化的描述。反-人型化传统赋予了亚里士多德批判分离言论的一个起点：如果 X 依赖于质料的状况（特别是可生成、可毁灭的质料），那么，X 就必不能谓述一个神圣存在，X 也必不能说成是分离存在的。这一原则明确地适用于人和马，虽不明确，但也适用于一些德性：

> 我们认为诸神是所有存在者中最有福祉和幸福的；那么，哪类实践行为适合于归诸它们呢？*公正的*行为吗？但是，签订合约做交易、归还欠贷这类事会让诸神显得可笑。*勇敢的*行为呢，因其高尚而经受恐惧且接受危险？*慷慨的*行为吗？它们要对谁慷慨呢？而且，若说它们也有钱物以及其他同类事物那就太可笑了。再说*节制的*行为，它们又会是什么呢？这一称赞太粗俗，因为诸神本就没有坏的欲望。如果我们仔细检查就会发现，对于诸神而言，所有这些事务似乎都是很渺小、不值得一提的行为。但是，所有人都认为它们活着，故而也就会活动：然而它们当然不可能像恩底弥翁那样一直睡觉。然而，若某存在活着，又没有实践活动，更别提创制活动，那除了沉思它还能做什么？故而神的活动，那在幸福上无可匹敌的，就是沉思。(《尼各马可伦理学》1178b8-22，重点为我自加）

单从这一文本出发并不能表明亚里士多德认为理智德性独立于那些分有它的东西而就其自身地存在；但却能表明亚里士多德认

为伦理德性和创制技艺不能以这种方式分离存在。经过如此多关于型相以及其替代物的争论，我们自然会认为正义-自身——若真地有这个东西——必然自己是最正义的，同样地，善-自身也必然是最善的。所有，如果诸神不能是正义的，那正义-自身就不可能是神，同时这也意味着它也不能分离于质料独立存在。从《尼各马可伦理学》中引用的这一段文字似乎对于理智德性并无置喙：也许它就其自身地存在（我们肯定没有发现反对这一点的论证），但也有可能该德性并不分离于其诸多分有者，以此作为非独立存在者而由一个或多个神以及一些人分有。但从亚里士多德的其他文本中我们可以很清楚地看到567，理智德性确实是就其自身存在的。当然，有诸多的理智德性，针对不同的对象，而诸神不会拥有所有这些德性。然而，对于任何给定的德性 V，如果 V 为某个神 G 具有，如果至少 G 在最严格的意义上是神圣的、是纯粹非质料性的而非像诸天体一样只是永恒的，那 V 必然是就其自身而存在的。因为非质料性的存在是纯粹 energeia，没有 dunamis：结果就是，G 不只是在一个人具有 V 的意义上（这意味着这个人具有按照 V 行为的 dunamis）具有德性 V。相反，为了避免蕴含潜能，G 必然自己就是 V 的活动。因此，在我们已经引用的《形而上学》12.9，亚里士多德就论证说第一本原的实体或本质是 noēsis[1] 意义上的 nous：

> 如果它 nous 什么都不理智地-感知 noei，那它有何值得崇敬的？它就会跟睡着了似的。如果它确实理智地-感知，但有

---

[1] 思想（活动）。——译注

另一个东西作为它的掌控者（因为其所是的实体不是 noēsis 而是 dunamis），它就不会是最好的实体：因为那有价值的东西是通过理智地-感知而属于它的也就是说，其价值源于它者，也就是它感知的东西，所以后者就必然更有价值，与我们的假设相反。（1074b17-21）

亚里士多德既否认 nous 自身什么都不 noei 的可能性，又否认它在 noei 时是靠外于它的东西把它带入 energeia 的。由此他接受了余下的唯一可能性，即它的实体是 noēsis。这是解决摆在本章开头的那个问题——即，应该如何描绘 nous 才能使得它成为最神圣的——的唯一办法，神并非简单地是具有理智德性的存在，而是就其自身而存在的理智德性[1]。这个 568 德性，就其自身来看，不是

---

[1] 应注意，神（nous）被等同于善，后者是其知识及其创制性活动的对象，因为"医学技艺在某种意义上和健康是一回事"；《形而上学》1075b10。在这里，神不是比之医生，而是医学技术自身。几行之后（1075b20 左右），亚里士多德说，那些异于其观点的那些观点（比如，阿那克萨戈拉、恩培多克勒和柏拉图的观点）会被迫承认"存在某种相于智慧和最有价值的知识的东西"，但亚里士多德自己又断言说"没有什么东西相反于第一者"；1075b21-22。亚里士多德的意思非常明确："智慧和最有价值的知识"就是神自身，不是（如罗斯试图指出的）我们关于神的知识。恩培多克勒认为存在一个 philia 的相反者，即 neikos，亚里士多德又在《形而上学》984b32 上下论证说，阿那克萨戈拉逻辑上应该承认存在一个 nous 的相反者，以解释相反于善的事物的存在。柏拉图则把"伴随着 nous"且造成善的成果的灵魂与"和 anoia 联合"且造成恶的结果的灵魂相对比，就好像 nous 和 anoia 是相反的型相；《法》897b1-4。亚里士多德则不必非得承认其 nous 也有相反者，因为它不是形式因或动力因，而是目的因，虽然有作为善而产生作用的善之目的因，但却没有作为恶而产生作用的恶之目的因。

1075b23-4 处的 eis to enantion 应该被保留下来：这里的意思是说，无知相反于最高等知识这一关系，是相反于一个相反者，而不是相关于一个相反者。这里亚里士多德使用了"归谬论证"：如果存在一个相于 nous 的无知，那 nous 自身也是一个相反项；但是，"一切相反者都有质料，并且都处于潜能状态"（1075b22-23），这样 nous 就不再是纯粹的 energeia。如果按照罗斯的译法，这里就不存在论证了。

---

hexis 或 dunamis，而是 energeia。神正是这个 energeia，同时，我们也（只）能在作为 hexis 的意义上拥有这个德性，使得我们可以被外在的东西从 dunamis 引向 energeia。

重要的是我们要看到，神所是的这个德性和我们所具有或所分有的那个德性相同：当我们理智地-感知到神感知的东西（即神自己），我们就具有了神所具有的那同一个理智德性，即由同样的内容所限定的同一门科学。两者的不同在于，神是在一种更强的意义上具有它，即神就是它；我们具有它的方式则不是同一性的关系，而是要通过感知它，因为我们所具有的德性同于我们感知的对象，也就是神：

> 在一些情况下知识就是对象：对于创制性的技艺，知识就是除去质料的本质和实体；对于理论性的科学，logos 既是对象又是 noēsis。故而在 nooumenton[1] 和 nous 并非不同的地方，于不具有质料的事物而言，它就是同一事物，noēsis 和 nooumenon 就是同一的。(《形而上学》1075a2-5)

亚里士多德并不要提出一般人类认知者就是其知识对象这种怪论。他是要说，*知识和知识的对象相同*（去除质料，如果它有的话），如果知识是独立存在的，那知识自身将会是最有知的。亚里士多德同意柏拉图所称的，独立自存的德性其自身是最有德性的，而人通过分有它，在稍弱的意义上变得有德性。但就哪些德性 569

---

〔1〕 思想对象。——译注

独立存在这一问题，亚里士多德与之不一致，亚里士多德排除了技艺和伦理德性，以及其他很多理智德性，原因都是它们预设了质料（就像认识扁鼻的本质）或潜能（就像推理科学）。再者，亚里士多德否认独存的知识是知识的理念，因为它也会包含潜能："如果确如辩证法家们所描述的，有理念这类本性或实体存在的话，那就会有比知识-自身更知的东西，以及比运动更动的东西，因为这些知识和运动的一般实例更是*现实*，而那些理念则只是这些的潜能"（《形而上学》1050b34-1051a2）。因为理念不能凭自身变化，知识作为关系理念也不能凭自身关联于任何个别事物。

在亚里士多德看来，知识-自身竟不是最知的这种结论非常荒谬；故此，在避开理念论的同时，亚里士多德试图提出一个比我们更知的、分离的知识-自身，因为它更加是现实。并且，它必然是对某特殊事物的知，这个特殊事物就是知识的最高对象，即它自己。当我们分有了分离的知识我们也就分有了知。在这里，亚里士多德修改了柏拉图的理论，以避免赋予诸神任何需要依赖质料或潜能的东西。但是，这些修改并未动摇理论的核心，即那个德性、那个最好的德性，作为分离的实体独自存在，是可感宇宙的秩序因。

四

从以上所说可以知道，亚里士多德关于 nous 自身这一分离德性的理论与柏拉图的 nous 理论的关系，几乎就像亚里士多德关于分离的善-自身的理论之于柏拉图的善的理论。亚里士多德同意这些东西可以独立地、就其自身地存在，因为它们不依赖于质料的状况。但他反对-X 自身是 X 的型相，因为 X 的型相不会比可以毁灭的 X 更是 X，而且，它也不可能是其他事物是 X 的原因。亚里士多德试图把善-自身或 nous-自身描述为 570 最善、最知，且是它者善和知识的源泉。然而，现在还没弄清楚的是，为什么亚里士多德认为 nous 和善是一回事。分离存在的德性当然会是善的，但它是不是善-自身则并不明了；《论祈祷》的残篇就提供了另一种说法，"神要么是 nous 要么是某种超越 nous 的东西"，而且，柏拉图似乎声称至高的神，即善之型相，是某种超越 nous 的东西。亚里士多德的修改是如何把善和 nous 转变为同一东西的？我不可能在这里完善地回答这一问题，但我将试着概要地指出亚里士多德论证过程中的要点。

无论是善还是 nous 都被当成是它者的原因。善必然是目的因（正如在《优德谟伦理学》1.8 所说），而 nous 似乎是动力因（正如《形而上学》卷 1 亚里士多德对阿那克萨戈拉的刻画显示的），但这两个原因紧密地联系在一起，因为 nous 的作为就是追求善。我们从《斐多》中获知，阿那克萨戈拉对事物之为其所是的解释，并不诉诸那样对它们最好这个原因，因此，他也就放弃了他自己所定下来的通过 nous 进行解释的目标。《蒂迈欧》试图完成阿那克萨戈拉的计划，以表明 nous 所做的每一步都是因为那样最好；但亚里士多德并不认为柏拉图完全修正了阿那克萨戈拉自然学中的缺陷。柏拉图想要德穆革——因为它是理性-自身——通过善意的说服（peithō）来克服无序运动，而不是通过暴力或强制（bia, anankē），这两者更带有 "漫游因"（wandering cause）的特色。但是，实际上，德穆革的一些工作显然是通过暴力来完成的，柏拉图曾经有一次甚至明确地说德穆革用暴力（sunarmottōn biāi）（《蒂迈欧》35a8）把一些东西配在一起。亚里士多德则想把 nous 的致因能力描写得适配其作为 nous 以及纯 energeia 的本性，并把它从人型化的描述中或预设它含有 dunamis 的描述中解放出来。这一进程不仅使亚里士多德剪除了柏拉图关于 nous 活动中明显的暴力性描写，还大力削减了《蒂迈欧》中宇宙神学的复杂度，只留下了亚里士多德自己关于神的致因性的更简朴理论[1]。如果 nous 是纯粹的 energeia，它就不可能在一段时间的不活动后 571 突然开始活动（若它是从潜在的混乱中创造的世界就会这样），也不可能只在限定的一段时间里才产生效果（若它直接地干预月下世界就会这样）。它也不能如此地作用于物体以至于它竟然也会被它们的抵制干扰（就像当一个物体运动另一个物体时那样），或被它者的运动所带动（就像当一个灵魂运动其身体时那样）。在亚里士多德看来，剩下的唯一一种 nous 可能成为动力因且自己还不受影响的方式，就是感觉或理智对象引发感觉或理智活动的方式。所以，nous 永恒地引发天的灵魂去沉思它，又因为天的灵魂总是在思考这一恒常的对象，它就以在诸天中产生恒常的运动来模仿它的恒常性；依次地，天体的运动又统治着月下世界。这显然是《蒂迈欧》所认识到的一条连接 nous 和世界秩序的重要的因果链条；这也是亚里士多德认

---

[1] 彻尼斯和其他一些学者追问过为何亚里士多德并未提及《蒂迈欧》中的德穆革；彻尼斯甚至推测说，亚里士多德也许（在彻尼斯自己看来，错误地）认为柏拉图只是把德穆革当成一个神话；*Aristotle's Critisism of Plato and the Academy* 610。但真相是，亚里士多德就《蒂迈欧》中的德穆革说过很多话，只是不是用的"德穆革"这一相关名字，而是它的本质名字 nous；亚里士多德没有批判德穆革的原因，不是因为他不把它当真，而是因为他相信它，虽然他当然并不相信柏拉图关于这位神所讲的很多故事。

为能与把 nous 描述为纯粹的 energeia 和谐一致的唯一一个链条。

就像阿那克萨戈拉和柏拉图，亚里士多德继续坚持 nous 是动力因或运动的源泉。然而，对他来说，nous 只是作为思想和欲望的对象来引发运动。但是，如果 nous 作为欲望的对象产生效果，作为灵魂中完全理性的那一部分（因为它完美地分有了 nous）的理性欲望的对象，那 nous 就是善；因为这才是一个完全理性的灵魂会欲求的东西。柏拉图可能会同意完全理性的灵魂欲求善，而且它是因分有了 nous 才具有这一正确的欲望。但是，他不会解释说 nous 自身就是善，而是说 nous 是关于善的知识，故而分有 nous 的东西也就知道（因而也欲求）善。然而，对于亚里士多德来说，关于善的知识就是善："因为正如我们说，医学技艺在某种意义上和健康是一回事"（《形而上学》1075b9-10）。572

通过把 nous 的致因性归约为目的性致因，亚里士多德也就把善-自身归约为 nous，同时消除了柏拉图所设定的神秘的善，后者超越于 nous 和 ousia 之上、是 nous 和其他事物善的形式因。通过把善归约为 nous，亚里士多德也就证明了善何以为原因。亚里士多德在《形而上学》12.10 抱怨其前辈们"并不说善如何是一个本原，是作为目的因还是动者动力因抑或形式"（1075a38-b1）。柏拉图把它当成是其他事物之善或统一的形式因，因而并不比其他原因更善。显然，这并不是适合于善-自身的那种致因能力。亚里士多德说阿那克萨戈拉和恩培多克勒把善等同于 nous 或 philia，只把它当做运动的源泉，这就使它失去了与目的因的联系。斯波西彪则完全放弃了证明善何以可能成为本原的问题。亚里士多德把善等同于 nous，同时又指明 nous 正是作为目的因才可能是运动的源泉，由此，他认为他已经证明了善-自身何以是世界-秩序的第一因，以及是其他事物之为善的原因。并不存在一个分离的善的型相，否则它就成了其他事物之为善的形式因，但是理性-自身这一分离的德性是目的因，诸天和有德性的人的灵魂在从事它们所从事的善的工作时所为的就是它。在这一意义上，亚里士多德同意柏拉图关于一个分离的善-自身是范型的说法，但不是作为型相，而是作为目的或作为模型，包括世界-秩序在内的所有善的事物正是仿着它产生的。573

对《论灵魂》第三卷第四章 429b26-430a6 的重新解读

高 旭[1]

摘要:

文章首先指出在 *De anima* III, 4 429b26-430a6 这段文本中被大多数注家忽略的两个棘手问题。一是，当亚里士多德给出关于第二个困境（"思想是被思想的对象吗？"）的两种可能性时［"思想（νοῦς）就是被思想的对象（νοητός）"；"思想具有某种混合"］，采取了怎样的态度，是将这两种可能性都排除了，还是只排除了其中一个？二是，429b30-430a3 是被看作两个被分割的环节，因而对两个困境的回答是依次进行的，还是作为整体同时回答了两个困境？对这两个问题的裁决取决于对 ἐν δέ τι τὸ νοητὸν εἴδει 的重新解释。最后，我们会看到，亚里士多德接受了第一种可能性，而排除了第二种可能性；另外，更为重要的是通过这上面的解释以及从其中给出的结论看到，一种将亚里士多德思想与被思想者的对象的同一性把握为思想与思想的自身同一的做法在这段文本中是失败的。

〔1〕 高旭，耶拿大学哲学系古希腊哲学方向博士候选人。

关键词：────────────────────────────
思想；被思想的对象；同一；亚里士多德

对 *De anima* III，4（429b22-430a9）-5 的评注以及这些评注之间的争执从亚历山大·阿夫洛蒂西亚到当代已经持续如此之久，并且无疑已然成为贯穿西方思想史的一条隐秘的主动脉。对此，人们只需要稍微关注这样一个事实就足够了：晚期希腊新柏拉图主义者以及中世纪阿维森纳、阿威罗伊和托马斯·阿奎那对 *DA* 的评注如何奠定和推动着那个时代对相关核心问题的探讨；而这个传统最后又如何又深刻地影响了德国古典哲学，尤其当黑格尔和谢林[1]在试图克服主客二分时间接地从斯宾诺莎那里借鉴了普罗提诺对这个问题的处理时（尽管问题提法在内容上是不一样的，但无疑都是关乎思想和被思想的对象之间的同一性），这一点无疑就更加明显了。因为当普诺提诺试图通过一种更高的同一性来使思想的自身或者自我认识得以可能时，毫无疑问是在与亚里士多德的努斯学说进行对话，而这个学说首先是在 *DA* III，4-5 中得到呈现的。但现在的问题是，亚里士多德在这段文本中明确提及了一种后来在普罗提诺、新柏拉图主义者以及黑格尔谢林那里出现的那种自返的（ἐπιστρέφειν）或者自我认识的思想与被思想对象之间的同一性吗？也许亚里士多德只是提到：思想与被思想对象之间的同一，而这种同一是何种同一，是不是一种自返的甚至自身等同的同一性

────────────

[1] 其实甚至康德也无可避免地受到新柏拉图主义的影响，这在他的遗稿中再明显不过了。

呢？这一问题直到现在在亚里士多德哲学研究内部以及之外都还未得到充分的反思和探讨。似乎新柏拉图主义哲学在黑格尔和谢林之后已然提供一个令人满意的足以使这个问题得以安息的回答。只不过还有敏锐的海德格尔在《同一与差异》中对此提出过"警告"，并给出了另一个回复。但一种"共生"（Zusamengehören）的思想与存在（被思想的对象）的同一性，可能恰恰是游荡已久的亚式同一性的还魂。

下面还是回到亚里士多德哲学及其注释传统内部就其中关于这个问题的情况做一个粗略的描述。

若我们仔细地观察这些古代和现代的评注，这段文本所涉及的问题并不是都被注释家们仔细地处理了（——当然，确实并不是所有注释家都只是怀着一种单纯地做出评注的意图）。至少，一个较明显的事实是，对在第 5 章中围绕着主动思想与被动思想的诸问题的关注度是高于第 4 章那部分内容的。也许，一个重要的原因确实是亚里士多德自己在这一部分之中的表述是简略甚至模糊的，而这一点对于那些注释家来讲变得极为棘手，当然毫无疑问也是因为对上帝问题的关注带来的影响。但站在那些模糊不清的注释背后的原因也并不只是这一个，而是，若我们稍微留心就会发现，也还有注释家自己的疏忽。而在我看来，他们对思想（voῦς）和被思想的对象（voητός）之间的同一性这一问题（关涉的文本：4 429b26-430a6）的处理就属于后一种情况。似乎从亚历山大·阿芙洛蒂西亚开始，对思想与被思想的对象之间同一性的注释就被**思想的自**

身同一性[1] 所引导[2]，然而如何理解亚历山大在评注中给出的思想自身（voεὶν αὑτόν），这是需要非常谨慎的（这自然是另一个独立的工作）。之后这种倾向在费罗珀洛斯（Philoponos）和普里西安（Priskian）那里与普罗提诺（人们也知道普罗提诺是熟悉亚历山大·阿芙洛蒂西亚的）对这两者产生的影响[3]结合在一起而变得更加牢固了，以至于甚至到了今天，对亚里士多德思想和被思想的同一性的解释依旧被自身同一性所主导。这一主导倾向当然有时候也通过对 *Meta* XII, 7 1072b18-24 和 9 的解释表现出来[4]，但即使就这两段文本来讲，这样的解释都是有争议的，这点不是没有被个别研究者看到。但对自身同一性的这种预设以及在这种预设下被引

---

〔1〕 自身同一性这个词在这里意指：自己与自己同一，以及普罗提诺那里返回自身（ἐπιστρέφειν）的自身同一——这种同一性无疑也是德国观念论（费希特、谢林和黑格尔）的前提。在上面提及的情况中，思想与被思想的对象的同一，最终都被化归为思想与思想自己的同一，也被称为自返的同一。

〔2〕 参看 Alexander, *De anima* 86, 15-30: καὶ ἐπεί ἐστιν ὁ κατ' ἐνέργειαν νοῦς οὐδὲν ἄλλο ἤ τὸ εἶδος τὸ νοούμενον...ὁ ἐν ἕξει νοῦς (οὗτος δέ ἐστιν ὁ νοεῖν ἐπ' αὑτοῦ δυνάμενος καὶ τὰ τῶν νοητῶν εἴδη λαμβάνειν καθ' αὑτά), οὗτος ἤδη δύναται καὶ αὑτὸν νοεῖν. ἐπεὶ γὰρ τὸ νοούμενον εἶδος αὐτός ἐστιν, εἰ γενοῦν ὃ νοεῖ γίνεται, ὁ ἄρ' ἕξιν ἔχων τοῦ τὰ εἴδη νοεῖν, οὗτος ἕξιν καὶ δύναμιν ἔχει τοῦ νοεῖν ἑαυτόν [...] 以及 *De anima libri mantissa* 109, 4-110, 3: νοεῖν δὲ αὑτὸν ὁ ἐν ἕξει νοῦς καὶ ἐνεργῶν δύναται. οὐ καθὸ νοῦς ἐστιν, ἅμα γὰρ καὶ κατὰ ταὐτὸν αὑτῷ τὸ νοεῖν ἔσται καὶ νοεῖσθαι...ἔτι δὲ λέγοιτ' ἂν αὑτὸν νοεῖν ὁ νοῦς οὐχ ἤ νοῦς ἐστιν, ἀλλ' ἤ καὶ αὑτὸς νοητός...ὁ γὰρ ἁπλοῦς νοῦς ἁπλοῦν τι νοεῖ, οὐδὲν δὲ ἄλλο ἁπλοῦς ἐστι νοητὸν πλὴν αὑτός. ἀμιγὴς γὰρ οὗτος καὶ ἄυλος καὶ οὐδὲν ἔχων ἐν αὑτῷ δυνάμει. αὑτὸν ἄρα μόνον νοήσει. καθὸ μὲν ἄρα νοῦς ἐστιν, αὑτὸν ὡς νοητὸν νοήσει, καθὸ δὲ ἐνεργείᾳ καὶ νοῦς ἐστι καὶ νοητόν, αὑτὸν ἀεὶ νοήσει, καθὸ δὲ ἁπλοῦς μόνος, αὑτὸν μόνον νοήσει. αὑτός τε γὰρ μόνος ἁπλοῦς ὢν ἁπλοῦ τινος νοητικός ἐστι καὶ μόνος ἁπλοῦς τῶν νοητῶν ἐστιν αὑτός.

〔3〕 对这一影响（即普罗提诺在晚期希腊关于 nous 的评注工作中所发挥的作用）更为具体的了解有兴趣的可以参看 Perkams 2008。

〔4〕 参看 K. Öhler 1974，最近的可参看 M. Liats 2016。

导的对亚里士多德思想与被思想对象之间同一性的解释工作未免显得匆忙了，尤其当我们考虑到亚里士多德在 *Topica* I，7 和 VII，1，*Meta* V 9 &15 和 X，3 对同一（ταὐτό）或者诸同一者（ταὐτά）的复杂讨论时，此时，对上面这样一种阐释工作的质疑是很容易被提出的：对于亚里士多德来讲，自身同一性是唯一的可能性吗？如果不是，何以思想和被思想的对象之间的同一性要由自身同一性来引导（至少在第 4 章中，没有任何一处原文暗示思想和被思想者之间的同一性是自身同一性），而这样一种发问，当古代和现代注释者解释 429b26-430a6 时，几乎从没有被预先地提及过，尽管对于更为扎实的注释工作来讲，这两个问题应该是显而易见的。

下面对 429b26-430a6 的重新解读试图表明，亚里士多德是通过潜能与现实之间的同一性来解决思想与被思想对象之间的同一性问题；但潜能与现实之间的同一性在这段文本中是尚不明朗的，因此也就让下面这一点得以可见：这段文本无法支持把这一同一性解释为自身同一性的做法。

为了下面讨论的方便，我把这段文本及其相关文本先引在下面：

Ἀπορήσειε δ’ ἄν τις, εἰ ὁ νοῦς ἁπλοῦν ἐστι καὶ ἀπαθὲς καὶ μηθενὶ μηθὲν ἔχει κοινόν, ὥσπερ φησὶν Ἀναξαγόρας, πῶς νοήσει, εἰ τὸ νοεῖν πάσχειν τί ἐστιν (ἢ γάρ τι κοινὸν ἀμφοῖν ὑπάρχει, τὸ μὲν ποιεῖν δοκεῖ τὸ δὲ πάσχειν), ἔτι δ’ εἰ νοητὸς καὶ αὐτός; ἢ γὰρ τοῖς ἄλλοις νοῦς ὑπάρξει, εἰ μὴ κατ’ ἄλλο αὐτὸς νοητός, ἓν δέ τι τὸ νοητὸν εἴδει, ἢ μεμιγμένον τι ἕξει, ὃ ποιεῖ νοητὸν αὐτὸν ὥσπερ τἆλλα. ἢ τὸ μὲν πάσχειν κατὰ κοινόν τι διήρηται πρότερον, ὅτι δυνάμει πώς ἐστι τὰ νοητὰ ὁ νοῦς,

ἀλλ' ἐντελεχείᾳ οὐδέν, πρὶν ἂν νοῇ. δυνάμει δ' οὕτως ὥσπερ

ἐν γραμματείῳ ᾧ μηθὲν ἐνυπάρχει ἐντελεχείᾳ γεγραμμένον.

ὅπερ συμβαίνει ἐπὶ τοῦ νοῦ. καὶ αὐτὸς δὲ νοητός ἐστιν ὥσπερ τὰ

νοητά. ἐπὶ μὲν γὰρ τῶν ἄνευ ὕλης τὸ αὐτό ἐστι τὸ νοοῦν καὶ τὸ

νοούμενον... (429b22-430a4)

这段文本的论述至少从结构上看去还是极其清楚的：

a. 429b22-9 两个困境的提出：

第一个困境：既然思想是无遭受的，而去思想意味着遭受进而
会有着与被思想的对象共有的部分，那么如何思想呢？

第二个困境（429b5-9）：思想会是被思想的对象吗？然后
亚里士多德对此给出了两个可能性（或者可能的解决方案）：ἢ
γὰρ...εἴδει 和 ἢ...ὥσπερ τἆλλα。

b. 对两个困境的解决（b29-430a4）。

但尽管如此，即使在这看上去非常简略的论述中，其密度同样
不可小觑，以至于一不小心对其的解读就有可能已经略过了其中一
些非常棘手的问题而显得过于轻松了。就此而言，就像我们即将在
下面看到的，其复杂性也许并不比第5章（注释家们往往更关注第
5章）少些。

在我看来，在这段文本中有两个棘手的问题需要处理：

第一，亚里士多德对针对第二个困境的两种可能性到底持怎样
的态度？是要排除这两种可能性还是只是将其列举出来而未表明
立场（因而，其实两种可能性或者只是其中的一个是可以被用来

解决第二个困境的）？最后，如果是要排除这两种可能性，亚里士多德所依据的到底是因为这两种可能性导致了两个不可接受的后果（"所有事物都会思想"以及"思想是非单纯的"），还是因为这两种可能性是不适合用于描述思想和被思想的对象之间的同一性的？或者甚至亚里士多德否定了其中一种可能性而接受了另外一种？

第二，对两个困境的回答，是不是依次进行的还是作为一个整体同时回答了被提及的两个困境？主流的注释会认为：429b29-430a3（ἤ τὸ μὲν πάσχειν...ὅπερ συμβαίνει ἐπὶ τοῦ νοῦ）针对的是第一个困境，即回答了"如何思想？"；而430a3-4回答的是第二个困境，"思想如何是被思想的对象？"。

A

让我们首先来处理第一个问题。

对亚里士多德给出的这两种可能性（429b27-29）的一个主流解释是：这两种可能性将导致"所有被思想的思想都会思想"以及"思想是非单纯的"这两个不可接受的后果[1]。但是 Shields 在其评注中敏锐地向我们指出：若是如此，在对第二个困境的解决中，亚里士多德必然要拒绝上面的两种可能性，但遗憾的是在第二个困境的回答中看到的也许恰恰是对这两种可能性的承认；因为"思想与

---

[1] 这一解释可以在费罗珀洛斯的评注中看到，之后，同样的理解还可以在托马斯·阿奎那的评注中看到，参看 Charlton 1991：52-3 和 Kocourek R. A 1946：52-53。在现代的评注工作中，同样的解释在 Hicks，Hamlyn，Polansky 和 Shields 那里也出现了，参看 Hicks 1907：494-5，Hamlyn 2002：138 Polansky 2007：452-3，Shields 2016，310。

无质料的被思想的对象同一"并没有排除"所有被思想的对象都会思想"这一点，甚至也没有排除"思想是非单纯的"的这一点，当"无质料的被思想的对象"不意味着以一种"被拔高"的方式从质料中"分离"出来的形式时[1]；另外，其实对于 Shields 来说，第一种可能性亦可以通过第二种可能性起作用：因为对于他来讲，ἢ γὰρ τοῖς ἄλλοις νοῦς ὑπάρξει 是第一种可能性中的一个层次，这个层次中的思想是非单纯的，εἰ μὴ κατ' ἄλλο αὐτὸς νοητός，ἐν δέ τι τὸ νοητὸν εἴδει 又是另外一个层次［——所以 εἰ 引导的不是前面句子的条件句，而是与最后半句单独构成一个完整的复合句并独立地作为一个层次（当然其实这种解读也是不清楚的，这一点立马会被看到）］，在其中思想是单纯的（ἀμιγής），因为它不是依据其他（μὴ κατ' ἄλλο）而是凭其自身（αὐτός）就是被思想的对象[2]。

那么该如何理解以及解决这里被指出的矛盾？可供选择的路子只有两条，要么我们承认 Shields 指出的这个矛盾是站得住脚的，因而以此为前提去寻找一个解决的方案，要么，Shields 指出这个矛盾所依凭的那个主流解释是成问题的。后面这一点不是不可能的，至少还是有个别学者认为亚里士多德在这里并不是要拒绝这两种可能性[3]，何况回到文本中来看，没有文本直接地允许我们做出主流的解释。

这里，我首先尝试着去重新考察亚里士多德给出的两种可能

---

[1] 当然这里涉及对"分离"（χωριστός）这个词更为详尽的考察。

[2] 关于 Shields 更为具体的论述，可看看 Shields 2016: 310-1。

[3] 参看 Buchheim 2016。另外普里西安，如果我的理解没错的话，认为亚里士多德是承认第一种可能性的，参看 Perkams 2018: 609-11, 615-7。

性，随着这种考察，解决第一个问题的出路也被呈现出来。

A. 1

ἢ γὰρ τοῖς ἄλλοις νοῦς ὑπάρξει, εἰ μὴ κατ' ἄλλο αὐτὸς νοητός,
ἓν δέ τι τὸ νοητὸν εἴδει（b27-8）

其实在第一种可能性中亚里士多德所要表达的也许并不是看上去的那样清楚。我们已经看到 Shields 提供的独特解读，但另外一个也许更为通常的解读是 εἰ 引导的是从属于"ἢ γὰρ..."的条件句，所以由此亚里士多德谈及的应该是，"要么因为，如果思想自身不依凭其他而是被思想的对象（……），就会属于诸其他存在者（……）"[1]。但是无论从上面的何种解读来看，我们无法理解 ἓν δέ τι τὸ νοητὸν εἴδει 这最后半句在整个句子中所处的位置或者说它与其他成分的关系，如果这句话被径直地翻译为"（并且）某个被思想的对象在形式中或者在形式上是一"。Hicks 提供了一个大胆的处理：

For then either its other objects will have mind in them, if it is not through something else, but in itself, that mind is capable of being thought, and if to be so capable is everywhere specifically one and the same.[2]

可以反推出他对希腊文的处理是：εἰ（μὴ κατ' ἄλλο αὐτὸς νοητός,（καὶ）ἓν δέ τι τὸ νοητὸν εἴδει）[3]。由此亚里士多德说的是：要么因为，如果思想自身而不是依凭其他是被思想的对象，并且某

---

[1] 被括起来的省略号代表对 ἓν δέ τι τὸ νοητὸν εἴδει 的翻译可能被安放的位置。
[2] Hicks 1907: 133.
[3] Hamlyn 也是这样处理的，参看 Hamlyn 2002: 59。

个被思想的对象在形式上是一，那么思想就会属于其他存在者。但是尽管这在句法上来讲是可能的，这样的做法也只是把 ἐν δέ τι τὸ νοητὸν εἴδει 强行拉入进了这里的条件句，而整个句子依旧是奇怪而无法理解的，因为我们仍旧不清楚为什么"某个被思想的对象在形式上是一"要被提及。Hicks 在他对这句话的解释中给出的理由是：

We must further assume that the object of thought is always one in kind or specifically the same. The content of thought is homogeneous. The attribute "thinkable," νοητός must bear one and the same sense, wherever applied: it must not be an ambiguous term[1].

但我们始终看不出对 ἐν δέ τι τὸ νοητὸν εἴδει 的这一澄清有什么意义以及如何解决了上面提及的问题。因为在第一种可能性当中，涉及的问题是：思想如何是被思想的对象，换言之，思想如何和被思想的对象是（以及以怎样的方式是）一？就此来讲，当亚里士多德说出"思想自身就是被思想的对象（因而属于其他存在者）"似乎就已经足够了，因而"被思想的对象是否在形式上为一"这回事应该是与需要被处理的同一性问题无关的。

在这里遭遇的疑难对于那些持主流解释的人来讲还会有一个严重的后果，因为如果这个疑难是成立的，那主张亚里士多德在此拒绝了"所有被思想的对象会是思想或者思想"的说法就会是没有根据的。因为，我们完全不知道，这一主张除了是一个过于冒险的推论以外，还能够怎样做出。

这个后果同样适合于 Shields。Shields 并没有像 Hicks 那样对

---

[1] Ibid. 494.

希腊文本做一个大的处理，而是通过直译回避了 ἓν δέ τι τὸ νοητὸν εἴδει 与其他句子成分之间成问题的关系[1]，但在评注中却贸然主张亚里士多德拒绝了"所有被思想的对象会思想"这一不可被接受的后果，尽管是以与 Hicks 不同的解读方式[2]。

由此看来，ἓν δέ τι τὸ νοητὸν εἴδει 必须被重新解读。在我看来，情况很可能是，ἓν δέ τι τὸ νοητὸν εἴδει 也许就不应该被翻译为"某个被思想的对象在形式中是一"或者"某个被思想的对象形式上是一"，而是"某个被思想的对象和形式是一"[3]。如果这样来翻译这半句话，它在整个句子中的位置以及与其他成分之间的关系就变得可思考了。

首先我们现在可以排除的是按照 Shields 把 εἰ 之后的句子成分看作一个独立而完整的条件复合句的做法所产生的结果。因为根据这种读法，亚里士多德在此说的就是：

---

[1] 参看 Shields 2016: 60。

[2] 关于亚里士多德提供的第一种可能性，Shields 解释道：The puzzle proceeds by forging a dilemma: either reason is capable of being thought through its own nature and so is actually something, and hence is not unmixed; or it is unmixed but it is capable of being thought by virtue of things other than itself. If the latter, however, and if what is thought and what thinks are the same in form, it will follow that other things are not only intelligible, but are in fact instances of intellect, or reason. Neither alternative seems happy, since if everything has reason, then everything thinks. (ibid. 310)。
关于他对这个句子的处理以及这种处理带来的独特解释前面已经提及过了，这里需要指出的是 "and if what is thought and what thinks are the same in form" 这句话无论如何是无法从他对这句话的翻译中看出的，因为他的翻译只是 "if it is an object of reason itself not in virtue of something else, and the object of reason is one in form" (ibid. 60)。

[3] 有人可能会说，这样的翻译要求原文有一个 τῷ。但缺乏冠词的表达对于亚里士多德不是不可能的，比如 καὶ ὁ μουσικὸς Κορίσκος **δικαίῳ Κορίσκῳ** ὅτι ἑκατέρου μέρος τῷ αὐτῷ ἑνὶ συμβέβηκεν ἕν (Meta V, 6 1015b26-7)。

要么因为，思想从属于其他诸存在者（对于 Shields 来讲这是一个层次：思想并非是单纯的），（或者）如果思想不是依凭其他而是自身就是被思想的对象，（那么）某个被思想的对象与形式是一（这是另外一个层次：自身就是被思想的对象的思想是单纯的）。

但何以"某个被思想的对象与形式是一"能够从前面的条件中被推出？是因为这里的形式就是单纯的思想吗？但这对亚里士多德来讲是不可能的，因为单纯的思想在它的现实性之前并不是形式[1]，而思想处于其现实性之中就其成为形式而言应不再是单纯的了。所以，当 Shields 以"思想是否单纯"为标准在第一种可能性中再做区分时，忽略了下面这一点：单纯的思想只是就处于潜能之中而言。因而，其实这个区分在第一种可能性之中完全是没有必要的或者无效的。另外，第二个困境"思想自身是被思想的对象吗？"与第一个困境"思想如何去思想？"之间并不是没有联系的。第二个困境的完整提法是：（当思想去思想时）思想自身是被思想的对象吗？对于亚里士多德来讲，当思想尚未处于其现实性之中时，"思想是不是被思想的对象？"这个问题本身就是不可能的。因为，当思想尚未得到施行时自然还不是被思想的对象的形式，而在这种情况下思想与被思想的对象自然在一种差异之中。这在第 4 章开头已经很明显了[2]。

---

[1] 429a22-24: ὁ ἄρα καλούμενος τῆς ψυχῆς νοῦς (λέγω δὲ νοῦν ᾧ διανοεῖται καὶ ὑπολαμβάνει ἡ ψυχή) οὐθέν ἐστιν ἐνεργείᾳ τῶν ὄντων πρὶν νοεῖν.

[2] 见上一个脚注。

这里，我们也许可以为 Shields 提供一个辩护，当条件句就是在说"当思想自身而不是依凭其他是被思想的对象"时，说出的就是思想的现实性。在这种情况下，思想就是形式，但"思想是单纯的（因为思想不是属于诸其他是者）"这一被他解释出来的前提就已经作废了；进而，是否应当把 εἰ μὴ κατ' ἄλλο αὐτὸς νοητός, ἐν δέ τι τὸ νοητὸν εἴδει 读作一个独立而完整的复合条件句（因而作为第一种可能性中的第二个层次），就会是成问题的。

现在，按照 Hicks 对句子结构的处理会产生怎样的结果呢？根据这种处理，亚里士多德在这句话中要表达的就是：

> 要么因为，如果（思想自身而不依凭其他就是被思想的对象，并且某个被思想的对象与形式是一），那么思想就会属于其他诸存在者。

对此要么我们拒绝，通过指出"某个被思想的对象与形式是一"是一个多余的条件（若我们还假设思想就是形式的话），或者它可以不被理解为另外一个条件，因为 δέ 的存在；要么我们接受它，因而"思想自身不依凭其他而是被思想的对象"和"某个被思想的对象与形式是一"就应该被看作达成思想与被思想的对象之间同一性的两个环节（即这里说的"思想从属于其他诸存在者"）。

若我们接受这个读法：

既然思想不可能是形式（因为，若是这样，我们就会返回到"拒绝其读法"的情况中去了），那么按照这样的解读，"思想自身不依凭其他而是被思想的对象"说的其实是，处于潜能之中或者纯粹地处于潜能之中的思想——其实在其现实性中的思想是不可能不依凭其他的（被思想的对象），因为思想是被动思想[1]——，是被思想的对象，或者换言之，思想潜在地是被思想的对象，而这就是说在思想的现实性之中思想就是某个被思想的对象；这里其实是表达思想和被思想的对象之间同一性的一个方向。而另外一个方向，就是"某个被思想的对象与形式是一"，亦即从被思想的对象出发，为了这种同一性被思想的对象需要与形式是一。这里的形式就是处于现实性之中的思想，但形式是更为准确的表达。因为后者可能会与思想相混淆，但在亚里士多德那里，思想与思想的现实性不可被混淆（尽管两者可被称为是同一的）[2]。另外，也许一个更为重要的原因是在于形式不只是思想的现实性同时也更是被思想的对象的现实性。虽然根据上面的解释，从被思想的对象出发对思和被思之间的同一性的言说应该终于思想，既然前面的方向是从思想出发终于被思想的对象，但这不是一定的。对于亚里士多德来讲，a 和 b 之间的同一并不是要通过"a=b，b=a"来刻画，而是也可以通过"a=c，b=c"（但不需要加上"所以 a=b"）来刻画（——当然，在更严格的意义上，"="自然是不适合于用来描述亚里士多德在这里谈及的同一）[3]。

---

[1] 第5章：καὶ ἔστιν ὁ μὲν τοιοῦτος νοῦς τῷ πάντα γίνεσθαι, ὁ δὲ τῷ πάντα ποιεῖν（430a14-5）。以及第4章开头类比于感觉之于感觉对象的表述：εἰ δή ἐστι τὸ νοεῖν ὥσπερ τὸ αἰσθάνεσθαι, ἢ πάσχειν τι ἂν εἴη ὑπὸ τοῦ νοητοῦ ἤ τι τοιοῦτον ἕτερον...καὶ ὁμοίως ἔχειν, ὥσπερ τὸ αἰσθητικὸν πρὸς τὰ αἰσθητά, οὕτω τὸν νοῦν πρὸς τὰ νοητά（429a13-8）。

[2] 这一有趣但也令人疑惑的点在本文第二部分中通过对亚里士多德同一性的探讨会得到澄清。

[3] 所以从这里就可以洞察到，对同一性的预先澄清对于理解思想与被思想之间同一性的重要性，尽管这一点作为结论到目前为止还没有完全从这一重新解读之中被看到。

若我们不接受这个读法，有两种情况：

但第一种情况是不可能的，因为思想在严格的意义上不是形式。因为在亚里士多德这里思想是指潜在着的思想或者被动思想（根据第5章），所以，它只是潜在地是形式。而这一点对于第一种情况来讲，也意味着"思想自身不依凭其他而是被思想的对象"不可能是对现实性的思想之描述，由此试图在（现实性的）思想是形式的前提下，只是保留第一个条件，而不保留第二个条件也是不可能的。

若是第二种情况，那么亚里士多德这里表述的即是：

> 要么因为，若思想自身不凭借其他是被思想的对象，（那么）思想就会属于其他存在者，但被思想的对象与形式是一。

若我们继续坚持思想与形式的区分，那么这个读法是可行的。因为亚里士多德只是通过 δέ 来否定条件句引导出的结果，即这句话完整的意思可以被表述为：如果思想自身而不依凭其他是被思想的对象，那么（就有可能）从属于其他存在者，但是被思想的对象是与形式是一（而不是与思想是一）。

然而既然如此，那么这一种情况和在对 Hicks 的接受中产生的情况就是各自以否定和肯定的方式表达同一观点而已：一方面，思想在它的现实性中（因而是形式而不再是思想）是被思想的对象；另一方面，被思想的对象与形式是一；由此在这个意义上，思想和被思想的对象依凭形式（κατά εἶδος）[1] 是同一的。

---

〔1〕 这个更强的以及更为明确的表达与亚里士多德在430a20、431a1 使用 κατ᾽ἐνέργειαν 保持一致的。

A. 2

> 要么，（思想）将会具有某个混合物，使它，就像其他诸
> 存在者一样，成为被思想的对象。
>
> ἢ μεμιγμένον τι ἕξει, ὃ ποιεῖ νοητὸν αὐτὸν ὥσπερ τἆλλα.
> （429b28-29）

第二种可能性的情况至少从句法来讲是相对简单很多的，但问题依旧是去准确地把握亚里士多德提及这种可能性的意图，可能的话要在它与第一种可能性中的联系之中来看待它。

被大多数注释家接受的解释是，这一可能性违背了"思想是单纯的"这一在第4章开头被给出的论点。但这是很成问题的。就像前面的分析中已经表明的：思想是单纯的，只是就思想仅仅作为单纯的潜能来讲的[1]，而在这样的情况下思想与被思想的对象自然是处于一种差异之中因而尚不是被思想的对象的形式。所以，关于"思想如何是被思想的对象"的问题，对于亚里士多德而言只是在思想得到施行时才是可能的。而当思想得到施行时，它是否还需要保持在单纯的状态之中？虽然亚里士多德未曾明言，但我们可以推测，这必定是不可能的，因为在它的现实性之中思想必定已经是某个被思想的对象的形式。而已经是某个的思想必定不是单纯的。这里我们需要注意的是，对于亚里士多德来讲，"思想是否单纯的"不是取决于是无质料的形式还是（具有质料的）复合物，而只是"能否去思想一切"。

---

[1] 429a15-22: ἀνάγκη ἄρα, ἐπεὶ πάντα νοεῖ, ἀμιγῆ εἶναι...ὥστε μηδ' αὐτοῦ εἶναι φύσιν μηδεμίαν ἀλλ' ἢ ταύτην, ὅτι δυνατός.

因此，从上面的分析看来，当亚里士多德提及第二种可能性时，并不意在否定：在思想通过复合物与被思想的对象同一时，思想变得不单纯了，而是意在否定：通过这种方式构建起来的同一性并不是思想和被思想的对象之间的同一性。但为何通过这样一种方式构建起来的同一性不合适，亚里士多德并没有说明原因。但也许原因是不复杂的：思想的对象仅仅是形式。然而无论怎样当瞥一眼429b29 之后的内容，我们就可以肯定这一可能性被亚里士多德否定了[1]，但是，再次强调，不是在这一可能性导致了"思想变得不单纯"这一结果的意义上。

B

现在让我们来回应第二个问题。在我看来，主张 b29-430a1 和430a1-5 依次回应了第一和第二个困境的解释，估计忽略了亚里士多德在两段文本之间使用的是连接词 καί，而这个词很可能让两段文本处于同一个论述之中；更为重要的，忽视了这句话 ὅτι δυνάμει πώς ἐστι τὰ νοητὰ ὁ νοῦς, ἀλλ᾽ ἐντελεχείᾳ οὐδέν——很明显，在这句话中第二个困境同样被连带着回应了。

另外，亚里士多德在同一个论述中回应两个困境不是不可能的。前面已经提及，第一个困境和第二个困境有着一种密切的联系。其实，第一个困境同样是一个关乎思想的同一性问题，只不过，第一个困境追问的是这种同一性之如何，通过追问思想如何

---

[1] 对第二个问题的探讨会进一步佐证这一点。

遭受（πάσχειν），因为同一性是遭受的结果。而第二个困境追问的是这种通过遭受而形成的同一性是不是思想和被思想者之间的同一性。

由此，429b29-430a6 作为一个完整的论述，应该被这样解释：前面已经区分了通过共同部分遭受的两重意思，从其中我们可以看到，思想是以"潜在地已经是诸被思想的对象了"的方式遭受着[1]，就像还未有什么被书写上去的白板一样。并且思想在其自身[2]就是可被思的，就像诸被思的对象一样。因为在没有质料的情况下，思想和被思想的对象就是同一的。亚里士多德在这里是向我们提供了思想和被思想的对象之间同一性发生的两个层次。一个层次是这种同一性是作为纯粹潜能的思想与被思想的对象（思想的现实性）之间的那种关系（πρός τι）——因为在潜能与现实这一关系中，潜能**潜在地**是现实。另一个层次是，处于现实性之中的思想，由于没有质料的影响，在其自身就是被思想的对象；因为如果质料被考虑进来的话，处于现实性中的思想自身**不会直接地**是（作为复合物的）被思想的对象。而在我看来，这可以被理解为对第一种可能性的，更进一步的阐明。

---

〔1〕 见 II. 5 417b2-16。但在这里不可能去澄清这种遭受方式更为具体的含义。

〔2〕 这里的"思想自身"不同于前面的"思想自身"（429b27），因为后者指的是处于潜能中的思想无需依凭其他的存在者就是被思想者，而这里说的是处于现实性的思想由于没有质料的影响而自身就是被思想者——被强调的是同一的直接性。有人可能会反驳说，既然如此为什么这里的情况不适用于 429b27？一个直接的回答是，在这里，前面对思想潜在地是被思想者的提及，表明"思想"这个词在这里已经被区别地使用了，但是在 429b27 中，思想并没有被区别地使用。

总　结

1. 通过上面对 429b26-9 的重新考察，现在可以对第一个问题提供出我们的回答。不同于主流的解释，我们不认为亚里士多德对两种可能性都进行了否定，而只是否定了第二种，由此，也不像个别学者那样认为亚里士多德悬置了对两种可能性的态度。

进一步地，关于第一种可能性，在我们看来，亚里士多德自然是否定了"所有被思想的对象是思想"这种描述两者之间同一性的方式，但是并不是把这里被提供出的第一种可能性当作这一方式，而是通过这一可能性否定了那种方式。但若我们考虑到，对这样一种方式的否定并没有在亚里士多德的讨论中被明显地提及，恰恰说明亚里士多德对这一可能性的提及**并不意在**去否定这一方式——就像前面的分析已经表明的，若思想和形式的区分被看到，自然也是无须专门废笔墨"讨伐"之。关于第二种可能性，我们认为亚里士多德虽然对这种可能性进行了否定，但不是因为这种可能性会导致"思想会变得不单纯"这一不可接受的结果（其实这个结果并不是不可接受的），而是因为，通过复合物的方式而构建起来的思想与被思想的对象之间的同一性是不适当的。为什么"同一性的方式"是否定这种可能性的形式性依据？在我看来，这是因为在第一种可能性之中提供出了**适合这种同一性**从中构建起来的方式，而凭借第二种可能性亚里士多德很可能是要提供**那种不适合这种同一性**构建起来的方式，如果不是要提供出另外一种适合这种同一性构建起来的方式的话。另外，其实若我们足够留意第二个困境，它首先提供的指引就应该是：思想到底以怎样的方式与被思想的对象同一。而提供出的可能性也是遵循这个指引。强调这样一个（其实是较明显的）事实，是为了表明，即使我们承认两种可能性导致了"所有被思想的对象都是思想"以及"思想是不单纯的"两个不可接受的结果，也不意味着去跟随主流的解释；因为在这种情况下，我们会说，即使这两种可能性导致了这两个不可接受的后果，但亚里士多德对它们的否定不是着眼于这两个不可接受的后果，而是着眼于同一性被构建的方式。

由此，我想现在可以说，429b26-430a6整个地是围绕思想和被思想同一性问题展开的。具体地说来就是，亚里士多德拒绝了思想通过复合物来与被思想的对象同一的方式，但是接纳了，思想和被思想的对象通过形式而是同一的方式并简略地描述了这一方式发生的过程。这后一种方式，就像亚里士多德已经暗示的那样，是通过潜能和现实这对概念来运作的。可是，这一方式对于我们来说依旧是晦暗的，因为我们完全没有对从潜能和现实之中构建出的同一性的预先理解。所以，可以看到一种把这种同一性理解为自身同一的做法未免显得过于急躁了，在不具有这样一种预先理解之前。然而，这样一种预先理解必须是从亚里士多德关于同一性的思考中赢得的。

2. 在最后，也许补充一些关于如何处理亚里士多德潜能与现实之间同一性（为把握思想与被思想对象之间的同一性所作的准备）的谈论是必要的，鉴于上面的工作最终只是否定地开启了一个问题域而没有提供什么肯定性的解决方案这一点而言，也许多多少少是令人失望的。

其实亚历山大对亚里士多德努斯学说的评注中已经给我们提供了另一条线索，只不过这条线索在他自己那里所起的作用并不清晰，（以至于）在后面的新柏拉图主义者的评注中也完全地遗失了：

ὃ γὰρ δύναται νοεῖν, τοῦτο αὐτὸ αὐτὸς νοῶν γίνεται, καὶ ἔστιν ὅταν νοῇ προηγουμένως μὲν καὶ καθ' αὑτὸν νοῶν τὸ νοητὸν εἶδος, κατὰ συμβεβηκὸς δὲ ἑαυτὸν τῷ συμβεβηκέναι αὐτῷ, ὅταν νοῇ, γίνεσθαι ἐκεῖνο, ὃ νοεῖ. πρὸ μὲν οὖν τοῦ κατ' ἐνέργειαν τὸν νοῦν νοεῖν πρὸς ἄλληλά ἐστι τὸ νοοῦν τε καὶ τὸ νοούμενον καὶ ἀντικείμενα ἀλλήλοις ὡς τὰ πρός τι, ὅταν δὲ ἐνεργῶσιν, ἓν γινόμενα παύεται τῆς ἀντιθέσεως[1].

亚历山大的意思是，在思想现实地思想被思想的对象之前（亦即尚处于潜能之中），是处于与后者的相互关系之中（πρὸς ἄλληλά），因而两者在这一关系中被把握为相互对立的关系项（τὰ πρός τι）。而一旦思想现实地思想，这种相互对立也就停止，因而两者成为一（ἓν γινόμενα παύεται τῆς ἀντιθέσεως）。在亚里士多德哲学内部来把握这一评注的来源，无疑当亚历山大做出这样的评论时，想到的是亚里士多德在 Cat 7 对关系范畴的讨论，并且很有可能注意到了亚里士多德提供出的关于关系的第二个描述：

εἰ μὲν οὖν ἱκανῶς ὁ τῶν πρός τι ὁρισμὸς ἀποδέδοται, ἢ τῶν

---

[1] Alexander De anima: 86, 20-6.

πάνυ χαλεπῶν ἢ τῶν ἀδυνάτων ἐστὶ τὸ λῦσαι ὡς οὐδεμία οὐσία τῶν πρός τι λέγεται εἰ δὲ μὴ ἱκανῶς, ἀλλ' ἔστι τὰ πρός τι οἷς τὸ εἶναι ταὐτόν ἐστι τῷ πρός τί πως ἔχειν, ἴσως ἂν ῥηθείη τι πρὸς αὐτά.（*Cat* 7 8a28-33）

当我们在这段文本下来回顾亚历山大的评注，确实会发现一些成问题的地方。因为对于亚历山大来讲思想和被思想的对象同一性似乎恰恰出现在相互对立（因而关系？）消失的时候，而从上面这段文本来看，这种存在上（τὸ εἶναι）的同一性一开始就本质性地属于一种关系，因为关系在这里就是借这一同一性得到描述的。但也许亚历山大还是看到了这点，所以他在一开始把思想与被思想对象之间的同一理解为偶然意义上的同一（κατὰ συμβεβηκὸς δὲ ἑαυτὸν τῷ συμβεβηκέναι αὐτῷ, ὅταν νοῇ），因而也许他会承认在关系项之间一种存在上的同一，但若是如此，即使思想还未现实地思想，思想与被思想的对象就由于关系处于一种存在上的同一，因而对于亚历山大来说构成困难的是，何以这种存在上的同一最后变成了一种偶然意义上的同一？[1] 另外，亚历山大"对立的停止"这一说法自然也是可疑的，也许恰恰不是停止，而是得以实现，因为一种关系内部也可以有潜能的和现实的之区分，因而在每一关系中的关系项有着潜能地相关与现实地相关之区分。

但对亚历山大评注的进一步讨论在这里就无须进一步展开了，何况它必定会是很复杂的。现在通过亚历山大对亚里士多德努斯的

---

〔1〕 这里存在上和偶然上的同一至少在亚历山大这里很可能也为区分神性努斯和人的努斯提供了一个标准。

评注，至少清楚的是，如何把握思想与被思想对象之间的同一性这一问题是与如何理解关系范畴，尤其中的同一性紧密联系在一起的。但这一思想与被思想对象之间的关系，当我们现在跳出亚历山大的评注来看，其实是因为潜能与现实之间的关系而得以可能。而潜能与现实处于一种关系中，在下面的这段文本中已经足够清楚了：

τὰ δὲ ποιητικὰ καὶ παθητικὰ κατὰ δύναμιν ποιητικὴν καὶ παθητικὴν καὶ ἐνεργείας τὰς τῶν δυνάμεων, οἷον τὸ θερμαντικὸν πρὸς τὸ θερμαντὸν ὅτι δύναται, καὶ πάλιν τὸ θερμαῖνον πρὸς τὸ θερμαινόμενον καὶ τὸ τέμνον πρὸς τὸ τεμνόμενον ὡς ἐνεργοῦντα.[1]

在这里，不仅仅潜能与现实处于关系之中这一点被表明，同时也表明了，有"潜能地相关"（ὅτι δύναται）与"现实地相关"（ὡς ἐνεργοῦντα）之区分，正如上面才指出的那样。

若我们还是选择直接从 *DA* 出发来看，思想被思想对象之间的同一性与关系范畴在问题上的关联同样能够被看到，尽管不是那么明显。首先应予以关注的文本是 *DA* II, 5 417b2-5：

οὐκ ἔστι δ' ἁπλοῦν οὐδὲ τὸ πάσχειν, ἀλλὰ τὸ μὲν φθορά τις ὑπὸ τοῦ ἐναντίου, τὸ δὲ σωτηρία μᾶλλον ὑπὸ τοῦ ἐντελεχείᾳ ὄντος τοῦ δυνάμει ὄντος καὶ ὁμοίου οὕτως ὡς δύναμις ἔχει πρὸς ἐντελέχειαν.

---

[1] *Met* IV, 15 1021a14-9.

这个文本现在之所以对于把握思想与被思想对象之间的同一性是重要，自然不是因为在遭受内部进一步做出了区分，而是这种区分得以建立的原因，其实也是因为关系范畴在这里所起的作用，这一关联也是有学者已经看到。亚里士多德其实说得也很明显：潜能存在凭借着现实存在或者潜能具有的对现实的那种关系的保存。正因为如此，当后面亚里士多德要利用这里被区分出来的保存来解释思想与被思想对象之间的同一性时，首先说的是：

ἢ τὸ μὲν πάσχειν κατὰ κοινόν τι διήρηται πρότερον, ὅτι δυνάμει πώς ἐστι τὰ νοητὰ ὁ νοῦς.[1]

毫无疑问现在看来，这里的"一定程度上是"（πώς ἐστι，因而尚未完全是）是因为思想首先潜在地与被思想的对象相关，亦即潜在地处于一种关系中。而又由于一种关系意味着关系项之间（通过关系而可能的）存在上的同一，所以，思想在与被思想对象的关系中"一定程度上"是被思想的对象。

关系范畴在理解潜能与现实之间的同一性所起的重要作用，其实我们还可以在 *Met* IX，6 中看到，这里就不再去展示[2]。我想通过上面的如此快速地借助于文本的呈现，已经算是足够为如何进一步处理潜能与现实之间的同一性问题指出了一个方向。

---

[1] *De anima* III，4 429b29-31.
[2] 尤其从 1048a32 开始，这一章接下来的讨论也都是要借助于关系范畴而得到理解的。

Aristotle（1907）. *De Anima*，*Trans. RD Hicks.*

Bruns（1887）. *Alexandri Aphrodisiensis praeter commentaria scripta minora*［*Commentaria in Aristotelem Graeca* suppl. 2.1. Berlin：Reimer］：1-100.

-*Alexandri Aphrodisiensis praeter commentaria scripta minora*［*Commentaria in Aristotelem Graeca* suppl. 2.1. Berlin：Reimer］：101-186.

Buchheim. T. De anima：Griechisch-Deutsch：*mit dem griechischen Originaltext in der Oxfordausgabe von Ross（1956）= Über die Seele.* WBG，2016.

Charlton，W.（1991）. *Philoponus：On Aristotle on the Intellect（De Anima 3.4-8）.* London：Gerald Duckworth & Co. Ltd.

Hamlyn，D. W.（2002）. "Aristotle's De Anima Books II and III（with passages from Book I）".

Kocourek R. A.（1946）. *The Commentary of St. Thomas Aquinas on Aristotle's Treatise on the soul.* College of St. Thomas.

Liatsi，Maria，and C. Horn（2016）. "Aristotle's Silence about the Prime Mover's Noesis." *Aristotle's Metaphysics Lambda-New Essays*：229-245.

Oehler，K.（1974）. Aristotle on self-knowledge. *Proceedings of the American Philosophical Society*：118（6）.

Polansky，R.（2007）. *Aristotle's De Anima：A Critical Commentary.* Cambridge University Press.

Perkams，Matthias（2008）. *Selbstbewusstsein in der Spätantike：Die neuplatonischen Kommentare zu Aristoteles，"De anima"*. Vol. 85. Walter de Gruyter.

- and Busche，H（2018）. "Antike Interpretationen zur aristotelischen Lehre vom Geist（Hamburg：Felix Meiner）. 19 WD Ross." *Aristotle. De anima* 44.

Shields，Christopher（2016）. "Aristotle：de Anima，Clarendon Aristotle Series".

W. D. Ross（1924）. *Aristotle's metaphysics*，2 vols.，Oxford：Clarendon Press.

作为超越的哲学：柏拉图与普罗提诺的向最高本原的上升

Jens Halfwassen[1]　邓向玲[2]　译

　　"作为超越的哲学"——这道出了形而上学哲思（Philosophieren）的基本动机，它几乎贯彻性地确定了从爱利亚学派、柏拉图直至费希特、谢林与黑格尔的思辨唯心主义，乃至于再到卡尔·雅斯贝尔斯与迪特·亨利希基本哲学构想的西方哲学。如果哲学被理解为超越，那么这同时意味着，哲学所要求的不仅仅是对于现象层面的实在（Wirklichkeit）的认识，而是意在获得从实在的最终本原（Grund）与源头（Ursprung）出发的对于实在的认识，这一本原与源头从根本上完全超越了由它所奠基与确定的实在：（以这种方式理解的）哲学是一种对于眼前被给定的实在的超越，是向绝对者的思维的抬升，绝对者——正因为它是绝对者——并不与由它所奠基的事物混同，而是本质上通过超越性而获得突出地位。因此，哲学思考意味着向作为存在整体的最高的、第一的本原的超越性绝对者

---

〔1〕　Jens Halfwassen（1958—2020），海德堡大学哲学教授。本文选自 Bochumer philosophisches Jahrbuch Für Antike und Mittelalter 3（1998），29-42。

〔2〕　邓向玲，海德堡大学哲学博士，南开大学哲学院外国哲学教研室讲师。

的思维的上升。

我在下文中的论点是，这个几乎塑造了整个欧洲形而上学传统的哲学之超越的基本特性，源自于古代柏拉图主义——它恰恰将哲学的本质确定为超越。因此，我们首先转向创造了哲学概念并且确立了其确定含义的柏拉图；在此我们会展示，柏拉图把哲学理解为向超越的最高本原的超越上升。在第二部分，我们转向古代柏拉图主义的完成形态——对于中世纪哲学具有奠基性意义的、近代唯心主义以多种方式与之关联的普罗提诺的新柏拉图主义；在此我们会展示，普罗提诺通过强调其超越的基本特征，复兴了柏拉图的哲学概念并且以可设想的、最极端的方式强化了朝向超越性的运动方向。

一

希腊哲学的起源虽然早于柏拉图若干世纪，但是柏拉图是哲学这一概念的创造者，即我们今天在将哲学与其他知识种类以及其他人类对待绝对者与神圣者的态度——比如宗教——相区分开来时所预设的那个哲学概念。尽管"哲学家"（φιλόσοφος）一词以及它的派生词在柏拉图之前就出现了，但是无论在赫拉克利特（第一个使用这一词语的人[1]）那里，还是在希罗多德那里，还是在智者运动那里，它还没有获得术语上的确定含义。比如希罗多德就让克罗索斯向梭伦说："出于对知识的热爱（φιλοσοφέων），你游历了许多

---

[1] 参见 Heraklit, Fragm. 35, in: *Die Fragmente der Vorsokratiker*, hrsg. von H. Diels und W. Kranz（Zürich-Hildesheim1964[8]; unv. Nachdr. 1989），Bd. 1, S. 159。

地方。"[1]我们的一部分古代文献将对于哲学（φιλοσοφία）一词的术语性含义追溯至毕达哥拉斯；[2]然而这些信息不应在表面上被理解，而是自柏拉图的学生已经开始的、在古代晚期广为流行的趋势的结果，即将真正的柏拉图学说与动机向毕达哥拉斯主义回溯，正如布克尔特所证实的那样。[3]

因此，柏拉图是术语意义上的哲学概念的创造者。对于柏拉图的哲学概念来说，与关于神的完善知识的关联是构建性的，哲学家的知识与之相区分，虽然前者也同时分有后者：智慧（σοφία）作为最高的、最完善的知识仅仅为神所有，而人所拥有的是某种较之智慧本身更低的东西，即对于智慧的爱——爱智慧（φιλοσοφία），正如柏拉图在《斐德若》这篇对话录结尾处所说的那样。[4]这种人类的爱智慧与神的智慧之间的区隔却总是遭受误解，自从人们自施莱格尔以来相信，柏拉图将哲学当作一种对智慧的无尽的追求与探寻，仅仅限于向神圣知识的无限接近，而永远不能达到对于真理的完成性的认识以及不再仅仅是暂时性的，而是从根本上来说确定的知识。这一解释尽管广为流传，但是它展现出了一种对于柏拉图哲学概念的近代曲解，它将一种特定的、近代的——更准确地

---

〔1〕 参见 Herodot, *Historiae*（ed. H. B. Rosén, vol. 1 I-IV, Stuttgart 1987）, lib. 1, cap. 30。

〔2〕 参见 Diogenes Laertius, *Vitae philosophorum*（ed. H. S. Long, Oxford 1964）, I 12; Jamblich, *De vita pythagorica liber*（ed. L. Deubner, Leipzig 1937; 2. erw. und korr. Aufl. ed. U. Klein, Stuttgart 1975）, cap. 12; Aetios, *Placita*（ed. H. Diels, Doxographi Graeci, Berlin 1879; Nachdr. 1958）, lib. 1, cap. 3, col. 8; Cicero, *Tusculanae disputationes*（ed. M. Giusta, Turin 1984）, lib. 5, cap. 9。

〔3〕 参见 W. Burkert, «Platon oder Pythagoras? Zum Ursprung des Wortes ‹Philosophie›», in: *Hermes* 88（1960）, S. 159-177。

〔4〕 参见 Platon, *Phaidr.* 278d; *Symp.* 204a。

说：特定的、浪漫派的——向不可到达的绝对者的无限的追求与无限的靠近的动机投射回了柏拉图，正如克雷默与阿尔伯特所证明的那样。[1] 从《斐德若》中我们恰恰可以清楚得知，对于柏拉图来说，神的智慧与人的爱智慧之间的一致与区别存在于何处：神的智慧在于对永恒的、与自身保持不变的实体，即理念的"观看"，而理念作为区别于变化、消失的现象的真正的存在（ὄντως ὄν），它构成一个特有的、超越的存在领域，即柏拉图以比喻的方式称之为"天界之上"的领域。[2] 然而，对于"天界之上"的理念的"观看"不是仅属于神圣努斯的特权，而是人类的理智灵魂也同样可以达到：它们在前存在时期（Präexistenz）跟随神圣努斯"观看"到了理念[3]，而它们可以通过回忆（ἀνάμνησις）在此生之中回想起这种理念知识。[4]

　　神的智慧与人的爱智慧不是通过其内容而被区分的：在柏拉图

----

〔1〕　参见 H. J. Kramer, «Fichte, Schlegel und der Infinitismus in der Platondeutung», in: *Deutsche Vierteljahrsschrift far Litemturwissenschaft und Geistesgeschichte* 62（1988），S. 583-621；K. Albert, *Über Platons Begriff der Philosophie*（Sankt Augustin 1989）。费泊坚持一种对于柏拉图哲学概念的无限式的误解：R. Ferber, *Die Unwissenheit des Philosophen oder: Warum hat Plato die〈ungeschriebene Lehre〉nicht geschrieben?*（Sankt Augustin 1991），S. 25 ff. 在一篇新近的有关柏拉图辩证法的博士论文中，柏拉图甚至被明目张胆地宣布为怀疑论者，并且被扣以拥有对于"知识之不可获得的洞察"：P. Stemmer, *Platons Dialektik. Die frühen und mittleren Dialoge*（Berlin 1992），S. 188，222-224，257-258，266-267，bes. 272-273；参见哈弗瓦森对此的批判性评述：J. Halfwassen in: *Archiv für Geschichte der Philosophie* 76（1994），S. 220-225。

〔2〕　参见 Platon, *Phaidr.* 246d ff., bes. 247c ff.。

〔3〕　参见 Platon, *Phaidr.* 247d, 248a。

〔4〕　参见 Platon, *Phaidr.* 249c, 250a ff.。还可参见斯勒扎克的澄清：T. A. Szlezäk, "Das Wissen des Philosophen in Platons *Phaidros*", in: *Wiener Studien* 107/108（1994/95），S.259-270，bes. 267 ff.。

看来，二者都指向永恒存在的理念而且能够达到对于它们的真正的知识。对于柏拉图来说，哲学是真正的，即本质上确定的、理智上明确的关于理念的知识；它与神的智慧的区别仅在于，人的理念知识总是被妨碍，因为理智灵魂在它的"观看"中被非理性的灵魂部分的错误影响所干扰[1]，因此人的理念知识与艰辛相连，区别之二在于，人需要对于"观看到的"理念知识的推论性的再现，而神的努斯与推论性无关，而是以理智直观的方式——柏拉图称之为 νόησις——进行认识；但是在柏拉图这里，甚至这种最高的理智直观的知识对于人的理智灵魂而言也是可能的[2]，尽管我们与永远在完成着它的神的努斯不同，只能在某个时刻达到它，而且作为与时间绑定的存在者不能保持在它之中；因此，我们需要对于其内容的推论性的、论证性的再现，因此我们进行哲学思考（philosophieren），而神的努斯不进行哲学思考[3]，而是在一种单纯的努斯的"观看"中一下子整体把握了理念宇宙——其智慧恰恰存在于这里。

柏拉图将这种将理智的理念知识进行推论式的再现把握的方式称为辩证法——它构成了柏拉图所理解的哲学的核心。现在，柏拉图在双重意义上将关于存在者与理智之物的辩证科学

---

〔1〕 参见 Platon，*Phaidr.* 248a ff.。

〔2〕 参见 Platon，*Phaidr.* 247c-d, 248a；*Symp.* 210e, 212a u. o. -Vgl. zum Verhältnis von diskursivem und intellektuell anschauendem Erkennen K. Oehler, *Die Lehre vom noetischen und dianoetischen Denken bei Platon und Aristoteles*（Munchen 1962，Hamburg² 1985）。

〔3〕 参见 Platon，*Symp.* 204a。

（ἡ τοῦ διαλέγεσθαι ἐπιστήμη τοῦ ὄντος τε καὶ νοητοῦ）称为超越[1]：它以从可感的、运动的、变化的领域向理念的真正存在者与理智之物的思维的上升为前提；这一向理念的真正存在的领域的上升作为自身还不是辩证法，而只是它的准备条件，在其中真正的辩证哲思才获得它在其中得以完成自身的维度。柏拉图把它称为理念的"前提"（ὑπόθεσις），对于辩证法意义上的真正哲思而言的基本前提，即理念真正存在以及它们是真正的、本真的存在者。理念的"前提"不是现代科学理论意义上的"假设"（Hypothese）[2]——它可能是错的——而是辩证哲思的基础与前提，它作为真的与确切的东西来进行奠基。理念的真正的存在这一前提被当成真的被接受下来，对于柏拉图而言，没有它就没有哲学是可能的[3]，然而它并不意味着，这个基础的理念的前提本身无法再获得进一步的奠基；对于柏拉图而言，对理念本身进行奠基恰恰是辩证法的真正任务[4]，并且柏拉图在可能的、最极端的意义上理解这一任务，即从一个无条件的本原，一个 ἀυπόθετος ἀρχή 出发对理念进行最终奠基，也就是向一个纯粹的无条件者或者绝对者的回溯，这一绝对者为所有事物——理念的存在以及作为理念"影像"的现象——奠基，而自身不再被奠基。[5]这种向无条件者和绝对者，即所有事物的原初

---

[1] 对下文的详细阐释，参见 J. Halfwassen, *Der Aufstieg zum Linen. Untersuchungen zu Platon und Plotin*（Stuttgart 1992），S. 220 ff.。关于超越性与超越的概念史，参见 J. Halfwassen und M. Enders, «Transzendenz, Transzendieren I-II», in: J. Ritter und K. Gründer（Hrsg.），*Historisches Wörterbuch der Philosophie*, Bd. 10（Basel, im Druck）。

[2] 它一直在这个意义上被斯德默（错误）所理解：P. Stemmer, *Platons Dialektik*, S. 201 ff.。

[3] 参见 Platon, *Parm.* 135c。

[4] 参见 Platon, *Phaid.* 101d-e；*Pol* 511a ff., 532a ff.。

[5] 参见 Platon, *Pol.* 511b, 533c；*Phaid.* 101e。

根据（Urgrund）与本原（ἡ τοῦ παντὸς ἀρχή）的回溯表现为超越（ἐκβαίνειν），即对于自身仍需要奠基的原因与前提的超越。[1] 为了理解这一点，我们需要稍微扩展一下。

理念构成一个彼此以多种方式相连的整体，一个井然有序、依照严格等级构造而成的理智"宇宙"，在其中，在上的理念是在下的理念的本质（Was-Sein）的条件与基础。辩证法就是一种在这个理念的理智"宇宙"之中的奠基结构中对于本原的思维的、论证的追寻；它不仅仅是从可感的现象向为它奠基的实体，即理念回溯，而是也追问理念之间的奠基关系以及对于理念整体的奠基；每一个理念自身仍然是被奠基的，仍然以一个更高的、更原初的本原为前提，它对于柏拉图而言只是一个前提（ὑπόθεσις），是在辩证过程中从被奠基者向根据与本原进一步上升的一个阶段；辩证的上升因此是一种对于所有自身仍然是被奠基的原因向绝对的、无条件的、无前提的本原与原初根据的方法论的超越；[2] 柏拉图把这个原初根据视为绝对的超越，而把向它的上升视为对于所有存在者的一种极端的超越。

那么对于柏拉图而言，什么是为理念——真正的存在者——奠基的绝对的本原与原初根据呢？《理想国》中的"太阳喻"为我们给出了答案：所有事物的原初根据，为所有理念的存在与本质——即实存（Existenz）与内容上的确定性——以及理念的可认识性与我们的努斯的认识能力进行奠基的是善本身，"善的

---

〔1〕 参见 Platon, *Pol.* 511a-b。
〔2〕 参见 Platon, *Pol.* 511a-b。

理念"。[1]然而关于善本身就其真正的本质而言是什么，柏拉图在《理想国》中并没有说明；[2]但是我们从亚里士多德以及其他人那里得知，柏拉图在其学园内部的、仅仅以口传方式传授的本原学说中将善本身与绝对的一进行了等同。[3]绝对的一以相同的方式为具有等级次序的理念的多进行奠基，就像每个理念为分有它的现象的多进行奠基一样：[4]比如正义的理念为各种正义的灵魂、正义的城邦与正义的行动的多进行奠基。对于柏拉图而言，每一个理念都是为多给出根据的"一"[5]，因而最终以绝对的一为前提。因为每一个理念尽管是一个统一体，但是它还不是绝对单纯的，而是在自身之中始终包含多：[6]比如对于柏拉图而言，正义的理念包含智慧的理念，勇敢的理念包含节制的理念于自身之中。每一个包含内在的多的一——每一个理念——都预设了绝对单纯的一自身作为它的一的存在的本原。绝对的一因而是所有理念的统一性，并且因此同时是其存在与本质的本原。此外，对于柏拉图而言，认识是从多向为它的存在与本质进行奠基的一的思维的回溯；认识的最终本原因此同样是绝对的一，它在每一种多与一的关系之中都被预设为前提。最后，作为每一个在多之中的一的本原的"绝对的一"，它也是秩

---

[1] 参见 Platon，*Pol.* 508e-509b。此外，总结性的研究可参见 H. J. Kramer，«Die Idee des Guten. Sonnen- und Liniengleichnis»，in：O. Höffe（Hrsg.），*Platon*，*Politeia*（Berlin 1997），S. 179-203。

[2] 参见 Platon，*Pol.* 506d-e，509c。

[3] 参见 Aristoteles，*Metaph.* XIV 4，1091M3-15；*Eth. Eud.* 18，1218al9-21。

[4] 参见 Aristoteles，*Metaph.* 16，988al0-ll；I 7，988b4-6。

[5] 参见 Platon，*Pol.* 507b。

[6] 参见 Platon，*Pol* 476a；还可参见 *Test. Plat.*（ed. K. Gaiser，Stuttgart 1963；Nachdr. 1968），Test. 32，§ 258。

序与柏拉图称之为德性（ἀρετή）的本原，即每一个存在者最好的状态，在其中这个事物真正是其所是，实现了它真正的本质；这总是发生在，当某物完全与自身达成一致，达到了对它而言可能的、最高程度的统一时。[1]作为每一个统一体的本原，因而作为理念的存在与本质、可知性与完善性以及所有其他存在者的本原，绝对的一自身就是善的本质，对此柏拉图在《理想国》中进行了保留；它是无前提的本原，辩证法所上升的方向。由此，在理念等级中，向绝对本原的上升如何具体地发生也就同样清楚了：作为从杂多通过更高等级的单纯物直到绝对的单纯物，即自身之中不再具有任何多的事物————一自身的回溯；在理念等级中，更高的、更原初的理念对于柏拉图而言始终是更简单的、在其含义中由更少的部分构成的理念。

　　绝对的一不再是在存在者的等级秩序中逐渐上升以达到的最高者，正如理念依据其统一性程度的标准区分为更高的与更低的，而是说它超越了作为如此这般的存在者整体：它是"在存在之外"（ἔτι ἐπέκεινα τῆς οὐσίας），正如柏拉图所强调的——绝对者，即最高本原对于存在的超越，不仅在对话录中[2]，在关于柏拉图的学园内部学说的记载中也多次被证实。[3]柏拉图因此在哲学史上第一

---

[1] 参见 Platon, *Pol.* 443e ff.。克雷默关于它是柏拉图整个存在论基本观点的证明，散见于 H. J. Kramer, *Arete bei Platon und Aristoteles*（Heidelberg 1959），尤其是 S. 136 ff., 324 ff.。

[2] 参见 Platon, *Pol.* 509b；*Parm.* 141e；还可参见 *Soph.* 245a.。

[3] 参见 *Test. Plat*, Test. 50, 52；Aristoteles, Περὶ εὐχῆς, Fragm. 1；Aristoteles, *Eth. Eud.* VIII2, 1248a27 ff.；Speusipp, *Fragmente*（ed. M. Isnardi Parente, Neapel 1980），Fragm. 72 mit Fragm. 48, 57. 详细探讨可参见 Halfwassen, *Der Aufstieg zum Einen*, S. 19 ff., 193 ff., 221 ff., 257 ff., 277 ff., 392 ff.。

次将绝对者当成绝对的超越者（ύπερέχον，ύπερβολή）：一自身在其高于一切规定性的绝对的单纯性之中凸显出来，因为每一个进一步的规定都会把它带入多之中；关于它，我们不能说，它存在，因为这样的话它就已经是一个"二"了：一与存在，而是说它在存在以及所有其他的规定性之外。因此，我们必须把在其纯粹的超越之中的一自身从所有的存在者之中排除出去，即通过在否定神学中将基本的规定性——对于存在者的存在具有建构性意义的规定性，比如整体与其不同的部分，静止与运动，相同与差异，相似与不相似等等——从它之中剥离[1]，并且以这种方式将绝对者从所有其他他自身所不是的事物之中"抽离出"（άπò τῶν ἄλλων πάντων άφελών）的方式。这种超越存的绝对者从所有的存在者之中的否定性的剥离——柏拉图所明确要求的[2]——是超越所有的推论式思维的"观看"的条件，是通过"一自身"的光的照明[3]，柏拉图哲学的最高目标，辩证法运动所终止的地方。[4]为了达到这一目标，辩证法必须在它向绝对者与无条件者——自身的上升中超越所有在其存在中仍然是被决定者与被奠基者——即所有存在者——的事物并且将它向其绝对的本原抬升。[5]这意味着：柏拉图，哲学概念的创始人，将哲学在其最高的意义上规定为极端的超越，即对于所有存在者与

---

〔1〕 参见 Platon, *Parm.* 137c-142a。

〔2〕 参见 Platon, *Pol.* 534bc。对此的深入探讨还可参见 H. J. Kramer, «Über den Zusammenhang von Prinzipienlehre und Dialektik bei Platon», in: J. Wippern（Hrsg.），*Das Problem der ungeschriebenen Lehre Platons*（Darmstadt 1972），S. 394-448。

〔3〕 参见 Platon, *Pol.* 540a；*Ep.* VII 341c。

〔4〕 参见 Platon, *Pol.* 532a-b, e。

〔5〕 Platon, *Pol.* 511a5-6：«τῶν ύποθέσεων άνωτέρω έκβαίνειν»；533c8：«τάς ύποθέσεις άναιροῦσα»。

可思物的超越，直至因其绝对超越而不再可超逾之物。

二

这种柏拉图式的将哲学理解为直至绝对超越的不可超逾者的超越的规定被普罗提诺——新柏拉图主义的创始人与最重要的思想家，全面接受与复兴。

普罗提诺将他自己的哲学明确理解为对于真正的柏拉图哲学的诠释性复兴，而不是其他。[1]普罗提诺尤其与柏拉图学园内部的本原学说以及由它而来的老学园的学园传统相关联，他的形而上学与对于柏拉图的解释的基础和本质性的、系统构建的动机都来源于此。

与柏拉图一样，普罗提诺将哲学界定为向最高本原的超越的上升与回溯（ἀναγωγή）。[2]这种上升分两个阶段，每一个都在内容上包含一种超越：第一个与准备性的阶段是从可感的、变化的事物向真正存在的、不变的事物，即理念的思维的上升；已经完成了向理念的上升的哲学家就处在向超越者的运动之中（κεκινημένος

---

〔1〕 参见 Plotin, *Enn.* V 1, 8-9. 详细探讨参见 T. A. Szlezák, *Platon und Aristoteles in der Nuslehre Plotins*（Basel-Stuttgart 1979）。最初对新柏拉图主义与柏拉图及其学园哲学之间的关联进行详细阐释的三部较老的、名副其实的著名文献为：E. R. Dodds, «The *Parmenides* of Plato and the Origin of the Neoplatonic ‹One›», in: *Classical Quarterly* 22（1928）, S. 129-142; C. J. de Vogel, «On the Neoplatonic Character of Platonism and the Platonic Character of Neoplatonism», in: *Mind* 62（1953）, S. 43-64; und P. Merlan, *Prom Platonism to Neoplatonism*（Den Haag 1953, 31968）。对于在柏拉图的学园内部哲学的背景下对普罗提诺所进行的新的哲学史评价而言，基础性的著作为：H. J. Kramer, *Der Ursprung der Geistmetaphysik. Untersuchungen zur Geschichte des Platonismus zwischen Platon und Plotin*（Amsterdam 1964, ²1967）。

〔2〕 参见 Plotin, Ercn. I 3, 1.

πρὸς τὸ ἄνω ）。[1] 更高的第二个阶段把握的是对于真正的存在者，即理念"宇宙"自身的奠基，并且因此回溯到存在者整体的最高本原；这种朝向所有存在者的绝对本原的超越的回溯就是辩证法，普罗提诺与柏拉图一样把它理解为朝向第一的、最高的本原的第一哲学。[2]

所有存在者的第一的、最高的本原对于普罗提诺而言就是绝对的一，正如对于柏拉图而言一样。因此，普罗提诺把它的形而上学完全明确地界定为"关于一的哲思"。[3] 他接受了柏拉图的本原学说，并且在一种一元论的意义上解释它，即每一个多都以一为前提，但是一并不反过来以多为前提；因为多自身只能被设想为一，否则它就什么也不是。[4] 普罗提诺形而上学的统摄一切的基本理念因而就是在一之中为每一个被多所规定的实在进行奠基：每一个存在与每一个思想都将一预设为它们的本原，以至于统一性是实在的以及关于它的知识的基础："所有的存在者都是通过一而存在。"[5]——这就是这一哲学的基本原则。这意味着：所有存在者——既包含理念意义上的真正的存在者，也包括变化的、消失的现象——其存在都得益于其统一的属性：某个事物存在，仅仅因为

---

[1] Plotin, *Enn.* I 3, 3.

[2] 参见 Plotin, *Enn.* I 3 全部。

[3] 参见 Plotin, *Enn.* VI 9, 3, 14. 下文参见 Halfwassen, *Der Aufstieg zum Einen*, S. 34 ff., 81 ff., 150 ff., 在这些地方有具体论据。

[4] 由普罗提诺所完成的这种对于二本原学说进行的一元论奠基在柏拉图本人与他的第一位继任者——斯彪西波那里就已经完全有苗头了；参见 J. Halfwassen, «Monismus und Dualismus in Platons Prinzipienlehre», in: T. A. Szlezák (Hrsg.), Platonisches *Philosophieren. Akten des Tubinger Platon-Kolloquiums zu Ehren von H. J. Kramer*, *29.-30. April 1994 (im Druck)*; auch in: *Bochumer Philosophisches Jahrbuch für Antike und Mittelalter* 2 (1997), S. 1-21.

[5] 参见 Plotin, *Enn.* VI 9, 1, 1.

并且就它是一而言；它是什么以及它存在，原因在于，它是一。因为在任何意义上都不是一的东西，它也不存在，而是消失于无，是完全的无本质的、虚无的。因此，每一个存在者，无论在存在还是在内容上的规定性上都得益于它的统一的属性。由于没有统一性的多是无，所以多只能作为被统一的多而真正存在并且被思维。多不能从自身之中获得它作为统一性的属性，而是每一个多都预设了一个先于它的统一的原因，通过对于后者的分有（μέθεξις）而获得统一的属性以及存在、确定的本质与可知性。这个进行奠基的统一性却并不进入被它所奠基的多之中，而是对后者保持超越。事物现象的多的超越的统一性原因是柏拉图式的理念。由于每一个多都预设了一，因此每一个自身仍然是杂多的一就预设了绝对的一，它绝对单纯、没有任何杂多；只有绝对的一才是所有事物的本原与源头。由于每一个理念都是由多个规定性构成的一，作为本原的绝对的一就超出了理念“宇宙”，即真正存在者的整体。绝对的一就自身而言无外乎是一本身；每一个进一步的规定都会把它牵扯入多之中；因此，我们不能说，它存在或者它是一。它“不是一切”（μηδὲν τῶν πάντων），因为它“在一切之外”（ἐπέκεινα πάντων）。普罗提诺以这种方式精辟的表述一的这种绝对超越，即他与柏拉图一样称它为“在存在之外”，因为存在是所有规定性的内在本质（Inbegriff）；一也“在努斯之外”（ἐπέκεινα νοῦ），“在认识之外”（ἐπέκεινα γνώσεως）；它既不思维也不认识自身，“事实上不可言说”（ἄρρητον τῇ ἀληθείᾳ）。甚至它的“一”的名称也没有真正切中绝对者，而是将我们引向对于每一个多，因而每一个规定性与每一个可思性的超越。[1]

普罗提诺通过一种一贯的否定神学——将一从所有的可思的规定性之中剥离——完成对于可思性的超越；它的基本原则为："正如想要'观看'理智存在的人不需要在自身之中拥有对于可感物的表象，以'观看'在可感物之外的事物，想要'观看'在可知物之外的事物的人，只有当他将所有的可思性去除的时候才能'观看'到它"。[2]与之相应的是普罗提诺经常提到的要求，即从绝对者那里拿掉所有，也就是每一个可设想的规定性：ἄφελε πάντα。[3]在方法性的对于所有可思性的否定之中，思维最终在超越者中取消了自身。这种思维的自我超越——普罗提诺称之为"出离"（ἔκστασις，走出自身）——是非思维性的对于一的"观看"的条件，而它真正说来也不再是"观看"，而是与绝对者的无差别的"合一"（ἕνωσις）；因为超越一切多与二的一自身也摆脱了一切认识，因为认识总是在认识者和与之不同的被认识者的二分之中发生的。因此，比喻式的所谓对于一的"观看"不再是努斯的"观看"或者理智直观，而是与绝对者的合一，在其中观看者自身被取消了并且消融在它所不能再"观看"的事物之中，因为这一事物在所有努斯的"可见性"之外。普罗提诺哲学完成于这种与绝对者的神秘主义式的合一之中；普罗提诺将朝向这一最高目标的道路称为"对

---

[1] 参见 Plotin, *Enn.* VI 9, 5-6；V 5, 6。

[2] 参见 Plotin, *Enn.* V 5, 6, 17-20。

[3] 参见 Plotin, *Enn.* V 3, 17, 38。此外以及下文参见 W. Beierwaltes, *Selbsterkenntnis und Erfahrung der Einheit：Plotins Enneade V 3*（Frankfurt a. M. 1991），S. 167 ff.，250 ff.。关于对于"太一"的神秘主义的体验，参见 W. Beierwaltes, *Denken des Einen*（Frankfurt a. M. 1985），S. 128 ff.，bes. 140 ff.。

于一切的超越"。[1]

三

由此可见，对于哲学这一概念——当它初次产生并且对后世起决定性作用时——而言，超越的特征是构成性的；对于柏拉图而言，哲学意味着向绝对超越者——所有存在者的本原的思维的上升；由于这一绝对的超越者也超越思维，对于普罗提诺而言，与绝对者的关联只有在一种真正的哲学的神秘主义中才得以完成，而在朝向它的过程中，哲学的辩证式思维也超越了自身。在柏拉图主义中，哲学通过这种超越性特征而免于一种自我的绝对化，正如它对于黑格尔的绝对形而上学而言是标志性的。对于黑格尔而言，哲学本质上是绝对形而上学，即对于绝对者的完全的、系统展开的、不再可超越的理性认识；由于绝对者在此被当成绝对理念和绝对精神，其（共同的）基本规定就是纯粹思维自身，因此对于黑格尔而言，哲学就是绝对者的（最高方式的）自我认识；由此，它就不再是原初的柏拉图意义上的"爱智慧"（φιλοσοφία）；正如黑格尔自己在《精神现象学》的"前言"中提纲挈领地说过，哲学取消了对于智慧的爱的名称，以成为真正的知识[2]——思维在其中作为绝对者认识自身，而不再允许对于自身的超越。对于柏拉图主义以及本

---

[1] Plotin, *Enn.* VI 9, 11, 35: «τῷ ὑπερβάντι πάντα».

[2] 参见 G. W. F. Hegel, *Phänomenologie des Geistes* (hrsg. von W. Bonsiepen und R. Heede, *Gesammelte Werke* Bd. 9, Hamburg 1980), S. 11。关于绝对者通过哲学或者作为哲学的自我认识，参见 A. Peperzak, *Selbsterkenntnis des Absoluten*: *Grundlinien der Hegelschen Philosophie des Geistes* (Stuttgart-Bad Cannstatt 1987)。

质上被它所决定的传统形而上学而言，尽管哲学也是一种对于神的知识的掌握，在其中"与神类似"（ὁμοίωσις θεῷ）：但是它始终限制在对于被绝对者奠基的存在者知识的肯定认识之上，而自身不是对于绝对者的肯定认识。在超越之中的绝对者毋宁说剥离了一切肯定认识，而只有在否定神学中才能以类比的方式被间接描述：在其与超越一切思维的绝对者的关系之中，柏拉图主义保持为一种有知的无知。[1]

---

[1] 对于作为超越形而上学的柏拉图主义与黑格尔——奠基于主体形而上学之上的——绝对形而上学之间的区分以及二者之间的一致性与关联，可参见：J. Halfwassen, *Hegel und der spatantike Neuplatonismus. Untersuchungen zur Metaphysik des Einen und des Nous in Hegels spekulativer und geschichtlicher Deutung*（Bonn，im Druck）。

杰出学者纪念

古代哲学研究倡议[1]

Gregory Vlastos[2]　吴鸿兆[3]　译

　　最近三十年见证了全世界哲学家对柏拉图兴趣的复兴。这一兴趣仍在增长。人们正在以前所未有的热情研究柏拉图并围绕他展开争论。这一进展在英语世界的哲学乃至古典学期刊中已经有所反映。当中涌现的关于柏拉图的论文和讨论比关于过去任何伟大思想家的都要多。问世的柏拉图专著和评注数量也很惊人，这点从本两卷文集每卷末尾的参考文献便可管窥。

　　柏拉图研究的这股新热情在很大程度上产生自在当代哲学中已然结出累累硕果的逻辑和语义分析技术的引入。借助这些手段，我们如今能够更好地理解柏拉图尝试解决的一些难题，也有了更精良配备去评价他的解决方案的得失。结果是，我们更加清晰地感受到他与今天的本体论者、知识论者和道德论者的思想相关性。和二、

---

〔1〕　本文选自 Gregory Vlastos，"Editor's Introduction" to *Plato：A Collection of Critical Essays*（2 vols.），Garden City：Doubleday，1971. 原为本文集导言，出处为辑刊编辑者拟名。——译注
〔2〕　著名古代哲学专家，将分析哲学方法引入英美古代哲学研究的领军人物。
〔3〕　吴鸿兆，中山大学马克思主义学院助理教授。

三十年代相比，他在我们眼中已经变得不那么像一方古董纪念碑，而更像一个活生生在场的人。

随之而来的是对他的声望更高的赞誉，尽管事实上我们如今据以评判其主张的那些更严格的标准暴露了他思想中一些早前的学者未曾看到或者看清楚的错误。只有幼稚的批评家会把逻辑上的无懈可击当作衡量一位伟大哲学家的尺度。任何一部公认的哲学杰作——斯宾诺莎的《伦理学》、休谟的《人性论》、康德的第一或第二《批判》——的任何一章，谁读下来能挑不出些错，甚至经常是大错？我赞同罗宾逊（Richard Robinson）的一句话："科学领域的伟大主要在于你离开时学科已较你入门时大有进展。"[1] 柏拉图满足这个标准毫无难度。他是开拓未知领域的先锋。甚至连形式逻辑也尚在褓褓之中；亚里士多德是柏拉图的学生。

一度有人大肆吹嘘运用更精巧的概念分析方法来解释柏拉图所赢获的洞见。这一新进路的某位知名拥趸曾在一次研讨班上语出惊人，称这些方法如今让我们能够比历史上的任何人——包括柏拉图的同时代人，甚至包括他自己！——都更好地理解柏拉图。撇开吹嘘背后的志得意满，这话其实不无道理。设想两个陈述，S 和 S′，表达它们的希腊语句子在词汇和表面句法上是如此相似，以至于这些句子能够按两种截然不同的方式解读，使得句意的差别大到 S 能够，而 S′ 不能够，与柏拉图的主要论点相融贯（consistent）。得益于分析工具对于含混（ambiguity）及其后果的警示，我们能够分辨出，在一个特定的、柏拉图明显没有兴趣断言 S 以外的任何东西

---

[1] *Plato's Earlier Dialectic*, 2nd Ed., Oxford, 1953, p.vi of the Preface.

的语境中，他的话只能理解为这个意思。一个缺乏手段去充分廓清S 和 S′ 的含义差异的人，也就不会充分意识到使用那种形式的句子所冒的巨大风险；因此他可能会在语境本身不足以排除 S′ 解读的情形中使用那些句子，从而给他人甚或给他自己造成严重误解。遇到柏拉图作品中这样的句子时，说我们能比他更好地理解它们，甚至在此基础上说我们能更好地理解他，都会是大实话，因为我们既能看出他本意想说什么，也能看出导致他大意失言的逻辑纰漏。"自述谓"（self-predication）是个不错的例子。如果柏拉图了解罗素悖论（the Russellian paradox），[1] 他本会立马看到，例如，"那 F 是F"（The F is F）对于 F 的绝大多数取值的荒谬后果[2]。自我理解的增进本会改变他的形而上学的肌理甚至本质。

　　一旦全面采纳现代语义学和逻辑来把柏拉图变得对今天的我们更可理解、更有生命力，我们应当尽快承认，对这些借来资源的使用必须节约且谨慎，并且如果我们的探究对象是柏拉图本人而不是什么更讨好流行品位的假人模型，那么持续倚靠更传统的语言学和历史学训练在今天就一如既往地不可或缺。那个我们与之打交道、寻求理解其思想的有血有肉的人，就是那个年轻时追随且膜拜苏格拉底，但同时也受到怪僻的形而上学家克拉底鲁（Cratylus）影响，直面席卷雅典内外的纷纭哲学思潮的人。他必定在战争年代参

---

[1]　Bertrand Russell, *Principles of Mathematics*（London, 1903）, Chapter X, "the Contradiction." 晚近对此一则简洁明了的讨论，见海恩诺尔特（J. van Heijenoort）在 *Encyclopedia of Philosophy*（New York, 1967）中关于逻辑悖论的文章。

[2]　参 G. Vlastos, "The Third Man Argument in the *Parmenides*," *Philosophical Review* 63（1954）, 319-49 at 337-38; "Self-predication in Plato's Later Dialogues," *Philosophical Review* 78（1969）. 74-78.

加过对抗斯巴达的战斗，虽然他仰慕斯巴达的纪律，憎恨雅典的自由。虽然他对民主制的憎恨在晚年有所消减，但他仍继续与其原则作对、仅容忍它作为聊胜于无法无天的独裁暴政的次恶。作为一位伟大的艺术家，他却畏惧艺术，在他的乌托邦中给它缚上了道德的约束衣。他全力驳斥的论敌中除了有他鄙视的智者，如普罗塔戈拉（Protagoras），也有他尊敬的一些最伟大的前辈，如巴门尼德（Parmenides）。他敬重巴门尼德但驳斥其主张。他对普罗塔戈拉嗤之以鼻。他被数论和几何学惊艳，但没有被迷住。他不认为经验科学有认真研究的价值，但他照样研究它们并且从事相关写作。他构思了一套受益于毕达哥拉斯派的数理神秘主义者（numerological mystics）不亚于唯物主义的原子论者的物理学理论。他分享了毕达哥拉斯对神圣的、转世的灵魂的信仰，但他自己的神秘主义固执于智识——对他而言那带来至福和不朽的体验来自一门心智和情志（mind and heart）协同参与的训练。

这些事实在诠释他的形而上学和知识理论上的重要性，更遑论对于他的伦理学、道德心理学/灵魂论（moral psychology）、政治理论和艺术理论更迫切的意义，究竟何在？我们还能从我们手头的文献和历史资料中提取出别的什么事实来使我们对这些不同的思想阶段的理解更加精确？在这些问题上哲学家必须求助于古典学者：求助于语文学家，他们最擅长复原柏拉图的文本并捉摸其意思，在阅读的过程中一丝不苟地抠细节，同时又对整体了如指掌，能从成百上千页的柏拉图文本中摘出相类和相反的引文来帮助解释一个句子；求助于希腊哲学史家，他们不但掌握关于那些早期思想家——柏拉图从他们那里所学甚多——最广博、最精华的知识，还精通亚里士多德——他的形而上学、科学哲学、宇宙论、灵魂论、伦理学和政治学是在其近二十年的学园生涯期间形成的，他对柏拉图的批评包含了真知灼见，虽然形式上可以证明存在偏颇；最后还要求助于希腊文化史家，他们最有资格去确定究竟是什么科学、道德、政治、艺术和民族宗教因素柏拉图提出了他寻求解决的那些难题。

本文集中收录的论文应该能让读者对目前的柏拉图诠释成果所反映出的进路的多样性有一个很好的了解。卷一重点偏向"分析"的一派。当中的所有文章，除一篇以外，均由接受过扎实的哲学科班训练的学者（虽然其中有几位也是资深的古典学者）所撰写。卷二偏向另一派，虽然侧重不那么明显。当中收录了几篇知名希腊学者的文章，它们纯出于史家视角，没有把精力花在寻找柏拉图的学说与今天的哲学的契合点（如果有的话）上；他们中的一些会从原则上反对这类努力，认为它更可能扭曲而不是澄清我们在柏拉图笔下的发现。不过，虽然我很乐于展现观点的多样性，那并不是我选择文章时所考虑的。我唯一的考虑是要收集对诠释本卷所能覆盖的柏拉图思想各方面有重大贡献的文章。由于篇幅太过受限，论述的紧凑成了首要考量之一。一些基础性的作品因为体例不符而无法在这里呈现。在内容方面，我既检索了哲学的，也检索了古典学的著作和期刊，既向哲学家，也向古典学家邀约了稿件。我坚信这两门学科在对柏拉图思想的阐发中各自都有不可或缺的位置，我也很为两门学科的杰出作品都出现在了本文集中而感到骄傲。

虽然我的选文策略更偏爱新出作品多于旧作，但我破例收录了一篇早期经典：肖里（Paul Shorey）《柏拉图思想的统一性》（*Unity of Plato's Thought*）中关于柏拉图伦理学的章节。这篇文章似乎已经被淡忘了，这实在令人遗憾。我不记得目前围绕该主题的讨论中有征引过它哪怕一次。但能够在如此简短的篇幅内给出对柏拉图的伦理学说切中肯綮的、全面的、文献丰富的说明，在这点上没有任何后世文章能与该文匹敌。读者会发现它为接下来的六篇专门针对柏拉图道德哲学和灵魂论中个别问题的文章提供了有用的导引。

本文集有幸能够收录所选材料，为此我希望向所有鼎力相助的人士致以最热诚的谢意：感谢潘纳（Penner）教授专门为本文集撰文；感谢马波（J. D. Mabbott）先生修订他早前的文章方便收录；感谢班步罗（Bambrough）、彻尼斯（Cherniss）、多兹（Dodds）、格思里（Guthrie）、雷斯（Leys）、马尔库斯（Markus）、莫罗（Morrow）、斯帕肖特（Sparshott）、维尔登纽斯（Verdenius）诸位教授授权重印他们的文章。

我还要衷心感谢筹备"现代哲学研究"丛书的总编罗蒂（Amelie Rorty），以及舒尔（Kay Sheuer）和德莱马尔斯基（Paul H. Drymalski）——没有两位的帮助和建议我不可能完成这项志业。同时我绝不能忘记齐格勒（Gregory Ziegler）放弃了大部分圣诞假期准备好了出处索引；他理应得到所有将要使用它的人以及我的感谢。

格里高利·弗拉斯托

普林斯顿，新泽西

悼念著名古代哲学家莎拉·布罗迪教授[1]

John Haldane、Moira Gilruth　樊　黎[2]　译

　　我们怀着沉痛的心情通知我们的好友和同事莎拉·布罗迪（Sarah Broadie，1941-2021）的死讯。一段时间以来，莎拉的健康状况不佳；最近她被诊断出呼吸问题，使她无法离开圣安德鲁斯的家。不过，她仍旧爽朗健谈，并继续工作，其中包括与《哲学季刊》（*Philosophical Quarterly*）的合作。她很喜爱这本杂志；通过这本杂志她认识了莫伊拉·吉尔鲁斯（Moira Gilruth）。两人成为了密友；莫伊拉经常照顾她。莎拉2001年离开普林斯顿、加盟圣安德鲁斯大学。在此之前，她还曾任教于罗格斯、耶鲁、得州（奥斯汀）和爱丁堡大学。在莎拉的继子，哲学家亚历山大·布罗迪（Alexander Broadie）的帮助下，我密切参与了聘请莎拉的工作。

　　莎拉曾在苏格兰开始她的职业生涯。她离开美国，回到苏格兰，很大程度上是由于她希望她的丈夫回到这里。弗雷德里克·布罗迪（Frederick Broadie）曾经被约翰·麦克穆雷（John

---

〔1〕　本文为布罗迪教授去世后，校方发布的讣告。

〔2〕　樊黎，圣安德鲁斯大学哲学博士，同济大学哲学系讲师，系布罗迪教授晚年弟子之一。

MacMurray）聘为爱丁堡大学的讲师。正是在这里，莎拉与丈夫相遇，并爱上了他。在爱丁堡，他们与艺术家和学者为伴，例如乔治·埃尔德·大卫（George Elder Davie）和他的妻子，小说家伊丽莎白（Elspeth）。莎拉也很欣赏那个时期的苏格兰画家，包括安·雷德帕思（Anne Redpath）。

弗雷德里克赏识莎拉的才华，鼓励她去美国求职。同时，莎拉也十分欣赏他在音乐、诗歌和智识方面的天赋和成就。弗雷德里克十四岁离开学校，服役于皇家空军，并在战后赴牛津深造。他于2009年去世。莎拉在他的讣告中记载，他在工作的最后几年中从各个方面研究了神创论。有趣的是，在过去的十年中，莎拉自己也转向了这一观念在希腊哲学中的表达。她为此撰写了一系列论文，并于2014年出版了《柏拉图〈蒂迈欧〉中的自然与神性》（*Nature and Divinity in Plato's Timaeus*）一书。

莎拉出生于一个学术与艺术家庭，其家族成员曾担任公职。她的父亲约翰·康拉德·沃特洛（John Conrad Waterlow）是一位杰出的生理学家和营养学家；她的母亲安琪拉·格雷（Angela Gray）则是一位热情洋溢的画家。她的祖父西德尼·沃特洛爵士（Sir Sydney Waterlow）曾向弗吉尼亚·伍尔夫求婚。她祖父的祖父，第一任西德尼爵士，曾任伦敦市长大人（Lord Mayor of London），下议院议员，并将劳德代尔楼（Lauderdale House）及其地产沃特洛公园（Waterlow Park）捐赠给伦敦市——"一座为没有花园的人开放的花园"。约翰·沃特洛先后在非洲和加勒比地区研究儿童营养不良，并于1956年在牙买加的西印度群岛大学创立了"热带代谢研究所"（Tropical Metabolism Research Unit）。由于父亲的田野研究工作，莎拉的童年时光有时在西印度群岛度过。在此之后，莎拉曾满怀深情地回忆起那里的声音和色彩，以及她母亲对那里的描绘。

她赴牛津学习人文学（古典学和哲学），成为萨默维尔学院（Somerville College）的学生。在那里她认识了伊丽莎白·安斯康（Elizabeth Anscombe）和菲利帕·富特（Phillipa Foot）。作为一位严肃但并不严苛的思想者，莎拉对安斯康著作中的持续专注抱有敬意。她曾评论道，她认为"伊丽莎白不会看重我的工作"。莎拉指的是自己在历史研究中的工作。但这一猜测并无根据。莎拉既是第一流的哲学家，也是第一流的研究希腊思想的历史学家，而她在历史研究中的成就在很大程度上得益于她的哲学思考。

她写作并发表了大量论文，出版了八部专著。以莎拉·沃特洛（Sarah Waterlow）之名出版了《自然、运动与主动性》（*Nature，Change and Agency*，1982）、《通道与可能性》（*Passage and Possibility*，1982）；以莎拉·布罗迪之名出版了《亚里士多德的伦理学》（*Ethics with Aristotle*，1991）、《亚里士多德的〈尼各马可伦理学〉》（*Aristotle：the Nicomachean Ethics*，with C. Rowe，2002）、《亚里士多德及其他：形而上学与伦理学论文》（*Aristotle and Beyond：Essays in Metaphysics and Ethics*，2007）、《斐洛波努斯：论亚里士多德〈物理学〉4.10-14》（*Philoponus：On Aristotle Physics 4.10-14*，2011）、《柏拉图〈蒂迈欧〉中的自然与神性》（*Nature and Divinity in Plato's Timaeus*，2012），以及上个月刚出版的《柏拉图日喻中的善：〈理想国〉中的辩证法》（*Plato's Sun-Like Good：Dialectic in the Republic*，2021）。

莎拉是一位深受爱戴的研究导师，她的许多学生已经开始了杰出的学术工作。她同时也是一位备受尊敬的同事，在不同的大学任教期间都建立了稳固的友谊。在希腊哲学领域，她是世界上的顶尖学者之一，常常受邀举办讲座；这为她增添了海外旅行的乐趣。她广泛阅读诗歌、小说和传记，以及古典学和哲学之外的学术作品。她尤其喜爱几位英国女性作家：玛格丽·阿林厄姆（Margery Allingham）、伊丽莎白·鲍恩（Elizabeth Bowen）、伊丽莎白·简·霍华德（Elizabeth Jane Howard）、希拉里·曼特尔（Hilary Mantel）、艾丽斯·默多克（Iris Murdoch）、缪丽尔·斯帕克（Muriel Spark），以及伊丽莎白·泰勒（Elizabeth Taylor）。

莎拉来到圣安德鲁斯的时候，哲学家和古典学家都对她致以热烈的欢迎。时任校长的肯尼斯·多弗爵士（Sir Kenneth Dover）便十分赞赏她。她也是若干阅读和研讨小组的成员，包括不对外开放的洛伦琴俱乐部（Laurentian Club）、属灵者（the Geisters，聚集了艺术、人文和神学领域的资深教授），以及希腊读书小组。

莎拉教授是多个全国性和国际性学会的成员：美国艺术与科学学院（1990）、爱丁堡皇家学会（2002）、英国科学院（2003），以及欧洲科学院（2006）。她的工作和成就赢得了广泛的认可，为此收获的荣衔包括：萨默维尔学院荣誉研究员、表彰她的学术贡献的大英帝国官佐勋章（OBE，2019）、爱丁堡大学荣誉博士学位（2020）等等。

在莎拉的诸多天赋和美德之中，她的个人品格尤为突出。她能够与人建立深厚的友情，但并不过分情绪化或刻意展示。她尊重文化传统，但厌恶浅薄和人云亦云。她兴趣广泛、包容且开明，但有所鉴别。她既有强烈的正义感，又天生仁慈。她坚定地维护自己的原则，但能够分辨不同的性格和场合，做出明智的判断。她待人友善、从不吝啬她的时间和才华。她的同事、朋友和家人将怀着钦佩之情和拳拳爱意怀念她。她仍在世的家人有：她的兄弟理查德·沃特洛（Richard）、奥利弗·沃特洛（Oliver Waterlow）和他们的孩子、她的继子亚历山大·布罗迪、乔纳森·布罗迪（Jonathan Broadie）和他的孩子。

约翰·霍尔丹（John Haldane）和莫伊拉·吉尔鲁斯（Moira Gilruth）

2021 年 8 月 10 日

译按：我于 2012—2016 年跟随莎拉·布罗迪教授在圣安德鲁斯大学攻读博士学位。期间，我们几乎每个月都要会面一到两次，讨论我提前发给她、由她细致批注的草稿。讨论有时十分激烈，近乎争辩。这些批注和讨论的目的是培养一种被称为"分析式"的哲学写作风格，即追求说理的清晰和严密。莎拉曾说，这种意义上的分析式哲学，并非 20 世纪分析哲学运动的产物，而是几乎同哲学本身一样古老：它最初就体现在苏格拉底对各种意见的检验之中。而老师对学生习作的审视，让学生拥有了自己的"苏格拉底"。莎拉的目光犹如一柄锋利的手术刀，不断划开论证的"伤口"；学生则在反复的锤炼中习得打磨哲学写作的手艺。一直以来，我都十分感激莎拉手把手教给我的这门手艺。但在离开圣安之后，我才慢慢体会到，这样一位"苏格拉底"传递给学生的，绝不仅仅是一把精确、冰冷的手术刀；对意见的无情解剖背后，包含着对对话者深刻的关心和同情。正是这种感通的能力，才使得概念的分析不致沦为一种智力游戏，而是构成了一种理解他人的真诚努力；我们也正是通过这种努力，不断接近最高的普遍性。哲学不是一门无情的学问；理智包含着最深厚的感情。这是莎拉身上最为卓越的能力，也是所有认识她的人永远怀念她的理由。

书目文献

汉语古希腊罗马哲学年度著译及重要论文目录
（2021）

Annual Studies and Translations of Ancient Greco-Roman Philosophy in Chinese（2021）

梁中和　孙华琛　编
四川大学西方古典哲学研究所

一、专著（3）

1. 前苏格拉底研究（0）

2. 苏格拉底-柏拉图研究（0）

3. 亚里士多德研究（1）

推动者、第一因和必然性，作者：王纬，出版社：北京大学出版社，副标题：亚里士多德理论哲学研究，出版年：2021年11月，页数：264，丛书：西方古典学研究，ISBN：9787301326848

本书讨论亚里士多德理论哲学的核心问题：不动的推动者及其必然性。一方面，很高的不动的推动者，作为"神"和很高的现实性，是亚氏形而上学的拱顶石；另一方面，不动的推动者，作为运动和变化的第一发动者，是亚氏自然哲学的核心概念。从模态的角度考察亚氏的理论哲学，我们会发现绝对必然性概念被用来刻画不动的推动者的存在状态，因此对于不动的推动者的考察离不开对其必然性以及必然性本身的考察。本书以最前沿的视角，用论证的方式探讨了亚里士多德理论哲学，有助于读者了解亚里士多德哲学乃至整个古希腊哲学的关键问题。对于当代形而上学中的模态问题感兴趣的读者也可以从本书中获得古代处理类似问题的视角。

4. 希腊化罗马哲学研究（1）

技艺与身体，作者：于江霞，出版社：北京大学出版社，副标题：斯多亚派修身哲学研究，出版年：2021年4月，页数：332，丛书：国家社科基金后期资助项目，ISBN：9787301320396

《技艺与身体：斯多亚派修身哲学研究》旨在以古希腊思想中的医哲互动以及现代哲学对于身体的关注为背景，以技艺（technē）与身体（sōma）两个概念的演变、发展为主线，对斯多亚派的修身学说的哲学基础、基本方法以及思想遗产进行系统研究。为此，它一方面基于早期希腊医学文本考察了身体如何被"发现"，进而成为伦理关心的对象的过程，另一方面则透过古希腊哲学中的医学之喻，详细探讨了哲学与医学、德性与技艺之间的可类比性与潜在张力，以及从医学的"照管身体"到哲学的"关心灵魂"的话语转化。基于此，研究在斯多亚哲学的多重视域中具体考察了斯多亚派将技艺概念伦理化，把身体视为道德训练根本、直接的修身场所的缘由与意义，并详细阐释了其生活技艺观念的思想始源和实践内涵。通过对从斯多亚派的"可训练之身"到西方近现代"可修饰之身"的考察，研究后从斯多亚派的技艺—身体范式和道德训练方法转向当下的哲学关切与生活境遇，尝试从古代智慧及其现代转型中发掘出某种修身艺术与幸福之道。

5. 哲学史与专题著作（1）

希腊伦理思想史，作者：包利民，出版社：中国社会科学出版社，出版年：2021年2月，ISBN：9787520372145

《希腊伦理思想史》旨在全方位呈现西方古典伦理反思的丰富多彩的长卷，包括悲剧，史诗，前苏格拉底哲学，苏格拉底，柏拉图，亚里士多德；希腊化罗马时期的伊壁鸠鲁、斯多亚哲学、怀疑论、普鲁塔克等，内容较为齐备，涉及广泛。本书对中外研究文献进行扎实的学术考察和分析，同时提出自己的一系列伦理学观点，包括道德的四个维度体系和价值的一阶与二阶关系等，从而使得对各个伦理学家的讨论富于深度和一致性。作者在写作上注意生动性和可读性相结合，凸显古典时代的伦理学与生活紧密相关的特点，给读者带来崭新的启示和思想上的挑战。

二、论文集或刊物（3）

1. 努斯：希腊罗马哲学研究（第2辑），主编：崔延强／梁中和，出版社：上海人民出版社，副标题：情感与怀疑——希腊哲学对理性的反思，出版年：2021年10月，丛书：努斯：希腊罗马哲学研究，ISBN：9787208173125

本辑"原典译注"主要译自希腊化各派的怀疑论思想，收录三篇对怀疑主义古典原典的编译文本，包括第欧根尼对皮浪主义怀疑论的评传，恩披里柯对希腊怀疑论重要的客观记录，以及西塞罗对中期学园派怀疑论思想的记录，较为完整、客观的展现了希腊罗马时期怀疑主义的哲学思想。对重要原典的直接编译弥补了中文学术界在这一研究上的空缺，提供了具有权威性的一手研究材料，有利于在中文学界推动该领域的深入研究。本辑"专题论文"栏目的主题为"情感与怀疑对希腊理性思想范围与效用的质疑"，收录九篇论文包括两篇中文学者的研究成果和七篇西方学者研究的译文。前四篇论文分别研究了柏拉图、西塞罗到亚里士多德的一些重要情感，如快乐、痛苦、怜悯、恐惧等，及古希腊罗马时期其他学者对一些重要的情感理论的评价，研究文本集中在《理想国》《诗学》《修辞学》等；第五篇、第六篇则分别介绍了怀疑主义、斯多亚学派的相关情感理论；第七篇论文以古今对比的角度、基于《名哲言行录》《皮浪学说概要等》与休谟的《人性论》之间感情理论的对立，介绍了古代怀疑论和现代怀疑论之间的异同；第七篇论文基于对盖伦在其《论希波克拉底和柏拉图的学说》一书中对斯多亚学派关于"激情"的辩论的分析，以探讨盖伦的记录是否准确，并剖析古希腊哲学中情感和理性的关系；最后一篇论文基于奥古斯丁在《忏悔录》中对于欲爱、理智、意志三个维度向"尘世"的试探，以及其对亚里士多德有关情感理论的借鉴和批判。"专题"部分循序渐进地探讨了希腊罗马时期不同学派的"情感"哲学和情感与理性的关系问题，呈现了较为完整的结构。

2. 努斯：希腊罗马哲学研究（第 3 辑），主编：崔延强 / 梁中和，出版社：上海人民出版社，副标题：欲望与快乐——希腊哲人

论情感与好生活，出版年：2021年11月，丛书：努斯：希腊罗马哲学研究，ISBN：9787208174030

本书是一部古希腊罗马哲学专业的论文集，主题为"欲望与快乐——希腊哲人论情感与好生活"，集中在古希腊的非理性研究，包括对情感、欲望，怀疑等方面的理论研究。本书收录国内外著名学者和青年专家关于古希腊罗马时期，尤其是伊壁鸠鲁主义、柏拉图主义、欲望、情感与快乐生活等主题的原创作品和译文，有利于在中文世界推动该领域的深入研究。本书内容包含11篇论文，集中在柏拉图研究中与非理性，特别是欲望和快乐生活，大多为该领域的著名学者所写的代表性论文，从各个角度展开柏拉图和柏拉图主义如何看待非理性的作用。

3. 西方古典学辑刊（第三辑），主编：张巍，出版社：复旦大学出版社，副标题：苏格拉底的申辩，出版年：2021年3月，丛书：西方古典学辑刊，ISBN：9787309155259

本辑专题为《苏格拉底的申辩》，主要以柏拉图与色诺芬的同名著作为依据，从神话-宗教和文学-哲学的角度重新审视苏格拉底的形象。分经典译解、哲学新探、研究综述、参考书架、学术书评、前沿研究几个栏目收入了古典学研究领域权威人士围绕"苏格拉底的申辩"这一内容的相关文章。本刊各栏目以西方古典学尤其是古典语文学为根基，旨在展示新的西方古典学术研究，致力于充分体现欧美主要学术传统的多样性，而非倡导一家之言，绝不囿于门户之见。为了大可能地拓展期刊的作者群和受众面，学术论文或以中文或以英文刊布。本刊拟每年推出一辑，每辑字数约20万字。

三、译著（26）

1. 前苏格拉底原典与研究（1）

【原典】（0）

【研究】（1）

前苏格拉底哲学，作者：法安德列·拉克斯（André Laks），出版社：北京大学出版社，副标题：概念的缘起、发展及其意义，译者：常旭昊，出版年：2021年10月，页数：204，丛书：西方古典学研究，ISBN：9787301325100

《前苏格拉底哲学：概念的缘起、发展及其意义》对"前苏格拉底哲学"概念的发生、演变进行了思想史的辨析，从这一极其专门领域的断代讨论，延伸到古代知识世界的现代反思，首先考察了古希腊罗马时代关于哲学诞生的观点，继而讨论"前苏格拉底"一词在18世纪的产生、在19世纪古典哲学研究中的发展，以及20世纪的有关争论，深入分析了这一术语如何被建构的学术进程，以及如何从中得见不同哲学史家的现代性观念及其历史观。本书不仅讨论了古典学术领域当中柏拉图、亚里士多德、西塞罗、第欧根尼·拉尔修、施莱尔马赫、黑格尔、韦尔南这类经典人物，而且也旁及当前古代哲学专业研究较少涉及的尼采、马克斯·韦伯、海德格尔以及犹太教传统，后比较伽达默尔为代表的现象学模式、卡西尔为代表的理性主义模式这两种哲学史模式，探讨了重新思考早期希腊哲学和西方理性传统的学术发展方向。

2. 苏格拉底-柏拉图原典与研究

【原典】（9）

1. 苏格拉底的申辩，作者：［古希腊］柏拉图，译者：溥林，出版社：商务印书馆，副标题：希腊文、汉文对照，出版年：2021年8月，页数：172，丛书：柏拉图全集（希—汉对照本），ISBN：9787100193009

本套《柏拉图全集》（希—汉对照本），是译者直接从希腊原文翻译而成的，不仅译文更精确，而且通过加入大量希腊词汇的分析和注解，使汉语文本更贴近原文的语境，包含了更丰富的意蕴，可以大大增进读者对原著的理解。另外，译者对一些希腊词语所做的精致地语法分析，也可以为学习古希腊文的读者提供帮助。

2. 克里同，作者：［古希腊］柏拉图，译者：溥林，出版社：商务印书馆，副标题：希汉对照·柏拉图全集，出版年：2021年8月，页数：102，丛书：柏拉图全集（希—汉对照本），ISBN：9787100193016

本书以对话体形式叙述了苏格拉底被判处死刑后囚禁在狱中，老友克里同前去劝说他越狱逃跑，他婉言谢绝并阐述其道德思想等内容。首先，他主张用理智深思熟虑，反对凭感情"以错对错，以恶报恶"。诬告、错判固然是错，越狱潜逃也是错，正是以错对错，是违反理智原则的。其次，越狱潜逃，必将破坏法律的崇高威望，一个尊重德性者，绝不会有损国家和法律的尊严。再则，祖先建立了自己的国家和法律，依照法律的契约生活。若越狱逃跑便犯下不孝父母、不服教养、不遵命守约三大罪，较之于诬告与错判更为有罪。最后，他认为越狱潜逃是苟且偷生、害人害己。若越狱必牵连朋友，小则流放、大则家破人亡，逃亡后隐姓埋名乔装打扮、贪生怕死丧失廉耻，也就无颜再谈正义与法治、人生道德和人生价值。这篇对话是研究苏格拉底生平和哲学思想的重要文献。

3. 欧悌弗戎，作者：［古希腊］柏拉图，译者：溥林，出版社：商务印书馆，副标题：希汉对照·柏拉图全集，出版年：2021年8月，页数：100，丛书：柏拉图全集（希—汉对照本），ISBN：9787100192996

《欧悌弗戎》是柏拉图的一篇早期对话作品，它还有一个为后人所加的副标题"或者论虔敬的东西"。对话人物苏格拉底和欧悌弗戎相遇在国王执政官的门廊前，他们各有将要处理的官司。苏格拉底急于向这位神学家学习"什么是虔敬"，来面对将要到来的法庭上的指控，即指控他是一位不虔敬、不敬神的人。对话以苏格拉底当下所面临的困境为契机，以对"什么是虔敬"的发问而展开，在苏格拉底不断追问下，自诩擅长宗教事务的神学家欧悌弗戎并没有把"虔敬"的问题解释清楚。最后，对话仓促结束，苏格拉底一个人走向法庭去为自己辩护。柏拉图的这篇对话，对古希腊传统神学提出了质疑，也暗示了对苏格拉底的指控是毫无理性根据的。

4. 斐洞，作者：［古希腊］柏拉图，译者：溥林，出版社：商务印书馆，副标题：希汉对照·柏拉图全集，出版年：2021年8月，页数：402，丛书：柏拉图全集（希—汉对照本），ISBN：9787100193023

在柏拉图的这篇对话录中，苏格拉底的学生斐洞，充满热情地回忆并详细地讲述了苏格拉底临刑前一天的言行。在苏格拉底饮毒酒前最后的时间里，他与朋友和门徒关于灵魂不朽的问题进行了深入的对谈，通过层层的论证，把探索不断推向深入。在对话接近尾声时，苏格拉底讲了一个关于灵魂在另一个世界的故事，激励自己和在场的朋友们，不要恐惧死亡，勇敢追求灵魂的完善。

5. 普罗塔戈拉，作者：〔古希腊〕柏拉图，原作名：Πρωταγόρας，译者：刘小枫，出版社：华夏出版社，出版年：2021 年 5 月，丛书：柏拉图读本，ISBN：9787522201115

《普罗塔戈拉》是柏拉图的一部戏剧对话作品，在其所有作品中堪称最富戏剧性，讲的是苏格拉底与著名的智术师普罗塔戈拉的一段遭遇。一个名叫希珀克拉底的雅典年轻人听说闻名遐迩的智术师普罗塔戈拉到了雅典，请求苏格拉底引荐去拜师。苏格拉底责备希珀克拉底鲁莽，还不认识普罗塔戈拉是怎样的人，就冒失地决定把自己的灵魂托付给这人，最终让希珀克拉底意识到做智术师的学生的确十分危险。本版《普罗塔戈拉》为中篇注释本，包含施特劳斯讲疏、译注、其他西文译注三种注释，注重疏通文意，避免繁琐。此外，译者划分了章节，并加了小节标题，让原著的情节和论说脉络清晰可见。

6. 苏格拉底的申辩，作者：〔古希腊〕柏拉图，原作名：Ἀπολογία Σωκράτους，译者：程志敏，丛书：柏拉图读本，ISBN：9787522200927

苏格拉底被称为西方的圣人，又是"世界历史的转折点和旋涡"，他的受审和死刑本身就是一件奇怪的事情。在《苏格拉底的申辩》中，苏格拉底平生第一次公开演说，因有人控告他不信神和败坏青年，他被迫出庭答辩。这是西方最著名的一场庭审，对思想的各个领域都产生了重大的影响。本书是柏拉图《苏格拉底的申辩》全新译本，添加了中等篇幅的注释，帮助读者更深理解原文的背景、情节以及字里行间的隐微意蕴。

7.《苏格拉底的申辩》，柏拉图著，孙仁朋译注，刊于《西方古典学辑刊》(第三辑)"苏格拉底的申辩"，主编：张巍，出版社：复旦大学出版社，副标题：苏格拉底的申辩，出版年：2021年3月，丛书：西方古典学辑刊，ISBN：9787309155259

8. 蒂迈欧篇，作者：［古希腊］柏拉图，原作名：Timaeus，译者：谢文郁，出版社：东方出版中心，出版年：2021年9月，页数：368，丛书：象形文字经典译丛，ISBN：9787547318768

宇宙从哪里来？它是物质随机碰撞的结果，或是造物主精心设计的产物？为了回答这个问题，晚年柏拉图撰写《蒂迈欧》这部对话录，描绘了他心目中的宇宙创世图景。在这部作品中，柏拉图从古老的亚特兰蒂斯传说开始，上溯至万物尚未分化的鸿蒙时刻。柏拉图所构想出的造物主，给混沌的世界施加了理性秩序。他用精确而神秘的数学结构，创造出了从物质到人类的天地万物。通过沉思这个井然有序的宇宙，人类灵魂将获得秩序，从而过上理性且有德性的生活。

9. 理想国，作者：［古希腊］柏拉图，出版社：云南人民出版社，原作名：Πολιτεία，译者：何祥迪，出版年：2021年10月，页数：488，ISBN：9787222187436

如果有一天，你得到一枚能让人隐身的魔戒，从谋财害命到谋权篡位，坏事做尽而好处尽享——那么，你会选择做个坏人吗？如果有一天，从未干过任何坏事的你，却背上人间最大的恶名，被剥脱尘世的荣誉和利益——那么，你会选择依然做个好人吗？从这一拷问人性的难题出发，古希腊哲学家柏拉图写下了传世经典《理想国》。在这本对话录中，柏拉图笔下的苏格拉底与伙伴一起，在对谈中构建出一个理想城邦，事关政体、教育、人伦、文艺、哲学等一系列重大议题。尽管讨论话题看似包罗万象，但最终都是为了回答这一终极之问：如果好人不易当，我们为何还要做个好人？

本译本带你领略人类伟大先哲的"奇思妙想"，认识这本奠定西方哲学基础的源流之作。四大版本特色助力读"懂"《理想国》。①汉译理想国首次采用"字对字"翻译，将古希腊原文与中文对应，标出每个古希腊单词的中文含义，尽量保持古希腊语法的变格和变位。②完备详细的"注释"和"校订"。凡柏拉图引用的著作，均查阅原文并标明出处；凡专有名物首次出现，除通行译法外主要依据希腊语翻译，附上英语译法并做简要注解；凡重要哲学概念，主要参考已有译法，并提供相关学术研究证据。③自述体改为对话体，照顾现代人阅读习惯，便于读者更直观地感受哲学对话的风格，避免混淆说话人身份的情况。④采用国际通用的斯特方码，即现代柏拉图著作研究者使用的通用引用页码；原文省略或指代不明的地方也用中括号加以补足和说明。

【研究】（1）

恋爱中的苏格拉底，副标题：一个哲学家的诞生，作者：［英］阿曼得·德安格，译者：马灿林，出版社：人民日报出版社，出版年：2021年7月，页数：256，ISBN：9787511569769

本书以一种全新的、基于历史的视角来审视苏格拉底的个性、早期生活以及他的思维方式的起源。因为有关苏格拉底青年时代的证据是贫乏的、间接的、零散的，所以我们必须利用间接的证据和历史的想象力，才能从有关他的背景和早年生活的资料来源中找到一些珍贵的迹象。要回答苏格拉底的思想是如何改变和发展的，我们必须重新建构他中年早期、青少年时期和童年时期的故事。我们必须密切关注苏格拉底的年代学，以及许多不太为人所知但权威的资料来源。

3. 亚里士多德原典与研究

【原典】（2）

1. 论灵魂，作者：［古希腊］亚里士多德，译者：陈玮，出版社：北京大学出版社，原作名：De Anima，出版年：2021年10月，丛书：西方古典学研究，ISBN：9787301302590

亚里士多德的《论灵魂》（De Anima）是古代世界第一部系统地、科学地探讨人类灵魂的本原地位及其内部结构和功能活动的著作，也是亚里士多德哲学传统中最重要的核心文本之一，在西方和阿拉伯世界具有极其深远的影响，为后来的形而上学、认识论、伦理学以及道德心理学的研究奠定了重要基础。本书采用希腊文—中文对照的形式，在翻译上尽可能忠实于希腊原文，参考了传统上比较重要的英译本、中译本以及新近出版的英译本和部分研究文献，并随文提供必要的补充、注释和说明，力求提供一份流畅好读、相对清晰准确的中译文。

2. 论动物的运动，作者：［古希腊］亚里士多德［德］奥利弗·普利马维希编，译者：刘玮，出版社：北京大学出版社，出版年：2021 年 11 月，丛书：西方古典学研究，ISBN：9787301326299

《论动物的运动》是亚里士多德有关动物学研究系列作品中的一部，同时在他关于灵魂问题的一系列研究中也占有重要位置，这部作品讨论的主要问题是动物位移运动的基本原理，同时涉及天体的运动原理，灵魂与肉体的关系，欲求、思想与行动的关系，有意与无意行动等重要的哲学问题。本书采用的希腊文底本为奥利弗·普利马维希教授编辑的版本，在编辑过程中他查阅了全部传世的抄本，确定了新的抄本传承谱系，在原有版本的基础上做了上百处的修订，解决了很多之前悬而未决的文本难题。本书还收录了克里斯托弗·拉普教授的"导论"和普利马维希教授的"语文学导论"，为读者进一步研究《论动物的运动》的哲学和语文学问题打下了坚实的基础。

【研究】（2）

1. 理解的欲求，作者：［英］乔纳森·李尔，译者：刘玮，出版社：北京大学出版社，副标题：亚里士多德哲学导论，出版年：2021 年 1 月，页数：396，丛书：西方古典学研究，ISBN：9787301315965

一部对亚里士多德哲学的简介性著作，引领读者仔细爬梳亚氏哲学的主要文本（选自物理学、形而上学、伦理学、政治学、生物学及逻辑学），一直被当作非常优秀的古希腊哲学入门读物。本书是一部关于亚里士多德哲学的精彩导论。它没有简单罗列亚里士多德在各个哲学领域的观点和论证，而是围绕亚里士多德的名言"所有人都依据自然欲求认识"展开，以巧妙的编排，将亚里士多德的物理学、灵魂学说、伦理学、政治学、逻辑学和形而上学串联成一个整体，随处可见作者对亚里士多德思想的深入理解和深刻洞见。本书再现了困扰亚里士多德的疑难问题，带领读者和亚里士多德一起思考，是一本真正带有哲学性的亚里士多德导论，对理解亚里士多德的思想和西方哲学史上的很多重要问题都极具启发。

2. 亚里士多德，副标题：生平和学园，作者：［意］卡罗·纳塔利，译者：王芷若，校者：刘玮，出版社：北京大学出版社，出版年：2021 年 4 月，页数：324，丛书：西方古典学研究，ISBN：9787301318584

本书是意大利著名古希腊哲学家卡罗·纳塔利教授关于亚里士多德及其学园的研究。纳塔利教授对纷繁复杂、充满争议的亚里士多德生平资料做了全面、详尽、深入的分析，向我们展示了亚里士多德传奇的一生，也展示了亚里士多德创办的吕克昂学园的基本构成、教学活动与早年传承。作者认为，亚里士多德的生平与思想之间有着重要的关联，可以相互说明；亚里士多德创建的吕克昂学园为他和弟子提供了科学研究和思想训练的机构，让他们以最好的方式度过闲暇，由此创造了一种新的理智生活方式。本书首版 1991

年以意大利文出版，出版后广受好评，在世界亚里士多德学界产生了巨大的影响，成为研究亚里士多德生平及其学园的必读著作。本书的英文版 2013 年出版，由哈钦森教授译出，在翻译过程中参照古典文本的最新校勘本在意大利文版的基础上做了修订，同时收录了更为全面、翔实的索引和参考书目。纳塔利教授亲自审定英译本，中文版由英译本译出。

4.希腊化罗马哲学原典与研究

【原典】（4）

1. 快乐即德性：伊壁鸠鲁文本评注，崔延强编译，刊于《努斯》第三辑，参考上文收录。

2. 皮浪主义的三个批评性文本：《皮浪派思想评传》、埃奈西德穆:《皮浪派的论证》、亚里士多科勒斯:《反皮浪怀疑派》，崔延强译注，刊于《努斯》第二辑，参考上文收录。

3. 什么是怀疑主义？崔延强编译，刊于《努斯》第二辑，参考上文收录。

4. 西塞罗笔下的怀疑派，蒋学孝、张鹏举编译，刊于《努斯》第三辑，参考上文收录。

【研究】（5）

1. 剑桥廊下派指南，作者：［加］布拉德·英伍德，译者：徐健等，出版社：华夏出版社，原作名：The Cambridge Companion to the Stoics，出版年：2021 年 6 月，页数：512，定价：118.00，丛书：西方传统·经典与解释·廊下派集，ISBN：9787522200798

本书从三个角度梳理了廊下派哲学思想：第一，学派本身的历史沿革；第二，与廊下派思想相关的学术史；第三，当下持续讨论的与廊下派相关的热点问题，这些问题表明了廊下派如何体现了哲学传统，挑战了大众想象，并且定义了人们选择引领的生活。本书前两章记述了廊下派在古代世界的发展轨迹。之后的章节介绍了廊下派的哲学体系，涉及廊下派在认识论、逻辑学、自然哲学、决定论、形而上学、伦理学、道德心理学等领域的核心概念。此外，本书还介绍了廊下派在非哲学领域的影响，这些领域包括医学、语法学、天文学等。最后一章追溯了廊下派在现代社会早期的影响。对于入门读者而言，这是现有指南中方便易读的一本；而专业的学者和学生则可以从中读到廊下派研究史新近的发展成果。

2. 伊壁鸠鲁主义实践伦理学导论，作者：［德］迈克尔·埃勒，译者：陈洁，编校：刘玮，出版社：北京大学出版社，出版年：2021年4月，页数：216，丛书：西方古典学研究，ISBN：9787301319574

人们通常认为伊壁鸠鲁主义是一种独善其身的哲学，并不关心共同生活。而在本书中，埃勒教授用新的材料和独到的研究，围绕伊壁鸠鲁的"生活技艺"和"哲学治疗"这两个核心理念，系统讨论了伊壁鸠鲁主义如何看待共同生活，消除了人们对这个学派的通常误解。具体来讲，埃勒教授讨论了伊壁鸠鲁主义的高理想"智慧者"、学园的组织安排、"真正的政治学"、神学思想和实践、伊壁鸠鲁主义者如何看待传统教育、如何适应罗马的新语境等问题。除了处理有关伊壁鸠鲁主义的文本问题，埃勒教授也想表明，伊壁鸠鲁主义者就这些问题提供的答案和思考，不仅在历史上备受关注，对于解决现今的问题也依然极具启发性。本书是中文世界的一部关于伊壁鸠鲁主义思想的系统导论，并且完美结合了导论和专题研究的双重性质，必将让中国学生和学者大为受益。

3. 希腊化哲学，作者：[美]安东尼·朗，译者：刘玮/王芷若，出版社：北京大学出版社，出版年：2021年10月，丛书：西方古典学研究，ISBN：9787301324912

《希腊化哲学》为世界知名古典学者、加州大学伯克利分校古典系安东尼·朗对希腊化哲学的梳理，对希腊化时期（亚历山大大帝去世到罗马共和国灭亡），希腊哲学的三大流派——伊壁鸠鲁主义、斯多亚主义、怀疑论——的观念和思想方法进行了批判性的分析。《希腊化哲学》依据历史上已有的对希腊化时期作家与作品的评价，并结合了当代英美学界对于这一领域的分析，试图呈现出关于希腊化哲学更全面的图景。《希腊化哲学》的写作面向希腊化哲学的入门者与初学者，文笔流畅、深入浅出，是一部非常出色的哲学简论，自70年代首版以来长销多年。

4. 柏拉图主义的起源与主要特征，作者：[爱尔兰]约翰·迪伦，译者：刘媛媛，校者：刘玮，出版社：北京大学出版社，出版年：2021年6月，页数：168，丛书：西方古典学研究，ISBN：9787301321843

一个在起源时开放和非正式的哲学或宗教思想，是怎样在逐步的发展中呈现出独特甚至是排他的特征？这就是约翰·迪伦在本书中所要探讨的主题。他探讨了起初开放和非正式的柏拉图学园，如何发展成"柏拉图主义"的哲学运动。他集中讨论了在这个发展过程中的一些关键问题，比如柏拉图主义中一元论与二元论的对立、伦理学理论的形而上学基础、理念论、还有"新学园"的怀疑论倾向是否偏离了柏拉图的本意等。本书基于约翰·迪伦在中国人民大学的"古希腊哲学名师讲座"，也秉承了讲座生动而平易近人的风格。

5. 普罗提诺哲学导论，作者：［法］吕克·布里松，译者：陈宁馨，编校：刘玮，出版社：北京大学出版社，出版年：2021年7月，页数：230，丛书：西方古典学研究，ISBN：9787301323038

普罗提诺，古代哲学的后一位大师，也是古代哲学中难理解的人物之一，他兼收并蓄了之前的多种思想传统，形成了独特的、高度原创的理论体系，对中世纪神学、哲学，以及后世对柏拉图的理解影响深远。吕克·布里松教授融会毕生研究柏拉图主义哲学的经验，撰成了这样一部既系统又有深度的普罗提诺思想导论。全书分别探讨了：普罗提诺的生平和作品风格、高度原创的形而上学体系、复杂的灵魂学说、拥有多个德性等级的伦理思想以及普罗提诺的通神经验与基督教的神秘主义的区分。

哲学史与专题作品（1）

古希腊哲人论神，作者：［英］大卫·赛德利，出版社：北京大学出版社，原作名：Themes in Ancient Theology，译者：刘未沫／刘玮编校，出版年：2021年10月，页数：324，丛书：西方古典学研究，ISBN：9787301324936

本书由国际著名古典哲学家大卫·赛得利教授在"中国人民大学古希腊哲学名师讲座"基础上修订而成。全书内容以中文译本形式首发，英文版 Themes in Ancient Theology 将随后出版。全书按照主题而非历史梳理的方式，考察了"神"的问题在古代哲学中的不同表现形式，包括创造型二元论、球形神、与神相似的人、无神论、不可知论、伊壁鸠鲁神学和匿名性。作者表明，神的概念并不在希腊罗马哲学的边缘，而是非常接近其核心；但哲学家对神的讨论，与大众崇拜中的表现形式迥然不同。在哲学家这里，神可能是宇宙的创造者或创造性力量（第一章）；神可能是宇宙本身，被理解为一个生命体（第二章）；神还可能是我们或其他存在者模仿的理想模型（第三章）；还有无神论的选项，即将神作为习俗构建的产物，是政客们发明的"超级警察"，迫使大众服从法律（第四章）。此外，柏拉图学园内部的怀疑论哲学家们，还发展和捍卫了最早的"宗教不可知论"的观点（第五章）；而伊壁鸠鲁的神学，则包含着非常复杂的认知进路：它既支持神在事物的本性 / 自然中，并不单纯是人类的虚构；同时也认为神的概念是人的内在观念的反映，是人类自己的某种可视化理想（第六章）。最后，由于古代神学指控的背景，神学是所有的学科中我们最少期待其透明性的学科，因而在公元前 300 年左右斯多亚学派建立之前，大多数哲学家都选择在论神时对其进行匿名化处理，即避免使用个体神名，追求神的统一性和同质性；但在这个主流传统之外，始终保留的一个替代选项，即诉诸寓意，这将是斯多亚学派选择的道路，他们复活的是恩培多克勒的传统（第七章）。

本书集中展现了赛得利教授的宏大视野和细致入微。材料时间跨度超过 900 年，材料形式除了基本的希腊文和拉丁文传世文献外，还包括残篇、纸草、铭文等。但这些又都贡献于哲学讨论，每一章都得出了对既定哲学史、既定宗教思想史上的修正。这种按照主题的安排显然更容易引起读者兴趣，但也对学者提出了更高的要求。赛得利在哲学与历史之间做出的平衡，以及在专业与趣味之间所做出的平衡，都堪称典范。

通俗类作品（1）

良好生活操作指南，作者：［英］伊迪丝·霍尔，译者：孙萌，出版社：天津人民出版社，副标题：亚里士多德的十堂幸福课，原作名：Aristotle's Way: How Ancient Wisdom Can Change Your Life，出版年：2021 年 2 月，页数：328，ISBN：9787201168869

本书借助亚里士多德实践伦理学中围绕"幸福"展开的哲思为现代伦理生活提供建议和启示。"幸福"和"快乐"这两个词在现代生活中随处可见，在亚里士多德的实践伦理学中，幸福不是客观的福祉，而是持续一生的主观状态；不是生活的享乐，而是实践的智慧。不管每个人所处环境如何，选择变得更幸福是大多数人力所能及的重大责任。通过实现潜能、正确做出选择、产生有效沟通、获得自我知识等实践建议，你能感受到古代智慧为现代生活带来的慰藉。作为仍在延续的人类共同体的一分子，你能感到一种超越了人类死亡和时间的支持和帮助。

四、重要论文

前苏格拉底

1. 曹聪.《巴门尼德》与前苏格拉底的"存在之战"J.复印报刊资料–外国哲学分册，2021（4）：29—34.

2. 赵钧，徐开来. Πε（ι）ρας——解读巴门尼德残篇和古希腊形而上学的一把钥匙 J. 社会科学研究，2021（2）：169—175.

苏格拉底、柏拉图

1. 常永强. 从苏格拉底转向看伦理学的性质与功能 J. 伦理学研究，2021（5）：63—69.

2. 王跃博. 反讽之真——论《伊安篇》作为苏格拉底诗学 J. 宁夏大学学报（人文社会科学版），2021，43（3）：33—38.

3. 田书峰. 苏格拉底论德性是否可教 J. 伦理学研究，2021（6）：61—67.

4. 易刚. 苏格拉底对不自制的否认——论《普罗泰戈拉》中快乐主义的二阶结构 J. 哲学研究，2021（10）：84—94.

5. 田书峰. 苏格拉底论无人自愿为恶或对不自制的否定 J. 世界哲学，2021（5）：40—47.

6. 郭昊航. 文体学与年代学：柏拉图作品定序方法概述及反思 J. 海南大学学报（人文社会科学版），2021，39（5）：21—30.

7. 胡继华，孙立武. 古典的数字人文主义——从柏拉图哲学看数字技术时代人类精神的重构 J. 河北师范大学学报（哲学社会科学版），2021，44（3）：24—40.

8. 盛传捷．捍卫正义——基于柏拉图、霍布斯和休谟的考察 J．伦理学研究，2021（6）：68—75.

9. 罗勇．折中主义与柏拉图的权威——理解中期柏拉图主义的两种策略 J．哲学动态，2021（6）：83—90.

10. 强以华．对柏拉图洞穴比喻的深度解读 J．武汉科技大学学报（社会科学版），2021，23（4）：438—443.

11. 叶然．柏拉图《理想国》卷十"严肃的模仿"再探 J．艺术学研究，2021（3）：85—91.

12. 李静含．德性与情感秩序——论柏拉图《法义》中的公民教育 J．道德与文明，2021（1）：152—160.

13. 侯小丰．马克思的共产主义与柏拉图的理想国之理论主旨辨析 J．学术研究，2021（10）：24—30.

14. 王志强．柏拉图的"节制"——基于《卡尔米德篇》的解读 J．伦理学研究，2021（5）：70—76.

15. 李长伟．何谓教育技艺——基于柏拉图自然目的论的视角 J．湖南师范大学教育科学学报，2021，20（1）：67—74.

16. 武小西．柏拉图政治哲学中的战争与和平——以《理想国》和《法律篇》为探讨中心 J．江海学刊，2021（4）：78—84.

17. 吕纯山．柏拉图和亚里士多德的差异与复合物 J．晋阳学刊，2021（4）：79—84.

18. 吕纯山．《形而上学》Z 卷与柏拉图哲学——以对人和灵魂的定位为例 J．上饶师范学院学报，2021，41（4）：1—11，19.

19. 覃万历．柏拉图为什么没有形成一种实践哲学？——以

《高尔吉亚篇》与《斐德罗篇》的修辞批评为视角 J. 天津社会科学，2021，4（4）：46—49.

20. 高山奎. 试析柏拉图眼中的变易与必然 J. 自然辩证法通讯，2021，43（10）：33—39.

21. 孔许友. 苏格拉底的佯谬修辞——再释柏拉图《伊翁》J. 江苏第二师范学院学报，2021，37（3）：100—108.

22. 郭韬. 论柏拉图未成文学说视域下的正义与善 D. 甘肃：兰州大学，2021.

23. 罗勇. 中期柏拉图主义与折中主义 D. 广东：中山大学，2021.

24. 陈斯一. 爱欲与政治——《会饮篇》中阿里斯托芬的神话 J. 现代哲学，2021（4）：112—118.

25. 张源.《巴门尼德》：关于"一"的"神圣喜剧"J. 国际比较文学（中英文），2021，4（2）：243—280.

26. 郭昊航.《泰阿泰德》中的两种哲人——关于对话中两次"离题话"的一种解读 J. 云南大学学报（社会科学版），2021，20（6）：30—38.

27. 樊黎. 论柏拉图传统中的"与神相似"观念. 哲学与文化，2021（3）：155—169.

亚里士多德

1. 王纬. 亚里士多德论动物的自我运动和宇宙的永恒性——对《物理学》8.6（259b1-20）的一种解读 J. 复旦学报（社会科学版），2021，63（5）：45—53.

2. 曹晖. 亚里士多德"形式"的美学意蕴探究 J. 学习与探索，

2021（2）：139—145.

3. 罗志祥. 亚里士多德与孔子的羞耻观比较 J. 湖北社会科学，2021（6）：90—96.

4. 陈治国. 友爱与政治：从亚里士多德到现象学 J. 江海学刊，2021（5）：67—75.

5. 詹文杰. 亚里士多德论知识和理性洞见——关于《后分析篇》Ⅱ.19 的知识论阐明 J. 南昌大学学报（人文社会科学版），2021，52（2）：35—44.

6. 刘玮. 亚里士多德论伦理德性、情感与行动 J. 晋阳学刊，2021（4）：73—78.

7. 葛天勤. 亚里士多德《论动物的部分》中的多重原因论——重思亚里士多德生物学中的本质主义 J. 哲学研究，2021（10）：95—106.

8. 张沛. 亚里士多德《诗学》"卡塔西斯"概念寻绎 J. 国外文学，2021（2）：1—9.

9. 王纬. 亚里士多德论运动和因果性——《物理学》第三卷中的两个"离题"文本 J. 哲学研究，2021（8）：99—108.

10. 刘鑫. 亚里士多德与阿维森纳时间观比较研究 J. 哲学研究，2021（6）：84—94.

11. 王樊. 亚里士多德的"快乐"思想——基于《尼各马可伦理学》的文本解读 J. 理论界，2021（2）：49—54.

12. 陈庆超. 公正何以为"一切德性的总括"——亚里士多德公正观的内在理路探析 J. 道德与文明，2021（2）：89—98.

13. 孙伟. "情""理"之间：一种对荀子与亚里士多德伦理学

的比较考察 J. 道德与文明，2021（4）：150—160.

14. 薛舒文，陈晓川. 在事实与规则之间：亚里士多德人性理论的规范性 J. 学术交流，2021（7）：32—40.

15. 廖申白. 亚里士多德关于"幸福"原理的"实践"论证 J. 上海师范大学学报（哲学社会科学版），2021，50（4）：14—26.

16. 王路. 亚里士多德的语言哲学 J. 湖北大学学报（哲学社会科学版），2021，48（5）：79—86.

17. 邓晓芒. 对亚里士多德形而上学的片面定向的检讨——以中国哲学为参照 J. 外国哲学，2021（2）：3—10.

18. 吕纯山. 柏拉图和亚里士多德的差异与复合物 J. 晋阳学刊，2021（4）：79—84.

19. 刘冰. 莱斯生态批判的实践哲学维度——基于亚里士多德的考察 J. 理论界，2021（2）：42—48.

20. 冯嘉荟. 人是逻各斯的动物吗——海德格尔与亚里士多德实践哲学关系再反思 J. 哲学动态，2021（6）：91—103.

21. 裴延宇. 亚里士多德论感觉之接受性——从蜡印比喻出发看 J. 自然辩证法研究，2021，37（3）：116—122.

22. 蔡蓁. 移情是一种亚里士多德式的美德？ J. 哲学研究，2021（3）：109—118.

23. 李涛. 从美德伦理学到幸福伦理学——亚里士多德论幸福、美德与运气 J. 道德与文明，2021（3）：112—121.

24. 吕纯山. 亚里士多德论复合实体的定义——从自然哲学著作出发 J. 世界哲学，2021（2）：41—51.

25. 迪米特里·穆尔，马胜利. 交多少朋友合适？谈亚里士多德对"大量交友"的评论 J. 第欧根尼, 2021 (1): 1—19.

26. 来晓维, 刘慧梅. 闲暇与幸福的关系: 一个被遗忘的德性伦理问题 J. 浙江大学学报 (人文社会科学版), 2021, 51 (4): 144—153.

27. 苏杭. 具有神性的人类努斯——光类比视域中的《论灵魂》努斯学说 J. 外国哲学, 2021 (1): 3—12.

28. 吕纯山.《形而上学》Z 卷与柏拉图哲学——以对人和灵魂的定位为例 J. 上饶师范学院学报, 2021, 41 (4): 1—11, 19.

希腊化罗马哲学

1. 溥林, 黄琬璐. 论斯多亚学派的前激情概念及其作用 J. 社会科学研究, 2021 (4): 141—147.

2. 黄琬璐. 时间的收集和保存——塞涅卡的时间观阐释 J. 四川师范大学学报 (社会科学版), 2021, 48 (2): 46—52.

3. 陶涛. 论斯多亚派的"合宜行为" J. 哲学研究, 2021 (2): 88—97.

4. 鲁克俭. 伊壁鸠鲁与近代启蒙传统 J. 教学与研究, 2021 (8): 29—40.

5. 王福生. 多的柏拉图主义与共产主义观念——巴迪欧的本体论哲学及其政治意涵 J. 社会科学辑刊, 2021 (6): 35—43.

6. 罗勇. 折中主义与柏拉图的权威——理解中期柏拉图主义的两种策略 J. 哲学动态, 2021 (6): 83—90.

7. 高坤. 数学柏拉图主义的认识论问题 J. 自然辩证法研究, 2021, 37 (8): 109—114.

8. 罗勇.中期柏拉图主义与折中主义 D.广东：中山大学，2021.

9. 靳子玄.记谱音乐的事件性——柏拉图主义视角下的音乐本体论探讨 J.美育学刊，2021，12（4）：69—75.

10. 武小西.科斯戈尔德能动性理论的双重思想脉络——康德主义和柏拉图主义 J.道德与文明，2021（1）：97—105.

11. 徐学庸.伊壁鸠鲁论神的存在.政治大学哲学学报 J.2021（7）：1—25.

12. 聂建松.从"设论"至"象征"——"亚略巴谷的狄奥尼修斯"的名号思想研究 J.哲学与文化，2021（10）：95—108.

13. 谢文郁.真理困境与基督教恩典论——从希腊哲学的衰落和教父哲学的兴起谈起，哲学与文化 J.2021（10）：3—22.

14. 聂建松."倏忽、时间及永恒"——柏拉图与伪狄奥尼修斯时间观念的比较研究 J.基督教文化学刊，2021（12）：74—95.

相关主题性论文

1. 王晓朝.论德性观念之源起与"四主德"学说之成型 J.河北学刊，2021，41（5）：62—68.

2. 聂敏里.古典实践概念与近代自然法传统——对古典美德伦理学的一个批评性考察 J.中国人民大学学报，2021，35（1）：45—56.

3. 刘玮.用智慧驯化勇敢：古希腊德性政治的演进 J.道德与文明，2021（1）：22—32.

4. 王晓朝.论正当观念的源起与道义论的生成 J.云南大学学报（社会科学版），2021，20（2）：5—12.

5. 王晓朝. 论快乐观念的源起与快乐理论的生成 J. 武汉科技大学学报（社会科学版），2021，23（6）：616—621.

6. 聂敏里. 明清之际的西学东渐——两种社会变革模式的重叠与交织 J. 天津社会科学，2021，3（3）：154—160.

7. 聂敏里. 明清之际的西学东渐——两种社会变革模式的重叠与交织 J. 社会科学文摘，2021（6）：91—93.

8. 江璐. 奥卡姆对决定论难题的解决——其自由意志论之探源 J. 现代哲学，2021（2）：82—89.

9. 温权. 双面的安提戈涅与祁克果的悲剧理论. 哲学与文化 J. 2021（11）：113—125.

10. 黄藿. 叙事想象、同理心与品德教育——以古希腊悲剧为例. 哲学与文化 J. 2021（4）：5—23.

11. 汪文圣. 以技艺为中介来看伦理与宗教的连结：从亚里斯多德出发反思中国哲学应用伦理评论 J. 2021（4）：163—196.

征稿启事

《努斯：希腊罗马哲学研究》是西南大学希腊研究中心和四川大学西方古典哲学研究所合办的专业学术辑刊，每年出版两期，由上海人民出版社出版发行。本刊以"深研原典，返本开新"作为办刊主旨，鼓励希腊罗马哲学研究方面的原典译注、深化研究、学术争鸣和学术史积累。主要刊发关于希腊罗马哲学方面的学术论文，栏目设置有原典译注、专题研讨、书评、书目文献、学派研究等。热忱欢迎国内外同仁赐稿。

投稿要求：

一、来稿应具有学术性与理论性，并且在选题、文献、理论、方法或观点上有创新性。

二、来稿一般不少于1.2万字，有相应的学术史回顾，正文前应附上中英文题名、内容提要（300字以内）、关键词（3—5个）。作者姓名、职称、学历、工作单位、通讯地址、邮政编码、联系电话、电子邮件应附于文末，以便联系。

三、本刊注释采用脚注形式，引用文献需严格遵守学术规范，注明出处。

四、来稿文责自负，本刊对来稿有酌情删改权，如不同意，请在来稿中注明。

五、请勿一稿多投，稿件 30 天后未被采用，作者可自行处理。

六、来稿一经刊用即奉稿酬，并赠样刊两本。

投稿邮箱：nous-jgrp@foxmail.com

电话：028-87464967、18081158514

编辑更正

《努斯：希腊罗马哲学研究》第二辑中的《快乐与痛苦均附随于活动》一文的译者是杨忻程，南京大学哲学系硕士在读，之前因编辑时疏漏，未加注，特此更正和说明。

图书在版编目(CIP)数据

努斯:希腊罗马哲学研究.第4辑,理性与概念:
古希腊的认知理论/崔延强,梁中和主编. —上海:
上海人民出版社,2022
ISBN 978-7-208-17954-7

Ⅰ.①努… Ⅱ.①崔… ②梁… Ⅲ.①古希腊罗马哲
学-文集 Ⅳ.①B502-53

中国版本图书馆 CIP 数据核字(2022)第 173489 号

责任编辑 赵 伟
装帧设计 胡斌工作室

努斯:希腊罗马哲学研究(第4辑)
——理性与概念:古希腊的认知理论
崔延强 梁中和 主编

出 版	上海人民出版社	
	(201101 上海市闵行区号景路 159 弄 C 座)	
发 行	上海人民出版社发行中心	
印 刷	上海商务联西印刷有限公司	
开 本	890×1240 1/32	
印 张	12.5	
插 页	3	
字 数	269,000	
版 次	2022 年 11 月第 1 版	
印 次	2022 年 11 月第 1 次印刷	
	ISBN 978-7-208-17954-7/B·1653	
定 价	58.00 元